# 「命のヴィザ」の考古学

菅野賢治

KANNO Kenji

共和国

# 序章

## 『虚構』の反響

前著『「命のヴィザ」言説の虚構――リトアニアのユダヤ難民に何があったのか？』（共和国、二〇二一年、以下『虚構』と記す）の刊行以来、実にさまざまな反響があった。

いや、より正確には「刊行予告以来」と言った方がいい。二〇二一年七月十五日、発売日を八月六日として同書の書誌情報と紹介文が公開されるや、版元の共和国と私のもとに、さっそく反応が届き始めた。さすが、杉原千畝とユダヤ難民をめぐる有名な〝美談〟だけあって、一般読者の日頃からの関心の高さがうかがわれた。なかには、「何を根拠に『神話』『伝説』『虚構』などと言うのか。入手後、ただちに読破し、しかるべき場所で徹底批判させてもらう」といった脅しめいたものもあったが、その種の反応は、実際に本が流通し始めるやパタリと止み、その後はむしろ、「目からウロコだった」「杉原千畝の物語をめぐるモヤモヤ感を吹き飛ばしてくれた」「資料の力に圧倒された」「〝体を殺すドイツ人、魂を殺すロシア人〟の構図が実に明快だった」「真の功労者はJDCのベッケルマンであったことがよくわかった」など、好評や共感がほとんどであった。

一番心配していたのは、「あなたは、一次資料を踏査したという割に、これを見ていない」として資料面での不備を突かれることであったが、幸い（あるいは、史料研究の進展という意味では残念なことに）、その種の指摘はいまのところ受けていない。一度、リトアニア、カウナスの杉原千畝が東京の本省にヴィザ発給の許可を願い出、本省がそれを断固として退けた電信のやり取りが、新たに外交資料のなかから見つかった……という〈夢〉を見たが（寝汗をかいていた）、これはあくまでも〈夢〉だった。

「ここに書かれていることは、専門家ならば、おおよそ前々から知っていたことだ」という評言もちらほらと耳に入ってきたが、そうした向きには、「ならば、なぜ、ご自分から根拠を示しつつ公言なさらなかったのですか？」と心のなかで返していればよかった。

もっとも閉口させられ、ある意味で驚きでもあったのは、「かりに〈あの時〉、リトアニアのユダヤ難民たちが直面していたのがナチスによる〈ホロコースト〉の脅威ではなく、ソ連全体主義の脅威、シベリア抑留の恐怖だったからといって、結果的に杉原のヴィザで人命が救われたことに変わりはない。なにも鬼の首を取ったように、虚構、虚構と言い立てるほどのことでもない」と、一部の、しかも「研究者」を名乗る人々のあいだで囁き交わされていますよと、あるとき、ある方面から、こっそり教えてもらったことだった。おそらく、そうした「結果がすべて」論者諸氏にとって、歴史とは、〃正しく後世に語り継がれるべきもの〃よりも、〃振り返って落ち着きがよければよいもの〟としてあるのだろう。だが、この「結果がすべて」論を押し進めていくと（被爆の過去に苦しむ方々がいまだ絶えないなか、不謹慎な喩えかもしれないが）、「かりに広島・長崎に原爆を投下したのはソ連であった、として映画を作ったり、学校で教えたりすることにしても、毎年八月の追悼、被爆者の苦しみ、平和教育の大切さに変わりはないのだから、大したことではない」といったようなことになってしまわないだろうか。

総じて、何かを評するという行為に、各人が常日頃、自国や世界の過去とどう向き合っているか、正直に表れ出るものなのだ、と思う。

つけ加えると、『虚構』刊行への反応としては、海外の、日本語を用いない方々からの反響も興味深く、また別の意味で驚きであった。数人ではあったが、私のメール・アドレスをごこかで入手し、おおむね次のようなことを英語で書き送ってくる杉原信奉者とおぼしき方々（一部、いわゆる「杉原サヴァイヴァー」の子孫を含む）がいらしたのだ。「あなたが杉原ヴィザの逸話を『虚構』として描き出す本を出版なさったことを知りました。私は日本語が読めないので、内容に関するコメントは差し控えますが、もしも、あなたの論考が真摯なものであるならば、あなたは、それを英語にして世界に問うべきではないでしょうか。さもなくば、世界の言論界、学術界が、あなたの説に耳を傾けることはないでしょう……」

まだ読んでもいない本の著者に、「英語で書いてきたら読んで批評もしてやるから、ちょっと頑張ってごらんなさい」と、そう言わずとも言っているに等しい、この種の教師然とした文章の書き方の背後には一体何があるのだろう？　よもや、戦中はナチスとの同盟を気遣って「杉原ヴィザ」の発給を押しとどめ、戦後は杉原を免官して黙殺しようとした（と、これまで言われてきた）日本という国の内部から、日本語で、「杉原ヴィザ」の真義を説き明かす言説が生まれ出ようはずもなく、それが生まれ出るとすれば、そのヴィザによって「救われた」ユダヤ難民たちの子孫が住まい、杉原に対する彼らの賞賛と感謝の念を大切に受け継いでいるユダヤ・コミュニティーを擁する欧米ないしイスラエル国の言論界、学術界からのはずであると、そういうところまで、杉原研究のドーナツ化現象と、戦時期日本におけるユダヤ難民という主題の自己疎外が進行してしまった結果でもあろうか。エドワード・サイードがここにいたら、「相当込み入っているけれど、これもオリエンタリズムの一種に違いないね」と苦笑いを見せてくれるにちがいない。

そうした海外の「英語至上主義者」ないし「欧米言論界中心主義者」からのお節介に、私は、皮肉たっぷりにこう返すことにしている。「限りある人生、私にも、自分で書いた本を、もう一度、シェイクスピアの言語に置き直す以外にやるべき仕事が多々残されております。私が、この主題に関する研究遂行のため、みずからまったく通じていないポーランド語、リトアニア語、ロシア語や、永遠の初学者として勉強中のイディッシュ語、ヘブライ語などにつき、まずは自動機械翻訳でおおよその内容をつかみ、精読ないし引用したい部分については専門家や原語使用者の方々から手ほどきを受けるなど、あらゆる手段で読解の努力をしてまいりましたように、貴殿も、日本語につき、若干なりともそうなさってくださいますことを切に願う次第です。何と申しましても、この主題は、ユダヤ、ポーランド、リトアニア、ソ連と並び、日本を中心として展開するものでありますから」

＊

ただひとつ、『虚構』を隅々まで丁寧に読んでくださったとおぼしき、ある読者から寄せられた要望には、いつか何らかのかたちで、できる範囲でよいから、お応えするのが著者としての責任なのかもしれない、という思いが、私のなかで少しずつ大きくなってきていた。

というのも、私は『虚構』のある個所（二七七頁）に、次のように書きつけたのだった。

よって、千畝、幸子両人の回想が、歴史の再構成の試みのなかから少しずつながらも明瞭に浮かび上がってくる〈あの時、あの場〉から異常なまでの乖離を示していることについて、今から両人の責を問うても詮のないことである。また、両人の記憶をそのような方向へ意識的にも無意識的にも乖離させることになった理由、動機を究明する意志も、現下、本書の筆者は持ち合わせない（おそらく、そこまでは歴史家の仕事ではない）。

これに対し、その読者の方は、たとえ杉原千畝と妻・幸子における記憶の乖離を実証のレベルで跡づけることが困難でも（また、そうした作業に意味があるかどうかも別にして）、一九九〇年代以降、日本から発して世界じゅうに流布し、無数の人々を無数の言動に駆り立ててしまった「命のヴィザ」言説の発生源を突き止めること、それもまた、日本現代史のひとコマとして重要なことではないですか、とおっしゃるのだ。

このご意見には、深く感ずるところがあった。そして、周囲を見渡してみるに、私に代わってこの作業に乗り出す書き手が出てきそうな気配もない。

そこから、この後続書が生まれた。相談をもちかけた共和国の下平尾直さんも、ただちにその意義を理解してくださった。

ただ、『虚構』の後続書といっても、今回は、先のような資料集としての意味を兼ねた六四五頁もの大著——フランス語でいうところの「舗石《パヴェ》」——にはしたくなかった。より少ない字数で、テンポよく、この「虚構」の生成過程を説き明かす本にしたかった。それでいてなお、想像や憶測でものを述べることは、確実に現実に呼応している素材をすべて掘り起こし、辿り尽くした末に最後の最後でしか行なわない、という原則は堅持し、資料への徹底準拠の姿勢も崩したくなかった。そこで、まずは数年前から私が研究代表者となって受け入れてきた日本学術振興会（ＪＳＰＳ）科研費の成果報告書として関係資料を網羅し[1]、その資料体にどこからでもリファレンスを飛ばすことができるようにした（以下、この科研費報告書を『資料集』と呼ぶ）。案の定、その『資料集』だけでA４判五〇〇頁を超えるものとなったが、右の読者からのご要望に応える後続書として、『虚構』と『資料集』という二つのごつい「舗石」をしっかりと踏まえながら、もはや「本書の筆者」や「本課題の研究代表者」などではなく、私が「私」として、素顔でものを語る研究ノートのような本にしよう、と考えた。

＊

本体は三章構成である。第一章では、「命のヴィザ」を主題として制作されてきた過去四本の劇映画を歴史考証の観点から批判する。第二章では、一九四〇年夏のリトアニアで、あるユダヤ教指導者が丹念に綴っていた日記（ヘブライ語）、ならびに戦争末期と戦後の早い時期（一九四〇～六〇年代）に元ユダヤ難民たちによって綴られた五種の回想録（イディッシュ語、ヘブライ語）を紹介しながら、それらの記述が、のちの映画作品はもちろん、その元となっている杉原千畝、幸子の証言・回想ともいかに大きな乖離を呈しているかを確認する。その上で、第三章では、右の『資料集』に依拠しながら、「命のヴィザ」言説の誕生と、その揺るぎなき確立の過程を、現時点で可能な限り見極めることとする。

この三章構成が私の頭のなかでおおよそ固まったとき、書名として「考古学」という言葉がふわりと天から舞い降りてきた（ミシェル・フーコーからの贈り物かもしれない）。つまり、「命のヴィザ」言説が、一九九〇年代以来、一般公衆の目に映し出している地表の風景を、ところどころ、不自然な穴ぼこに足を取られたり、不可解な突起物を跨ぎ越したりしながら、まずは歩いてみる。次に、これまで日本語はおろか、英語にすらほとんど訳されたことのないヘブライ語やイディッシュ語の日記と回想録を電磁波レーダー式の地中探査機のように用い、その地表からおよそ半世紀前の土の中、一九四〇年の地層に何が埋まっているか、モニターに映し出してみる。そして最後に、それらさまざまな埋設物が〈その時、その場〉で織りなしていたはずの風景が、なぜ、いかにして埋もれるがままにされたのか、そして、その土壌の上で、誰が、いつ頃から、いかなる文脈と必要に駆られて、いま地表に姿をさらしているような風景を作り出すようになったのか、ちょうど断層構造を横から測り直すかのようにして描き出してみたいのだ。

その結果として、私が『虚構』の「あとがき」でぼんやりと名指しておいた歴史感覚、すなわち、

ユダヤ人、〈ホロコースト〉、戦争犯罪、シオニズム、難民といった現代史の重要トピックの周辺で、いつしか、見たいものは見ていないのに見たことにし、見たくないものは見ているのに見ていないことにしながら作用し始めた、おそらくSNS時代特有とも呼ぶべき歴史感覚　（六三〇頁）

の尻尾を取り押さえ、少しでもその自白を引き出すことができれば、もっけの幸いであり、『虚構』に後続書を添わせる意味もあった、ということになるであろう。

「命のヴィザ」の考古学

# 目次

## 第二章　日記と回想録のなかの〈あの時〉1940.6-8 …… 105

# 第一章 1

## 「命のヴィザ」映画、
## 四本を検証する

## 映画が作る歴史

「え？　だけど、その話は、あの映画で証明済みなんでしょ？」

忘れられない一言である。

数年前、ある会食の席で、私が、「いろいろと調べていくうちに、あの杉原ヴィザの話にはかなり無理があると思うようになっているのですよ」と打ち明けたところ、会食者のおひとりが、本章でこれから採り上げようとしている映画のうちの一本に言及しながら、そうおっしゃったのだ。

ひとつの話が映画で証明される。つまり、歴史的に立証された事象が映画になるのではなく、逆に、映画が事象を立証し、それを歴史にしていく、ということだ。

これはちょっと、すごいことではないか。よくよく考えてみる必要がある……。

そのとき私はそう思い、以来、ずっと考え続けているのだが、すっきりした結論にはまだ達していない。

「日本の一外交官が数千人のユダヤ人をナチスの〈ホロコースト〉から救った」という、いわゆる「命のヴィザ」言説がいったん成立を見るや——本書第三章で見ていくように、言説の「誕生」を一九六八年、その「確立」を一九八五年に位置づけることができる——、その先は、言説の普及と定着、さらにはその進化と発展（やや口悪く言えば、増殖と肥大）に、映画の果たした役割がきわめて大きかったように思う。かつて、どこかで起きた〈出来事〉を、まずは誰かが記録に留め、その記録にもとづいてシナリオが書かれて映画が作られる、というプロセスと並行して（あるいはそれ以上に）、「映画として見せる」という目的と行為が、翻って一定のシナリオ構成を要請し、その構成のため、本当にあったかどうか、実のところ誰も確かめていない〈出来事〉が「起こされ」てしまうという、いわば「語り《ナラティヴ》の逆流」とも呼ぶべきプロセスが同時駆動していたように感じられるのだ。

いっそ、「歴史ドラマ」とはそういうものと割り切ってしまいなさい、ということか。

この原稿の執筆に本腰を入れ始めたいま（二〇二三年一月）、世間ではNHKの新しい大河ドラマ『どうする家康』が話題を集めている。徳川家康を主人公として映画やドラマがこれまで何本作られてきたか知らないが、「松本潤と有村架純を主演に据えるなら、これまでとは違って、こういう筋書きにし、こういう出来事を、こういうふうに起こさなくては」という制作側の判断や意図が必ずどこかで働くはずなのだ。陳腐な仮想だが、たとえ家康と築山殿の御霊がこの世に戻ってきて、「いいえ、そういう事実はございませんでした」と反対証言しても、毎週、大河ドラマを楽しみにしている視聴者にはあまり関係がないのである。家康と築山殿の御霊には失礼ながら、視聴者が「見たい」「見よう」と思っているのは歴史の実相ではなく、歴史を背景として「偶像《アイドル》」たちが光り輝く様なのだ。

ここで「偶像（エイドラ、イドラ、アイドル）」という言葉を、知覚する主体と実在する（とされた）客体とのあいだに介在する何ものか、と解するとすれば、われわれが普段「ある」と思っているものの大部分は、おそらく「偶像」である。そして、「いまはなくなっているけれども、かつてあったこと」を扱う歴史と、「ここにあるわけではないけれども動く画《え》として見せることはできる」という映画が「歴史ドラマ」として手を結び合うとき、その結節点こそは、「偶像」がもっとも伸び伸びと泳ぎ回る場になるのかもしれない。たとえ、この「命のヴィザ」の主題の大元に位置するユダヤ教という宗教が、「偶像崇拝《アヴォダー・ザラー》」を厳格に退ける思想の体系であったとしてもだ。

それにしても――と、ここから先、私の思考の矛先がいまだ鈍重なままなのだが――、「偶像」を作り、それを崇拝し、させる仕方にも、「あざとさ」の質や程度がありはしないか。歴史をテーマとして「偶像」を泳ぎ回らせるとき、どういう「あざとさ」なら、どこまで微笑とともに許容していいものなのか。

## 偶像崇拝のタブーをめぐる決疑論／屁理屈

私のここ数年の愛読書のひとつに、フランスの歴史家アラン・ブザンソンによる『禁じられた図像――偶像破壊の知的歴史』という本がある。(1) 日本語には訳されていないようだが、古代ギリシア・ローマから、ユダヤ教、キリスト教、イスラームを経て、ヨーロッパ中世、近代、さらにはセザンヌ、カンディンスキー、マレーヴィチまで、何かを「絵にする」という行為と、その行為につきまとう「やましさ」の人間心理を思想のつらなりとしてダイナミックに描き出した本だ。

そのユダヤ教を扱った章で、門外漢にもわかりやすく「偶像崇拝《アヴォダー・ザラー》」のタブーを解説するブザンソンの記述を足早に辿ってみよう。

真っ先に言及されるべきは、聖書「出エジプト記」におけるモーセの十戒、第二項である。

> 汝、おのれのために何の偶像をも彫《きざ》むべからず。また、上は天にある者、下は地にある者、ならびに地の下の水の中にある者の何の形状《かたち》をも作るべからず。
>
> (「出エジプト記」二〇の四)

この禁止が、モーセが持ち帰った十の戒めの二つ目に、つまり「汝、わが顔の前に、我のほか何物をも神とすべからず」という第一の戒めの直後、殺人、窃盗、姦淫などの禁止よりも前に言い渡される、というところに、ユダヤ教の神における反＝造形の姿勢が徹底して表れている。

右の文語訳聖書で「偶像」と訳されている言葉は、聖書ヘブライ語の原文では「ペセル」であり、単に「彫られたもの」を意味する。だからといって彫刻以外の造形ならいい、ということにはならず、いまひとつ「形状」と訳されている「テムナー（トゥムナー）」の語は、「図像」や「絵」、現代ヘブライ語では「写真」、さらには劇や映画の「場面」をも意味する。やはり、神がモーセに下した禁令においては、殺人犯、盗っ人、姦淫者などになることよりも先に、彫刻家、画家、写真家、演劇人、映画監督になることが許しがたき「破戒」として指定されているわけである。

同じタブーは「申命記」でも繰り返される。

> 道をあやまりて己のために偶像を刻むなかれ。物の像は男の形にもあれ、女の形にもあれ、すべて造るなかれ。すなわち、地の上におるもろもろの獣の像、空に飛ぶもろもろの鳥の像、地に這うもろもろの物の像、地の下の水の中におるもろもろの魚の像など、すべて造るなかれ。
>
> （「申命記」四の一六―一八）

男女の別なく、天上のもの、地上のものすべてに加えて、ご丁寧に水中のものまで含められており、空間的には完全包囲の感がある。そこで「これなら描いてもいいんじゃないか」というところを意地になって考えてみると、聖書には「汝の心のなかにあるもの」とは書かれていないため、私たちの脳裏に浮かぶ、何の現実物にも呼応していない形、つまり抽象絵画は許されるのかもしれない。

もちろん、この最初期の、言葉以前の「ユダヤ教徒」たちも、このあと、たちまち禁を犯してしまい、アハロンの指図で〈黄金の子牛〉の像を作ってしまっている（「出エジプト記」三二の四）。さらにブザンソンが列挙しているとおり、聖書の後続の書のなかにも、この偶像をめぐる禁忌が破られたという逸話が数多く見られ、以来、人間の歴史は、おおかた「ものの像を造ってはならぬ」というタブーへの侵犯行為の連続として成り立ってきた、と言えないこともない。

しかも、神自身、「ものの像を造るな」と言うそばから、「これこれのものを造れ」と命じている箇所さえある。

汝、金をもて二個のケルビムを作るべし。即ち、槌にて打ちてこれを作り、贖罪所の両方に置くべし。

（「出エジプト記」一八の二五）

「ケルビム」とは、聖書中、「智天使」と訳される天使の一カテゴリーで、通常、大きな翼をもった鳥やライオンのような姿で描かれる。その「ケルビム」が、普段、どこに棲息しているのか知る由もないが、「作るべし」と言われた側が、「あぁ、あれか」とどうやら理解できたようであるから、ともかく「上は天にある者、下は地にある者」のいずれかなのだろう。

さらに別の個所では、

イェホヴァー、モーセに言いたまいけるは、汝、蛇を作りて之を棹の上に載せ置くべし。〔……〕モーセ、すなわち銅《あかがね》をもて一条の蛇を作り〔……〕。

（「民数記」二一の八―九）

こうして、イェホヴァーから十戒を授かった当の本人たるモーセが、イェホヴァーから「蛇を造れ」と言われると、ほいきたとばかり、蛇の銅像の制作にとりかかるのである。

「造るな」と言ったかと思うと「造れ」と言う。あるいは、「神は造るな、とおっしゃった」と伝えておきながら、自身が神に命じられれば、さっさと何かを造ってしまう。すでにヘブライ語聖書の段階で、「偶像崇拝《アヴォダー・ザラー》」の禁忌は、その後、数千年にわたる激論の種を宿していたことになる。

時代を下ってヨーロッパの中世以来、ブザンソンが例として挙げている十四世紀の「ハッガダー」（過越祭に朗誦する文を集めたもの）を筆頭に、ユダヤ教の聖典や祈禱書のなかに図像はふんだんに用いられており、その間、アッラーやムハンマドの姿を描くことを固く禁じながら発展してきたイスラームとは異なり、ユダヤ教（少なくともヨーロッパで展開したユダヤ教）の世界は、れっきとした「具象芸術」に彩られていた。

当然、ユダヤ教神学の内部でもこの点をめぐる論争が絶えず、たとえば、ブザンソンが引用している十三世紀ドイツ、ローテンブルクのメイールというラビ（ユダヤ教指導者）は、

祈禱書にそのような図像を挿入することは有用ではないと思われる。なぜなら、それを見ることで、天にまします我らが父に対する思いが散漫になってしまうからである。しかし、そうした図像は、第二の戒律の禁忌には該当しない。なぜなら、それらは単に色であって、物質的なところがまったくないからである。よって、たとえユダヤ教徒であっても、そのような図像を描くことはしてよい(2)。

との見解を示した、という。

かつてフランス文学の徒だった頃、ブレーズ・パスカル『田舎人の手紙』とモリエール『タルチュフ』という、いずれも十七世紀の珠玉の古典との関連で「決疑論《カズュイスティク》」という言葉を教わった。「こういうことをしていいのだろうか、それとも……」と人を種々悩ませてくる「良心問題・決疑事項《カ・ド・コンシアンス》」に答えを与えてくれる道徳神学を指し、それが、と

くにイエズス会士たちのもとであまりのご都合主義に走ったことから、単に「屁理屈」を意味することにもなった。

右の十三世紀ドイツのラビによる、絵はあくまでも「色」であって「もの」ではないから偶像崇拝の禁忌に触れない、という解釈も、違憲の疑いを指摘された首相や閣僚の国会答弁よろしく、間違いなくこの「決疑論／屁理屈」の部類と思われるのだが、神に寄せる思いが散漫にならない範囲で、ユダヤ教徒も信仰活動のなかで図像を用いることになんら問題はないと、少なくともこのラビは言い切っている。要は、絵を見ることで、何か本質的なものに対する注意力が損なわれてはいけない、ということなのだ。運転中はスマホを見ない、受験生の部屋にはマンガを置かない、と同じくらい、わかりきった禁止・禁欲条項である。

よって、ユダヤ教の世界にも立派に造形芸術はある。ただし、たとえば、かのミケランジェロの「アダムの創造」（一五一一年頃、図1）のように、神をあからさまに白髭の初老男性として描き表すことは「神人同形

図1
ミケランジェロ「アダムの創造」1511年頃、ヴァティカン、システィーナ礼拝堂

説」の異端に陥ってしまうため、せいぜい、シャガールの「人間の創造」（一九五六〜五八年、図2）のように、十戒の石板をモーセに手渡そうとする神の「腕」に留める、という抑制が働くのだろう。もちろん、この「腕」だけでも、厳格な伝統主義者のユダヤ教徒からすれば、その名で呼ぶことすら憚られる〈かのお方〉に具体的な身体の部位を勝手に付与するものとして、厳しい断罪に値するのであろうが。

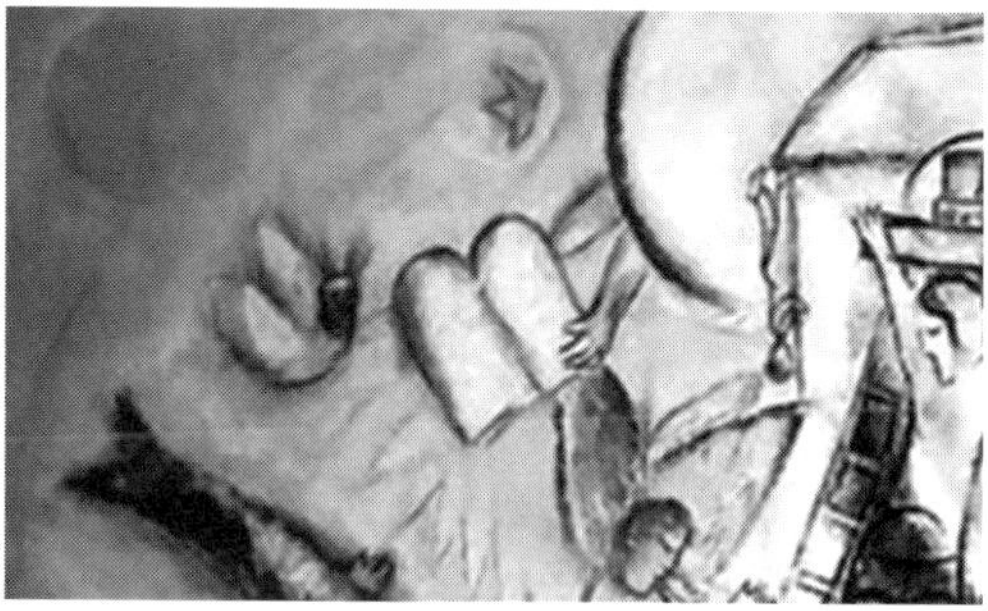

図2
シャガール「人間の創造」（部分）1956〜8年、
フランス、国立マルク・シャガール美術館蔵

＊

私の知る限り、杉原千畝の「命のヴィザ」を主題とする劇映画は、一九九二年のものを第一作として四本（日本映画三本、アメリカ映画一本）、公開されてきた。ドキュメンタリー仕立てのものにいたっては、第三章で採り上げる一九八三年のフジテレビ制作『運命をわけた一枚のビザ』を皮切りに、日本の内外でほとんど数え切れないくらい存在する[3]。

ドキュメンタリーはさておき、以下、四本の劇映画からそれぞれ「命のヴィザ」発給の場面だけを抜き出し、史料研究の観点から批判してみたい。誤解のないように、あくまでも「批判」であって「非難」ではない。

右に述べたとおり、私自身、「歴史ドラマ」とは所詮こういうものと、端から割り切っているところがある。また、これまで二、三度にすぎないが、テレビ番組と映画の制作現場に身を置いた経験から、映像の仕事がいかに企画力、集中力、持久力を求められるものであるか、よく理解しているつもりであり、それに職業人としてたずさわる方々には大きな敬意を抱いている。

ここで採り上げる四本の劇映画も、それぞれ複数回、隅々まで鑑賞しながら、「ここが苦労と工夫のしどころだったのだろう」ということが手に取るようにわかるし、俳優の方々（きわめて豪華）の演技も真剣かつ誠実で、いずれも映画としての質は決して低くないと思う。以下に述べるように、場面設定や演出の面で歴史的に「おかしい」ところがあるからといって、こういう映画や番組は作るべきではない、見せるべきではない、など、検閲や映倫のような立場から何かを述べようとしているわけでは断じてない。むしろ、いずれも今日ＤＶＤとして入手可能なこれら四本の映画を、今後も、本書読了後の読者諸氏を含めてできるだけ多くの方々に鑑賞していただき、制作陣、とりわけ出演陣――そこには私の青春時代を彩った「偶像《アイドル》」たちの姿もある――がこの主題に注ぎ込んでくれた情熱と熟練の技を正当に評価していただきたい、と思うのである。

その上で、私が以下の四本の映画を「批判」するのは、まさに先の十三世紀のラビによる偶像崇拝解釈に着想を得、これらの映画中のヴィザ発給の場面を観ることをつうじて、われわれの注意力が一体何から散漫になってしまいかねないか、その点をじっくり見極めてみたいからなのだ(4)。

### ▼『命のビザ　六千人のユダヤ人を救った日本領事の決断』1992

一九九二年十二月十八日(金)、ノジテレビ系列のチャンネルで、『命のビザ　六千人のユダヤ人を救った日本領事の決断』(一一五分)が放映された。作品データは以下のとおり。

原作　杉原幸子
脚本　久保田千太郎、佐々木守
音楽　谷川賢作
制作　鈴木哲夫、川村尚敬
演出　大山勝美
製作　フジテレビジョン／カズモ
出演　加藤剛、秋吉久美子、紺野美沙子、ピーター・ウーライ、トナヴスキー・ミロ、ギオラ・セーリガ、マクシミアン・ミューラー、佐藤慶、柄沢次郎、鈴木瑞穂、久米明以下、［　］は字幕、（　）は情景描写を示す。疑義を呈したり、解説を要したりする個所に傍点を付すが、前と同じ疑義の場合は、その内容を繰り返して述べることはしない。

＊

（リトアニア、カウナス旧市街風景）

［一九四〇年七月二十七日］

（トランクを提げた大勢の人々が歩いてくる）

［日本領事館］

（二階の寝室。千畝（加藤剛）、外の騒音に目を覚まし、カーテンを開ける）

千畝――幸子！

幸子（秋吉久美子）――はい。

千畝――大勢の人に取り巻かれた。暴動かもしれん。起きなさい。

幸子――暴動？

千畝――わからない。とにかく皆を起こして、身支度させるんだ。

幸子――はい。（飛び起きる）節ちゃん！　節ちゃん、大変よ。節ちゃん！　ポッペもチーちゃんも起こして。節ちゃん！

（別の寝室。幸子の妹・節子（紺野美沙子）も飛び起きる）（傍らで眠る弘樹と千暁）

↓「一九四〇年七月二十七日」という日付は、杉原幸子の回想録『六千人の命のビザ』（初版、一九九〇年）をもとにしていると思われる（『虚構』二五一頁）。

↓人々は、なぜトランクを提げているのか？　十カ月ほど前からヴィルニュスの難民用宿泊所を中心に避難生活を送ってきた人々が、ヴィザ申請のためカウナスに来るのに（列車で二時間足らず）、なぜそのような大荷物を？　これは、たった今、ナチ占領下のポーランドから国境を越えて逃げてきた人々という印象を醸し出すための演出としか考えられない。

（領事館前の柵越しに大勢の人々）（子供の姿も見える）

幸子――パパ。

千畝――武器は持ってないぞ。何だ、ありゃ？

（柵越しに人々の姿）

千畝――ナチに追われたユダヤ難民だろう。ここのとこ、町でよく難民を見かけたが。

節子――でも、ユダヤの難民がどうしてここに？

千畝――わからない。幸子、万一に備えるんだ。いつでも脱出できるよう、オルガとエレナに声をかけなさい。私は職員たちを集めてくる。

幸子——節子、ポッペとチーちゃんをお願いね。オルガ！　エレナ！

↓十一カ月前の三九年八月末、第二次大戦勃発直前にリトアニアのカウナスに着任して以来、ポーランドからの移流民（ユダヤ系に限らず）を折に触れて目にしてきたはずの千畝の台詞として、「ここのとこ」は符合するか？　難民たちが「ナチに追われ」てやって来たのが「いつ」のこととして設定されているのか？　このように一九四〇年七月末、あたかも難民たちがナチ占領下のポーランドから、直接、千畝のもとに押し寄せたかのごとき状況設定は、以後、三作の劇映画にも共通して受け継がれる。

（領事館の外）

難民たち——「お願いだ　領事に会わせてくれ」「ビザを発行してほしいんだ」「私たちにビザを下さい」

グッチェ——「待ちなさい　勝手に入ってくるな」

（領事館の敷地に雪崩れ込みそうな人々を館員たちが必死に押し止める）

千畝——グ、ヽ、ヽ、グッチェ、この人たちにポーランド語で伝えてくれ。「皆さんの希望はうかがいます。ただし、一度に大勢で入って来られても困ります。どなたか代表の方を選んでください」

（グッチェ、訳す）

↓ヴォルフガング・グッチェというドイツ人ないしドイツ系リトアニア人秘書がいたことは確かめられている。みずからナチ党員でありながら、ユダヤ人には同情的であった、という証言も残されている（本書一八三—一八四頁）。


（カメラ、二階の窓へスパン）（室内）

弘樹（子役）——ママ、あの人たち殺されるの？

幸子（しばらく間をおいて）——そうよ。ここにいるとね。だから、怖い兵隊さんに捕まんないうちに、パパに逃がしてくださいって、お願いに来たのよ。

弘樹——パパ、助けてあげるよね。

千暁（子役）——パパ、助けてあげるよね。

幸子（千暁を抱き上げて）——ええ。パパはきっと助けてくださるわ。


↓誰により、なぜ「殺される」のか？「怖い兵隊さん」とは誰のことか？そうした疑問がすべて、幼児の台詞やそれへの応答であること自体によって曖昧にされてしまう。

（領事館の柵）

グッチェ――「押すな！　押すんじゃない！」

（代表者五名だけが中に入る）

グッチェ――「代表者以外は駄目だ！」

（執務室）

千畝（以下ロシア語で）――「おはよう　日本領事代理の杉原です」

ヴァルハフティグ――「ゾラ・バルファフティックです　ワルシャワで弁護士をしていました」「みなユダヤ人です」

「……」

ヴァルハフティグ――「私たちはナチスに追われてポーランドから逃げて来ました」「虐殺の難を逃れ　やっとの思いで」

ニシュリ――「少しの食べ物と　少しのお金を持ち　雨や風のなかを何日もかけて……」「逃げなければ　ゲシュタポに捕まって殺されるだけだからです」

↓追われて逃げて来たのが「いつ」のことか、ついに言及されることがない。

（モノクロのアーカイヴ映像挿入）（悲壮な背景音楽）

（男が、ドイツ兵に銃を突き付けられて家から連れ出され、ジープに乗せられる）

（大勢の人々が駅舎の脇のようなところを歩かされている）

（領事館外の難民たちの姿、モノクロからカラーへ）
ニシュリ――「私たちは　やっとここまで来ました」
ヴァルハフティグ――「閣下　私たちユダヤ人に通過ビザを発行していただけないでしょうか？」
千畝――「アメリカなど第三国へ渡るための日本通過ビザですね」
一同――「はい」
千畝――「受け入れ国のビザは？」
一同――「みな持っています」（それぞれポケットを探る）
ヴァルハフティグ――「オランダ領事にいただいたキュラソー行きのビザです」
千畝――「キュラソー？」
ニシュリ――「はい　オランダ領の島です」「南アメリカにある小さな島ですから地球儀には……」（机の上の地球儀を回す）
（千畝、分厚い本を持ってきて開く）
ニシュリ――「キューバの下　プエルトリコの下……」「ベネズエラの近くの……」「はい　これがキュラソーです」
千畝（長い間をおいて）――「お気の毒ですが　ご希望にはそえないと思います」
一同――「なぜ？」
千畝――「日本はドイツと防共協定をむすんでいます」「そして　近く日独伊三国

同盟をむすびます」「そんな中で　あなた方ユダヤ人にビザを発行すれば　日独関係を害します」

一同――「そこをなんとか　領事閣下！」

↓一九三六年の日独防共協定、一九三七年の日独伊防共協定が、各加盟国の査証発給業務を制限的に左右した事実は確認できない。

↓一九四〇年七月末の千畝が、九月二十七日の締結に向けて極秘裏に進められていた日独伊三国同盟について、事前に何か知り得たか？

↓そもそも、この時点でユダヤ住民の域外追放を基本政策としていたナチ・ドイツが、ユダヤ難民の（しかもソ連領となりつつあるリトアニアからの）出国に目くじらを立てる理由がどこにあるか？

千畝――「さらに　日本を通過する前にシベリア鉄道を経由しなければなりません」「反ユダヤ主義をとるソ連が　あなた方の通過を認めると思いますか？」

ヴァルハフティグ――「わかっています　しかしポーランド国境が閉鎖された今　生きるためにキュラソーに行くしかありません」

↓「ソ連すなわち反ユダヤ主義」の決めつけには注意を要する。ソ連とは、少なくとも公式には反ユダヤ主義を、プロレタリアート革命の完全成就の暁に消滅を余儀なくされたイデオロギー的誤謬として退ける政治体制であった。また、このときは、種々の理由からポーランド難民たちの国外移住を奨励さえしようとしていた（『虚構』二二二〜二二三頁）。

↓何から逃れて「生きるため」なのか？

（千畝、別室の家族らのもとへ）

千畝――困った。いまヨーロッパでユダヤ人を引き受ける国はない。彼らは袋のネズミだ。私が日本国通過ヴィザを出さなければ、彼らはアメリカなど第三国へ渡ることはできない。つまり、追い詰められた彼らが唯一助かる道が、日本国通過ヴィザなんだ。

幸子――なんとかなりませんの？　あなたの一存で。

千畝――十枚や二十枚なら、なんとかなる。だが、何百枚ともなると、本国外務省の許可なしに発行できない。考えてもごらん。ヴィザを発行すれば、彼らは日本へ行くんだ。何百人も。いや、場合によっては何千人ものユダヤ人たちが、日本へ。

↓数によらず、通過ヴィザの発給は現地公館の裁量であり、実際、千畝が大量のヴィザ発給を始めるに当たって本省の許可を求めた形跡はない（『虚構』二五七頁以下）。

節子（窓から外を見て）――お姉さま、ご覧になって。さっきよりまた増えたみたい。

幸子――ほんと。二百人は超えてるわ。

千畝――明日はもっと増えるだろう。

弘樹――パパ、助けてあげるよね。ねえ、パパ。

千畝――（弘樹の頭を撫でながら）よし、本省に電報だけでも打ってみよう。「ヴィザを発行したいが、どうか」って。（幸子に向かって）ドイツとの手前、難しいかもしれん。

（千畝、机に座って電報を打ち始める）

ナレーション――杉原千畝は、本国外務省へ、行く当てのないユダヤ難民たちに日本への通過ヴィザを発行したいと暗号電報を打った。

↓本省がドイツとの同盟関係を慮ってヴィザ発給を渋った事実は確認されていない。

↓千畝から「通過ヴィザを発行したい」と申し出る電報のたぐいは発見されていない。

（領事館前。車がクラクションを鳴らしながら人混みをかきわける）

難民たち――「ソ連領事の車だ！」「帰れ！」（怒号、ブーイング）

（執務室。ソ連領事、千畝に相対して）

ソ連領事――「ソ連政府からの要望をお伝えします」「一刻も早くこの領事館を閉鎖し　国外へご退去をお願いしたい」

千畝――「ご要望はうけたまわりました　本国にその旨伝えます」

↓ユダヤ難民たちがソ連当局に対し、ここまで反意をあからさまにした事例は未見である（あったとすれば、きわめて危険な行為）。

↓各国公館の閉鎖命令は、新しいリトアニア社会主義共和国の外務大臣から、八月十日頃、発せられており（『虚構』二五二頁）、その件でソ連代表部が千畝に接触してきた事実は確認されていない。

（ソ連領事、車で去る）

（車の後ろをしばし追いかけ、立ち止まるヴァルハフティグとニシュリ）

ヴァルハフティグ――「ソ連め　ドイツと密約を結んだんだ」「「ポーランドには手を出さぬから　バルト三国をよこせ」と！」

ニシュリ――「「そのかわり　リトアニアに逃げたユダヤ人たちを追い返してやる」と？」

ヴァルハフティグ――「ああ「アウシュヴィッツに放り込むのを手伝ってやる」と

な！」

ニシュリ――「くそっ！　グズグズしてられんぞ　一刻も早くビザをもらわないと」

難民たち――「そうだ！」「一刻も早くビザをもらわないと！」

↓ソ連は、一九三九年九月、実際にポーランド東部に「手を出して」おり、ドイツに言う台詞としては、「西ポーランドをくれてやるから、東ポーランドとバルト三国をよこせ」が相応しい。

↓ソ連政府が、ポーランド西部からソ連支配地域に避難してきた難民たちに、ソ連国籍を取得するか、ドイツ領ポーランドに帰還するかの二者択一を迫ったことは確かだが、リトアニアに流入した難民たちをドイツ領に帰還させようとした事実は確認されていない。

↓一九四〇年七～八月の段階で「アウシュヴィッツ」の脅威を云々することは時代錯誤の感が否めない（『虚構』二四六～二四七頁）。しかも、ソ連がナチ・ドイツのユダヤ絶滅政策を「手伝う」理由はいずこにも見出し得ない。

（いっそう激しく領事館員に迫る難民たち）

グッチェ――「ダメだダメだ！　入ってはいけない　ここは日本の領土と同じなん

だ」

〔英語字幕には、難民たちの叫びとして、「われわれは皆、奴らに殺されてしまう！　もう一度、頼むだけ頼んでくれ！」という台詞が収録されている〕

千畝——無法はやめてください。グッチェ、通訳してくれ。「この領事館に許可なく入ることは、日本国に不法入国することと同じです。それにもう一つ。皆さん方の希望は、いま本国に電報で問い合わせ中です。」

（グッチェ、訳す）

→ポーランド難民に限らず、リトアニア人、白系ロシア人などがソヴィエト化を経て新たに置かれることとなった状況を伝える電報（七月二十八日付）は存在するが（『虚構』二五三頁以下）、難民たちの「希望」を伝える電報は見当たらない。

（領事館前、焚火をして野宿する難民たち）

ナレーション——夜になって、領事館前の公園に、粗末なテントを張り、泊まり込むユダヤ人たちが大勢いた。

（寝室。寝つかれず、何度も寝返りをうつ千畝。それを脇で案じている幸子）

（幸子（秋吉久美子）の声で朗読、ならびに字幕）

「ビザ交付の決断に迷ひ

眠れざる夫《つま》のベッドの
軋むを聞けり」

↓領事館前での野宿の事実も未確認。共産主義礼賛、スターリン支持のデモ以外の集団行動に目を光らせていたソ連や新リトアニアの官憲がそうした行為を許したか？　そもそもヴィルニュスやカウナスに仮の住まいがある難民たちが、なぜ野宿せねばならないのか？

↓短歌は、幸子回想録の初版（一九九〇年）に掲載され、さらに彼女の『歌集　白夜』の一九九五年再版に収録されたものである（本書終章三四〇頁を参照）。

（朝。領事館前の難民たち）

（窓からそれを眺める千畝）

幸子（そばに寄ってきて驚く）――はっ。

千畝――やはり増えてる。

幸子――昨日の倍はいるわ。

（千畝、暗号表を見ながら電文を打つ）

ナレーション――「昭和十五年。カウナス、第五十号。ユダヤ人は本邦経由渡米すべく、ビザ関係にて当館に押し掛くる者、連日百名内外に及べり」

↓この電文は実在する（七月二十八日付。『虚構』二五四〜二五五頁）。

節子——あの子、可愛そう。

幸子——え？

節子——あの、入り口の右側のお母さんと娘の……。もう後ろから押しつぶされそうで。

幸子——あの人たち、最初からずっと、あそこに立っているのよ。

（屋外）

難民の少女——「領事さーん　わたしたちにビザを下さーい！」

難民たち（唱和して）——「わたしたちにビザを下さーい」

［英語字幕では「私たちが殺されてもいい、というのですか？」とも］

（室内）

千畝——カーテン閉めて。窓から離れなさい。そこに立っていると彼らを刺激する。

（千畝、電報を打つ）

ナレーション——「昭和十五年。カウナス、第六十七号。貴殿二十二号、避難民の取り扱い方に関する件に関し、当国避難民中には、近くに中南米代表なきと、当館の引き揚げ切迫を見越し、まずもって現在、唯一の通過国たる我がヴィザ願い出る者あり」

↓この電文も実在するが、八月一日の日付は誤記で、正しくはカウナス出立間際の九月一日であったことが確認されている。内容としては、ヴィザ発給許可要請ではなく、自身が採用してきたヴィザ発給の基準についての申し開きと言うべきものである（『虚構』二八六〜二八七頁）。

（屋外。パスポートなどを差し出す難民たち）

千畝（独白）――外務省は一体、何をしてるんだ？

（バイクの爆音）

［八月二日］

（依然、屋外に蝟集する難民たち）

（千畝、家政婦から電報を受け取る）

ナレーション――八月二日、本国外務省から待望の暗号電報が届いた。「ソヴィエトのリトアニア併合に基づき、在カウナス日本帝国領事館を撤廃することに決定した故、なるべく速やかに領事館を閉鎖せられたし」

↓リトアニアのソ連正式加盟（八月三日）も待たずして、日本政府の側で領事館の閉鎖を決定した事実は認められず、またその必要性も説明できない。領事館閉鎖の実際については、八月十日以降、千畝と本省のあいだの国際電話で相談が行なわれた可能性が考えられる（『虚構』二八四〜二八六頁）。

幸子——本国から返信がありましたの？
千畝——ユダヤ人の扱いについては、依然、何も……。ただ、領事館を退去して、ベルリンへ行け、と。
幸子——ベルリンへ？
節子——転勤命令ですか？
千畝——ああ。ソ連からの退去命令で、ほかの国の大使館はここには残っていない。だから余計、本国はうるさいんだ。

→他の国々の代表部も、同じように、八月十日以降、閉鎖要請を受け、二十五日までに順次退去していったと見られる。

幸子——じゃあ、あの人たち、置いて行け、っていうんですか。
千畝——こうなったら、松岡外務大臣に直訴するしかない。
（千畝、電文の原稿を書き始める）

↓この種の「直訴」の電文も未確認。

幸子――ベルリンへ行くんですか?
千畝――ああ。本国からも退去命令が来ているし。
幸子――退去命令が出たということは、ここを出るしかない、ということなんですね?
千畝――ああ。しかしねえ……。(カーテンから外を覗く)
節子(晴生を抱き、哺乳瓶をもって)――クリちゃん、お願いだから、ちょっと飲んで。ねえ、クリちゃん。
幸子――クリちゃん、ごめんなさいね。ママのおっぱいが止まっちゃったからねえ。仕方ないわねえ。
節子――泣かないで、クリちゃん。
幸子――クリちゃん、お腹空いちゃったかな。ごめんね、クリちゃん。
(千畝、この様子を感慨深げに見つめる)

↓幸子も難民たちのことが心配で夜も眠れず、ついには母乳も止まってしまった、という逸話は、幸子回想録(初版)三〇~三一頁による。この逸話が、二本目のアメリカ映画『ビザと美徳』におけるヴィザ発給の場面のキー要素となる（後述）。


（屋外。野宿する難民の母と娘）

（背景音楽、イスラエル民謡「ヒネマトヴ」）

（寝室。なかなか寝つかれない千畝）

（エルサレム、岩のドーム、嘆きの壁の映像）

ナレーション――ユダヤ人は、万物の創造者ヤハヴェの神を信奉するユダヤ教の人々。同じように、唯一絶対のキリスト教やイスラム教の信者たちとは激しい対立が生まれていた。

（領事館前に詰めかけた難民たちの姿を、モノクロからカラーに戻す）


↓この時期のパレスティナにおいて、「対立」は、ユダヤ教と他宗教のあいだよりも、ユダヤ人入植者とアラブ人先住者のあいだ、ならびに伝統的ユダヤ教と非宗教的（ひいては無信仰の）ユダヤ人社会のあいだに存した、と言うべきである。

↓聖都エルサレムのモノクロ映像を領事館前の難民たちの姿に重ねる編集は、リトアニアにおけるポーランド・ユダヤ難民集団内で一角を占めるにすぎなかったシオニスト・グループを過大に見せてしまう恐れがある。

（電報を打つ千畝）

［八月九日］

ナレーション――「昭和十五年。カウナス、第五十九号。当国避難民中のワルシャワ出身ユダヤ系興業家の一行は、南米に移住すべく当館の敦賀上陸通過ヴィザを許可願い出たるところ（洗面台で嘔吐する千畝）、何ら容疑の点を認めざるにつき、右の様、許可し差しつかえなきや、折り返し回電ありたし」

↓この電文も実在するが（『虚構』二六九頁）、中間部分が省略されている。その部分で千畝は、難民たちから日本滞在期間を一カ月に延長して欲しいと特別許可を求められたことにつき、判断を仰いでいるにすぎない。この電文をヴィザ発給そのものの許可願いと読ませることは、明らかにミスリーディングである。

ナレーション――松岡洋右外務大臣からの暗号電文は次のようなものであった。

［八月十四日］

「内務省は、大量の外国人が国内を通過すると、治安に責任が持てない、と言っている。ヴィザの発行は差し控えるように」

千畝（独白）――私がヴィザを出さなければ、このユダヤ人たちは間違いなくナチスに殺される。

［八月十六日］

（窓辺に近づき、レースのカーテンの前で）

千畝（独白、続き）――しかし、日本政府の命令に背くことはできない。

（昭和天皇、皇后の御真影、大写しに）

（屋外。例の難民の母と娘）

（風にそよぐ風鈴）（書棚にもたれる千畝）

↓松岡外相からのものとされるこの回電の内容は、のちの千畝の回想にもとづくものであり、電文として確認されているわけではない（『虚構』二八九頁）。

↓「ナチスに殺される」という千畝の台詞を成立させるためには、十カ月後の一九四一年六月、ドイツによるリトアニア侵攻と、その後に現実のものとなる事態を、千畝がこの時点でおおよそ見通していたことを立証しなければならない。

（満州時代の回想シーンの始まり）

（行き倒れの中国人の姿を映し出すアーカイヴ映像）

外交部長――辞めて本国へ帰る？　ちょっと待てよ、杉原君！

［一九三五年　満州国外交部長室］

外交部長――君は、ソ連から北満鉄道の買収の大仕事もしたし、いまや外交部長だ。

わしの次に、ここに座る男だぞ。

千畝――我慢ならないんです、ぼくには。日本人は中国人を人間だと思っていません。

（満州を行進する関東軍の姿。見つめる中国人の民衆）

千畝――そんな国の外交の責任者など、ぼくには務まりません。

（路上に転がる中国人たちの死体）

↓千畝が満州での関東軍の横暴、残虐ぶりに堪えかねて任官を拒否した、とする戦後のナラティヴの支えとなり得る資料を、私自身は現時点で未見である。

ナレーション――松岡外務大臣発、「難民の取り扱い方に関する件。大量の難民が日本に来た場合、船会社が輸送に責任を持てない、と言っている。決してヴィザを発行しないように。」

（居間に入って来る千畝）（背景音楽、最高潮に）

（千畝、電文を破り捨てながら、窓の下を見る）

幸子――あなた！

千畝――私は、ヴィザを発行しようと思う。見捨てるわけにはいかない。彼らは私たちを頼って来たんだ。人間として、人として、大事なことだよ、これは。わかってくれるね?
幸子――ええ。
千畝――しかし、本省の命令に背くんだ。外交官を辞めることになるかもしれん。（うるうるした目で見つめる節子）そうなれば、あの外に立っているユダヤ人たちと、どこも違いはないさ。

↓

「本省への造反」、よって「外交官としての失職」というナラティヴが、初めて映像シーンとして成立した瞬間。

幸子――ええ。わかってます。
千畝――どうして、そんな嬉しそうな顔をするんだ?
幸子（感極まって）――あなたが私が信じたとおりの方だったから。あなたは、きっとそうなさるだろう、と思ってました。
千畝（幸子の肩を抱いて）――幸子、ありがとう。なあに、外務省を辞めても、ロシア語を教えれば、なんとか食べて行ける。
幸子――ええ、なんとかなりますとも。私はどんなことがあっても、あなたについていきます。
千畝――そうか。安心したよ。私はこれからソ連領事館に行って来る。彼らを日本へ送るには、ソ連の通過ヴィザが要るんだ。

（千畝、部屋を出る）

（幸子、追いかけてきて）

幸子——大丈夫なんですか？　ソ連は反ユダヤなんでしょう？

千畝——そこを押しての交渉だ。彼らを日本へ送る。

↓千畝がソ連領事館に足を向けたのは、もっと早い段階（私の推定では七月二十七日（土））であったと思われる（『虚構』二六五頁以下）。

↓重ねて、「ソ連すなわち反ユダヤ」の決めつけには注意を要する。

［ソ連領事館］

（ソ連国旗。入口の両脇を固める赤軍兵士たち）

ソ連領事——［わかりました　彼らのために私もビザを出しましょう］

千畝——［ありがとうございます　領事閣下のご決断には感謝いたします］

↓このシナリオ構成によれば、千畝がソ連当局を説得したおかげで、難民たちがソ連領を横断してウラジオストクに達するためのソ連出国／通過ヴィザが発給されるようになった、ということになる。

現実には、一九四〇年七月二十五日、ソ連副外務人民委員デカノゾフと在リトアニア・ソ連大使ポズドニャコフが、モスクワの党中央委員会に宛てた暗号電文のなかで、「難民をリトアニアに放置することは望ましくない」ため、「かれらに、至急ソ連通過を許可し、五十~百二十名ずつのグループを編成して出発させることが相当」と主張し、四日後の二十九日、党中央からの了解をとりつけたのだった（『虚構』二六七~二六八頁）。千畝が、もしも日本領事館がポーランド・ユダヤ難民たちに日本通過ヴィザを発給した場合、それをもってソ連領を通過する許可が本当に下りるのか、という点をソ連領事館に確認に行ったのは、ちょうどその頃であったと考えられる。この点に関するソ連領事の返答がきわめて前向きなものであったのは、難民たちの国外への出立が、その時点でリトアニアのソ連代表部からモスクワの党中央に進言されていた内容にまさに合致するものであったからにほかならない。

ソ連領事――「そのかわり　お願いがあります　ミスター・センポ・スギハラ」「八月末で　この国を出てくださるんでしょうね」

千畝――「はい　必ず！」

ソ連領事――「よかった　正直我々はほっとしてます」「なにしろ　あなたはロシア通ですからね」〔英語字幕では「あなたはロシアをよく知り過ぎている」〕

↓リトアニアのソ連領事館が千畝の存在を煙たがっていたことを示す記録も、現時点では未発見。このとき、ソ連当局は、誰であれ「ロシア通」の外国人にはリトアニアから早期に退去して欲しかったはずである。

（日の丸。日本領事館前。千畝を乗せた車が帰って来る。クラクション）

（千畝、門から中に入り、振り返って）

千畝（ロシア語で）――「皆さん！　日本領事代理の杉原です」「ただいまから　皆さんに日本国通過ビザを発行します」

（ヴァルハフティグがポーランド語に訳す）

ヴァルハフティグ――「みんな！　閣下はわれわれにビザを下さるそうだ！」

難民たち（大歓呼）――「ありがとうございます　領事閣下！」「閣下を信じて待った甲斐がありました！」

（涙にむせび、抱き合う人々）

（窓から外を見る幸子たち）

節子――ねえ、偉いでしょう！　ポッペやチーちゃんのパパ。

弘樹――うん。

幸子――パパはね、強くて優しい方だから、ポッペやチーちゃんにこう言って教えてらっしゃるのよ。「困っている人がいたら、助けてあげなきゃいけないよ」って。

## ▼『ビザと美徳』1997

二本目の映画は、一九九七年、日系アメリカ人監督クリス・タシマによる二十六分のモノクロ映画『ビザと美徳――杉原千畝の物語にもとづく短篇映画』（*Visas and Virtue. A Short Film Inspired by the True Story of Chiune Sugihara*）である。作品データは以下のとおり。

監督　クリス・タシマ
脚本　クリス・タシマ、トム・ドナルドソン、ティム・トヤマ
制作　クリス・ドナヒュー、ティム・トヤマ
出演　クリス・タシマ、スーザン・フクダ、ダイアナ・ジョージャー、
　　ローレンス・クレイグ
ナレーション　シズコ・ホシ
撮影　ヒロ・ナリタ（ASC）
編集　アーヴィン・ペイク
音楽　スコット・ナガタニ
日本語字幕　ユカ・シラスナ
制作会社　シーダー・グローヴ・プロダクションズ

インターネット情報によれば、この作品の元には、日系三世の劇作家ティム・トヤマによる同タイトルの一幕ものの戯曲があり、それが一九九五年、ロサンジェルスの「ロード・シアター・コンパニー」で上演されて好評を博したところから、翌九六年、俳優にして映画監督クリス・タシマが、その映画化に乗り出したものらしい。九七年五月一日に封切られ、翌九八年三月、第七十回アカデミー賞の短篇実写映画賞を受賞した。

*

ナレーション（シズコ・ホシ）――ある朝　外の騒ぎで目が覚めました。

［一九四〇年八月　カウナス　リトアニア日本領事館］

（レースのカーテン越しに外を眺める千畝（クリス・タシマ））

（柵にすがりつく難民の少女の姿）

ナレーション――ドイツのポーランド侵攻で逃げて来た人々です。夫は彼らにビザを発行しようと決めました。できる限り多くのビザを。

（千畝、自分の右手をいたわる仕草）

ナレーション――でも迷いもありました。

（屋外。柵越しに館内をみつめる難民たち）

配達人――電報、電報！　領事宛です。

難民の男性――ドイツ軍にバレたかもしれん。

難民の女性――彼を信じて。

（難民の少年。窓から外を見る弘樹と目が合う）

↓この時点でリトアニアにドイツ軍は不在である。ソ連領となりつつあるリトアニアで、どの国の在外公館がいかなる人々にヴィザを出そうと、ドイツの関知するところではなかったはずである。

（室内。レースのカーテンをくぐって外を見つめる弘樹。千暁も窓に駆け寄る）（赤ん坊の泣き声）

節子（リンダ・イガラシ）――お姉ちゃん、晴生は痩せすぎよ。

幸子（スーザン・フクダ）――白湯をやって。

節子――お姉ちゃん。

幸子（子供らに）――窓から離れなさい。ほら、おばちゃんと行きなさい。（節子に）

粉ミルクはダメよ。

節子――困ったものね。

（幸子、千畝の執務室に入って来る）

千畝――晴生の具合は？

幸子――疲れたわ。

千畝――大丈夫か。
幸子――大丈夫よ。次の人を通すわ。
千畝――いや、もうやめよう。
（ノックの音。幸子、ドアを開ける）
秘書（ユダヤ教の丸帽（キパー）を被っている）（お辞儀をして）――スギハラさん、東京からの電報です。
→千畝がユダヤ教徒の秘書を雇っていた事実はない（ミール・イェシヴァーのモシェ・ズプニクが、ヴィザ押印の作業で秘書グッチェを手伝ったという逸話は残っているが。本書一八三頁）。
（幸子、電報を受け取り千畝に渡すが、千畝、眼が疲れていて読めない、という仕草をし、電報を幸子に戻す）

千畝――読んでくれ。

幸子（読む）――「四度目で最後の警告だ。越権行為を慎みたまえ。ビザ発行の全面中止を命ず。渡航希望のユダヤ人急増により、シベリアに混乱が生じている。現ポストから君を解任する。領事館を閉め、ベルリンへ移れ。問答無用。外務大臣　田中　東京」

↓何度目かによらず、東京の本省発の警告や領事館閉鎖命令（ましてや解任）の電文は確認されていない。

↓敦賀の税関での混乱はあったが（『虚構』二七二～二七三頁）、シベリアでの混乱は、この時点で確認されていない。

↓当時の外相は松岡洋右である。

千畝——実に明確だ。

幸子——あなたは皆にビザを出す約束をしたわ。

千畝——首になったらどうする？　私たちはどうなる？

幸子——でも……。

千畝——不法ビザなんだよ。全てを失う羽目になる。初めから無謀なことだったんだよ。（電報を机の引き出しにしまう）君は晴生に乳もやれないじゃないか。

↓何に照らして「不法」なのかが不明である。のちに千畝は、ヴァルハフティグに対し、「自分の法的権限の枠内で行動する限りにおいて、難民を助けてやる意志があった」と述べたとされる（本書二三二頁）。

（レースのカーテン越しに外を見ていた幸子、「千畝」と呼びかける）

（千畝、立ち上がって窓のそばに行く）

幸子――皆、ポーランドから逃げて来たのよ？　幼い子も、皆、殺されてしまうのよ。見捨てるつもり？

（千畝、右手をいたわる素振り）

千畝――もう指が動かない。（しばし間を置いて）僕は怖いんだ。

↓大量発給開始から数日を経た八月二日以降は特注のスタンプが使用されていた（『虚構』二六三～二六四頁）。

幸子――あなたは〝サムライ〟でしょ。

（千畝、笑って遠ざかる）

幸子――見捨てないで。

千畝――私はただの外交官だ。

幸子（千畝の右手をさすりながら）――「窮鳥懐に入れば、猟師これを撃たず」。誇りを捨てないで。続けてちょうだい。

↓この諺の引用は、マーヴィン・トケイヤー、メアリー・スウォーツ『河豚計画』（一九七九年）以来の定型である（『資料集』四四〇～四四一頁）。

千畝——侍でも子どもには弱いものなんだよ。君は体を休ませなくては。晴生のためにも。
幸子——でも、外の子どもたちは？　あなた？
千畝——晴生は大丈夫だ。（幸子の手にキスをして）心配しすぎだ。あと一通。あと一通で、最後だ。
（幸子、嬉しそうに千畝の肩に手をかける）
（待合室。順番を待つ難民たち。それぞれの足元にトランク）
（秘書、ある難民の夫婦に手で合図を送る。幸子、お辞儀）
幸子——どうぞ、こちらへ。
（難民の夫婦、幸子についていく）
（控えの間）
（幸子、ふたたび深々とお辞儀をして）
幸子——入る前に、一言よろしいですか？
難民の夫——はい。
幸子——全ての質問に〝はい〟とお答えください。例外が一つ。「バンザイ、ニッポン」（繰り返す）「バンザイ、ニッポン」
難民の夫（復唱して）——「バンザイ、ニッポン」

（幸子と難民の夫婦、執務室に入る）
千畝（立ち上がって）――ようこそ。私が領事の杉原千畝です。（握手の手を差し出す）
難民の夫――ローゼンです。妻のヘレナです。
千畝（座るよう促す）――どうぞ。
（夫婦、トランクや上着を置いて、ソファーに座る）
千畝――では始めます。お名前をもう一度。
難民の夫――ネイサン・ローゼン。
千畝（女性の方に向かって）――あなたは？
難民の妻――ヘレナ・ローゼン。
千畝――夫婦ですね？
難民の夫――はい。
千畝――日本への乗船券はお持ちですか？
難民の夫――それは、領事……。（しばし間を置いて）はい。（自信ありげに繰り返し）はい。
（ちらりと幸子を見る）
（幸子、「それでいいのです」という表情をして、うつむく）

↓かなり前から（ソ連軍のリトアニア再進駐以前から）国外渡航を準備していた者でない限り、日本通過ヴィザの申請段階でソ連の国営旅行会社「イントゥーリスト」から日本までの切符を購入済みの者はほとんどいなかったはずである。むしろ、ソ連出国ヴィザの取得と切符の購入に役立ち得るものとして日本通過ヴィザが利用されようとしていた、と見るべきである。

千畝――お子さんは？
（難民の夫婦、まごついて答えない）
千畝（重ねて）――お子さんは？
難民の夫――いえ。一人いました。息子が。
千畝――失礼。死因は？　もし病死でしたら、ビザは出せません。
（難民の妻、夫の手を握り締める）
難民の夫――先週、私たちはワルシャワ郊外にいました。ナチスに捕われ、二千人の仲間と教会に連れていかれ、ぎゅうぎゅうに詰め込まれ、床に寝るように言われました。連中は私たちをどなり、嘲り……。私は息子を抱え、床をじっと見つめていると、いきなり発砲が始まって（幸子、千畝の顔を交互にクローズアップ）、我々は逃げた。おかしくなりそうだった。一キロ余り逃げたところで、妻が私の腕から落ちる血に気づいて。弾丸が息子のマイケルを貫いていた。

↓ここで初めて、難民たちが「いつ」逃げて来たか、時間的指標が与えられるが、一九三九年末以来、ポーランドのドイツ占領地区とリトアニアのあいだの国境は厳重に封鎖され、さらに一九四〇年六月、ソ連がリトアニアに再び進駐したあとでは、ドイツ軍靴下のワルシャワからリトアニアに移動することはおよそ不可能であったと思われる。

↓この難民の夫による集団虐殺の描写は、四本目の劇映画『杉原千畝 SUGIHARA CHIUNE』（二〇一五年）中、ある回想シーン（本書では採り上げない）の元になっている可能性がある。

千畝（ポンとスタンプを捺して）——このビザでシベリアを越え、ウラジオストックから日本へ。
難民の妻（幸子に）——赤ちゃんは？
幸子——なかなか寝付いてくれなくて。
難民の妻——手伝えます。
幸子——ご心配なく。
難民の妻——母乳が出るんです。お乳をあげられます。病気なら、お乳をあげなくては。
千畝（立ち上がって）——せっかくですが……。
難民の妻（立ち上がって）——お願い、あげさせて。

（難民の夫、「無理を言うな」というように妻を押しとどめる）

難民の妻――（夫に）お乳が出るのよ。（幸子に向かって）お願い。あげさせて。（千畝を見据えて）あなた方は命の恩人です。マイケルはもういないのに、お乳は出るの。あなたの赤ちゃんは病気で、お乳を欲しがっている。あげさせて。

千畝（幸子に）――君次第だ。

幸子（立ち上がり、難民の妻に）――ありがとう。奥へ。

↓言うまでもなく、日本通過ヴィザとソ連出国／通過ヴィザは別物である。

▼『日本のシンドラー　杉原千畝物語』2005

三本目の映画は、二〇〇五年十月十一日、夜九時から日本テレビ系列で「終戦60年ドラマスペシャル」として放送された読売テレビ制作『日本のシンドラー　杉原千畝物語　六千人の命のビザ』（一二〇分）である。作品データは以下のとおり。

監督　渡邊孝好
脚本　渡邉睦月
原作　杉原幸子『六千人の命のビザ』より（大正出版刊）

監修　渡辺勝正
音楽　アンドレア・モリコーネ
音楽監督　小西香葉
キャスティング・プロデューサー　空閑由美子
プロデューサー　岡本浩一、赤嶺和彦、藤田義則
チーフプロデューサー　田中壽一
制作　小石川伸哉
協力　フェローピクチャーズ
制作協力　ＪＣＭ
制作著作　よみうり
出演　反町隆史、飯島直子、吹石一恵、勝村政信、生瀬勝久、伊武雅刀、伊東四朗

＊

幸子（飯島直子）のナレーション――そして、運命の朝がやってきました。
（一部トランクを提げてカウナスの街中を歩く人々）
[七月十八日]
（日の丸が掲げられた日本領事館）
（難民たち、パスポートなどを見せ合いつつ、領事館を見上げる）

（千畝（反町隆史）、それを二階の窓からレースのカーテン越しに見下ろしている）

（難民たちの姿）

（幸子、部屋に入って来る）

幸子――どうしたんですか？（驚いて）何なんですか、あの人たち。

千畝――国を追われてきたユダヤの難民だ。

↓「七月十八日」という日付は、千畝の回想録「決断（外交官秘話）」にもとづく（『虚構』二五〇～二五二頁）。

↓ここでも、「いつ」国を追われてきたのか、曖昧なままである。

（千畝、上着を羽織りながら階段を駆け下りる）

グッチェ――ポーランドのユダヤ難民です。日本のヴィザ発給を求めてます。

（千畝、レースのカーテン越しに外を確認）

グッチェ――警察に連絡しなければ。

千畝――待て。警察を呼べば、暴動になる恐れがある。

（不安げな幸子）

（グッチェ、外に出る）

グッチェ――領事は代表者とのみ話すと言っている。

ニシュリ――代表者は五人います。
グッチェ（門を開けて）――入りなさい。
（執務室内。名を名乗りながら握手）
〔……〕
ヴァルハフティグ――われわれは、日本の通過ヴィザが欲しいのです。
千畝（頷きながら）――通過ヴィザ……。
ニシュリ――フランスや西ヨーロッパの国は、ドイツに制圧されました。西側には、もうユダヤ人の逃げ道はありません。残ったルートはひとつ……。
（代表の一人が、壁の地図上、ルートを指でなぞる）
ニシュリ――ソ連の領土をずっと横断して、日本へ向かい、そして第三国へ。日本の通過ヴィザがあれば、ソ連も通過を許可する、と言っています。この領事館の閉鎖の前に、どうしてもヴィザが必要なんです。
↓厳密には、可能性として開かれていながら、種々の原因により未開通だったトルコ経由の「オデーサ・ルート」を別にすれば、ということである（『虚構』一五一頁以下参照）。
ニシュリ――受け入れ先の国もあります。
千畝――どこですか？

ニシュリ――キュラソーです。オランダ領カリブの島です。
千畝――キュラソー？
（グッチェ、進み出て、地球儀の上でキュラソーの場所を指差す）
グッチェ――日本のはるか彼方です。
千畝――そんなに遠くまで、どうやって行くんですか？　本当は行くつもりなど……。
ニシュリ（強い口調で）――行きます。（悲壮な背景音楽、流れる）われわれユダヤ人への迫害行為がこんな風に呼ばれているのをご存じですか？「ユダヤ人狩り」。大勢の仲間たちが、動物のように狩られていきました。あなたに見捨てられたら、われわれもそうなるでしょう。

↓ナチ占領下のポーランドで行なわれているらしい、との情報が漏れ伝わってくる「ユダヤ人狩り」（その時期ごとの具体的内実は別として）と、ソヴィエト化したリトアニアでこれから危惧される「反共・反体制分子のシベリア抑留」を、それとなくすり替える台詞と言わざるを得ない。

ヴァルハフティグ（眼鏡をはずして）――ミスター・センポ。われわれ国を持たないユダヤ人にとって、あなたがたった一つの最後の希望の光なのです。

（千畝の戸惑ったような表情）

（残る三名の代表の顔をひとつずつ大写しにする）

千畝——事情はわかりました。ただ、あれだけの人数、私の独断では決められないのです。少し時間をください。

ヴァルハフティグ——もちろんです、ミスター・センポ。

グッチェ（居丈高に）——さあ、みんな戻って。

（五人退出。ヴァルハフティグとニシュリ、もう一度、千畝に恭しく一礼）

（千畝、どうすべきか、思い悩むような仕草）

↓ドイツ人ないしドイツ系リトアニア人秘書グッチェが、この映画では一貫してユダヤ人に敵対的な人物として描かれる。

［ラトビア日本公使館］

（電話のベル。滝川（勝村政信）が受話器をとる）

滝川——ユダヤ難民にヴィザを？

千畝——彼らは追い詰められています。すぐに公使に取り次いでください。

滝川——公使はいま、お忙しい。ユダヤ難民など放って、領事館をたたむ準備を急げ。わかったな？（電話を乱暴に切る）

（千畝、受話器を置き、思い悩む。ラトヴィアの滝川も苛々した様子。書類挟みを乱暴に閉じ、部屋を出る）（カウナスへ向かうためか？）

↓滝川という、ラトヴィア、リガの日本公使館の外交官は完全にフィクションの登場人物と見られる。

↓「追い詰められ」た理由があくまでも不透明である。

↓この時、ラトヴィア、リガの日本公使は大鷹正次郎であるが、杉原とのあいだに職務上の主従関係はなかった（『資料集』三六一頁）。

（千畝、暗号表を見ながらタイプライターに文を打ち込む）

千畝（ナレーション）――「カウナス発、本省宛。人道上、どうしても拒否できない。

（モールス信号送信機）ユダヤ難民に対し、通過ヴィザを発給する許可をいただきたい」

（屋外。難民たちの姿）

↓千畝が「人道」に言及した電信のたぐいは発見されていない。「許可」を求める文面も見当たらず。

（東京の外務省。職員が急いで部屋に入って来る）
職員——局長、お返事をお願いします。
別の職員——局長、ポーランド公使の退避の命令をお願いいたします。
局長（伊武雅刀）——いいだろう。
職員——局長、リトアニアの杉原であります。緊急扱いです。
（電信の文面を大写しにする）
局長——この大変なときに、何がユダヤ難民だ！（書類を激しく叩きつける）
→これに相当する電信は実在するが、日付が七月二十八日から同十八日に書き換えられている（映画内における公文書の改竄！）。
（カウナス日本領事館の二階の窓。幸子、節子、弘樹、レースのカーテン越しに外を見つめる）

弘樹（子役）——あの人たち、何してんの？

幸子——お父さまに助けを求めに来ているのよ。

弘樹——へえー。

節子（吹石一恵）——なんだか、怖いわ。

（屋外。立ち尽くす難民たち）

［七月十九日］

（本省からの返信を読む千畝）

↓千畝と本省のあいだの電信のやり取りには、通常、中四〜五日を要しており、十八日の往信に翌日返信が届くとは考えにくい。

（何らかの紙片［キュラソー・ヴィザの押印を受けた渡航書類か？］を手に、日本領事館に駆けてくる人々）

［七月二十日］

（タイプライターを打つ千畝）

（屋外。物陰から、紙袋をもって、そっと出てくる弘樹。難民の女の子と目が合う。微笑んで手を振り合う）

（クラクション。ラトヴィア公使館の滝川を乗せた車が入って来る）

（執務室）

滝川――杉原君、どういうことなんだ？　なぜ、さっさと追い払わない？

千畝――彼らはただ、日本を通過したい、と言っているだけです。

滝川――ユダヤの肩をもって何になる？　奴らはヨーロッパじゅうの嫌われ者だ。だから国も持てず、助ける国もない。

↓千畝以外の外交官、外務省全体、ひいては当時の日本の官界が総じて反ユダヤであった、という文脈を醸し出すためのキャスティングと台詞回しなのであろう。

千畝――彼らが何びとであっても関係ない。命の危機にさらされている人間を見殺しにするのは、おかしいと思いませんか？

滝川（にじり寄って来て）――英雄気取りか。ご立派な博愛精神だ。だが、考えは改めてもらおう。次の外務大臣は、松岡洋右氏に決まった。

千畝――松岡……。

（東京。政府庁舎のような場所の赤絨毯の階段を松岡洋右（伊東四朗）が、お供の者たちを引き連れて上って来る）

滝川――国際連盟に脱退宣言をした強者だ。これで日本は、確実にドイツとの同盟を結ぶ。ユダヤ人を救うなど、絶対に許されない。この騒ぎがヒトラーの耳に入る前に、さっさと片をつけろ。

↓リトアニアのユダヤ難民の処遇如何が日独同盟の趨勢に影響した（しかねなかった）ことを示す記録はない。

千畝――今、ドイツと手を結ぶのは危険です。状況を冷静に分析すれば、わかるはずです。
滝川――君の意見など求めてはいない！　君は言われたとおり、ユダヤ人を追い払えばそれでいいんだ。
千畝（やおら立ち上がり）――間違ってる！（背景音楽、流れる）日本は、間違った道を進もうとしている。
滝川――一体、何様のつもりだ？　自分の立場をわきまえろ。それとも君は、外務省に背くのか？　日本国に背こうというのか？　それでも外交官か？（睨みつけて、立ち去る）
（屋外。弘樹が難民の少女に食べ物を指し出そうとするのを見て、幸子、微笑む）
弘樹――あげる。
難民の少女（母親に）――もらっていい？
難民の母親――ええ、いいわよ。
難民の少女――ありがとう。
滝川――何をしている？（近づいていって、手渡された食べ物を奪い、地面に投げ捨てる）（幸子、駆け寄る）家族ぐるみでユダヤ人贔屓ですか。
幸子――子供同士が仲良くして、何が悪いんです？　人に親切にすることが悪いことですか？　いますぐ、この子たちに謝ってください。
滝川――奥さん、あまりユダヤ人の味方をして、ドイツのスパイに狙われても知りませんよ。
（滝川、立ち去ろうとして、ふと見ると、グッチェの姿）（グッチェ、門を開けて滝川を送り出す）
（遠ざかる滝川の公用車）

↓ドイツ人ないしドイツ系リトアニア人秘書グッチェが密偵であった事実は未確認（可能性としてはあり得る）。この映画では、千畝の親ユダヤ的な挙動を、逐一、ドイツ側に密告しかねない、怪しげな人物として設定されている。

［七月二十二日］
（執務机に座る千畝。雨が降り出す）
（屋外で傘をさしたり、ずぶ濡れになったりしている難民たちの姿）
（タイプライターを打つ千畝）
千畝（ナレーション）――「カウナス発、松岡外務大臣宛。ユダヤ難民に対する日本通過ヴィザ発給許可を願いたい。人道上の配慮をお願いしたい」
［七月二十三日］
（東京。松岡外相、千畝からの電文を読む）

↓繰り返し、「発給許可」や「人道」に言及した電文は未発見。

↓外相じきじきに世界各地の在外公館からの電信に目を通すとは思えない。

局長――申し訳ございません。一外交官が大臣のお手を煩わせるなど。

松岡――杉原千畝。この男か。何年か前、ソ連を相手に手腕を揮ったというのは？

局長――そうですが？

松岡――ユダヤ人を救え、か。今度はドイツを相手にしよう、というのだな。

局長――誠に、なんとお詫び申し上げたらよいか！

松岡――嫌いじゃないよ。私は、こういう男、嫌いじゃない。至急、全ヨーロッパに向けて打電しなさい！

局長――はっ！

↓ユダヤ人を庇護することでドイツを敵に回す、とは、ナチ・ドイツが、自領外に逃れ出たユダヤ人までをしきりに着け回し、その命を狙っていた、という文脈の上でこそ成立し得るナラティヴである。

［七月二十四日］

（千畝、本省からの電信を開く）

幸子（ナレーション）――それは、松岡外務大臣みずから、全ヨーロッパじゅうの外交官に向けて発信されたものでした。「難民にヴィザは出せない」。事実上の最終通告でした。

（千畝、電信を握りつぶし、思い悩む）

↓松岡洋右が外相に就任した翌日の七月二十三日、彼の名でベルリンの来栖三郎大使に訓令があり、それが他の在外公館にも転電されたことは確認されている。[5] 内容は、最近、日本郵船のベルリン支店でシベリア経由、日本行きの切符を買い求めるユダヤ避難民が急増していることをうけて、通過ヴィザ発給の手続きは厳正に行なうべし、という指示であり、その種の訓令は、前任の有田八郎外相のもとでも適宜、発せられていた。

いずれにせよ「難民にヴィザは出せない」という主旨とは異なる。しかも、そこで問題となっているのはドイツ（併合されたオーストリア含め）から日本ならびに日本軍政下の上海を目指すユダヤ移民たちのことであり、リトアニアのポーランド・ユダヤ難民とは、また別の文脈である。

グッチェ――（電話口で）わかりました。（電話を切って、千畝に）またソ連総領事館からです。退去期限まであとひと月ですが、いつ領事館を閉めるのか、早く知らせろと、かなり苛立っているようです。ミスター・センポ、難民たちの目を盗んで脱出することはできますが？
（睨みつける千畝）（グッチェ、立ち去る）

↓各国公館の閉鎖要請は、リトアニアのソ連併合（八月三日）を経て、リトアニア・ソヴィエト社会主義共和国外相から、八月十日以降、二十五日を期限として出されたことがわかっている。時期によらず、ソ連当局が退去を急がせた事実は確認されていない。

↓「目を盗んで」、どこへ「脱出」するのか？　そもそも、それは秘書グッチェが差配することか？

（屋外、火を囲んで野宿する難民たち）
（屋内。時計のチクタクいう音）（読書する幸子、時折、本から目を上げる）
（外の難民たち）（フクロウの鳴き声）
（執務室で疲労困憊の様子の千畝）（幸子が入って来る）
幸子――まだ、お休みにならないんですか？
千畝――先に休んでてくれ。
幸子――今日一日、何も食べてないでしょ。お食事、運びましょうか？
千畝――構わなくていい。

幸子――お仕事のことに、口を出すべきじゃないって、ずっと思ってました。でも、あの方たちのこと……。もし迷っているのが、私や家族の将来を気にしているのなら……。

千畝――そんな単純な話じゃないんだよ！（机を叩く）すまない。すまない。もちろん、君たちのことは考えてる。外務省の方針に背けば、ただでは済まない。大事な家族を路頭に迷わせるわけにはいかない。

↓リトアニアに避難中のユダヤ難民につき、このとき、外務省に何らかの「方針」があったと言えるか？

千畝（続き）――しかし、これは私自身の問題なんだ。（背景音楽）私は今日まで、外交官として、日本国のために生きて来た。それが私の誇りだった。しかし、私にユダヤ人を救う義務などあるのか？　彼らと日本国民、どちらのために動くべきかなど、歴然としているじゃないか。いや、違う。私はただ、自分を正当化しようとしてるだけなんだ。（窓の外を見ながら）これは、ただの命の話じゃないのか？（フクロウの鳴き声）人の命以上に、大切なものがあるのか？　嘘だ。国のためになんて、ただの言い訳だ。私はただ、自分の欲望を満たすために出世がしたかった。外交官という身分にしがみつきたいだけだった。

幸子――あなた。

千畝――どうして、なぜ、ほかの誰かのもとではなく、私のところへ彼らはやって来たんだ？

幸子――そう思うことは恥なんかじゃありません。こんなにも、あなたが迷い苦しんでいるのは、あなたの心が正直だからです。私は、あなたの正直さが好きです。だから私は、あなたが決めたことに従います。あなたがどんな決断をしたとしても、私はあなたの味方でいます。

（朝になる。教会の鐘の音）（ひまわり）

（千畝、執務机で自分の外交官合格証明書を見つめ、それを閉じる）

［七月二十五日］

（領事館のドアが開き、グッチェが姿を現わす）（心配そうな難民たちの表情）（一瞬、千畝の表情）

グッチェ――ヴィザの、発給を、行ないます！

（難民たちの歓声）

（千畝の表情）（揺籠をゆらす幸子）

（グッチェ、門を開ける）

グッチェ――こら、一列に並びなさい。家族ごとに固まって。

難民たち――ほら、みんな、列を作って！

↓「カウナス・リスト」(6)によれば、七月下旬のヴィザ発給数は以下のとおり(『虚構』二六一〜二六三頁)。

二十四日(水)四通
二十五日(木)四通
二十六日(金)一四通
二十七日(土)四一通
二十九日(月)一二〇通
三十日(火)二五九通
三十一日(水)一四五通

ここでヴィザ発給開始の日付を七月二十五日とするのは、一九九四年に発見された「カウナス・リスト」に符号させて調整した結果と思われるが、千畝から本省に打たれた全五通の電文の日付(七月二十八日〜九月一日)との齟齬は、依然、解消されていない(たとえ七月二十八日の日付を「十八日」に「読み替える」としても)。

▼『杉原千畝　SUGIHARA CHIUNE』2015

四本目にして最後の映画は、二〇一五年十二月五日に劇場公開されたチェリン・グラック監督『杉原千畝　SUGIHARA CHIUNE』(一三九分)である。作品データは以下のとおり。

監督　チェリン・グラック

製作　中山良夫、市川南、熊谷宜和、藪下維也、石川豊、三宅容介、松田陽三、久保雅一、都築伸一郎、大塚雅樹、井戸義郎、城朋子、和田倉和利

エグゼクティブプロデューサー　奥田誠治

プロデューサー　飯沼伸之、和田倉和利

脚本　鎌田哲生、松尾浩道

撮影　Garry Waller

美術　金勝浩一、Przemyslaw Kowalski

編集　Jim Munro

音楽　佐藤直紀

製作　「杉原千畝スギハラチウネ」製作委員会

出演　唐沢寿明、小雪、ボリス・シッツ、アグニェシュカ・グロホフスカ、ミウ・ジュラフスキ、ツェザリ・ウカシェヴィチ、ヴェナンティ・ノスル、塚本高史、濱田岳、二階堂智、板尾創路、滝藤賢一、石橋凌、小日向文世

インターネット情報によれば、二〇一五年十月十三日、まずはリトアニア、カウナス

でワールドプレミアが行なわれ、杉原の家族やカウナス副市長が出席した。四五〇席の劇場は満席で、五十人の立ち見が出たほか、上映終了後には五分間のスタンディング・オヴェイションが起きたという。日本では、同年十二月五日、全国三二九スクリーンで初上映され、五日、六日の二日間で観客動員十一万八四五三人を記録した。

*

（グッチェ（ツェザリ・ウカシェヴィチ）の運転でカウナス市内を走る車に着物姿の幸子（小雪）が乗っている）

（街路で一人の男が数人の男らに痛めつけられている）

幸子――止めて。車を止めて。

（暴力をふるう男たちの脇に車をつけて）

幸子――やめなさい！　やめて！

（うめく男。暴漢の一人が最後の一蹴りを食らわせる）

暴漢――ユダヤのくそ野郎！

↓一九四〇年七月のリトアニアで反ユダヤの暴力が常態化していた、という設定である。史実に照らせばむしろ逆で、ソ連軍の進駐以来、リトアニア反ユダヤ勢力による暴力行為のたぐいは官憲による厳しい取り締まりの対象とされるようになっていた（『虚構』一七二頁、本書一二二―一二三頁）。

幸子――大丈夫かしら。

グッチェ――いつものことです〔英語では「あいつはユダヤ人ですから、慣れています」〕。

幸子――なぜ？

グッチェ――ダニのような奴らです〔英語では「彼らはペストです。それが理由です」〕。他人の商売を横取りする。ユダヤ人には関わらないことです。

（ふたたび走り出す車）（幸子、殴られた男を心配そうに振り返る）

→前作に続き、ここでもドイツ人ないしドイツ系リトアニア人秘書のグッチェに反ユダヤの立場が割り振られる。

（日本領事館。公用車を磨き上げるポーランド人の使用人ペシュ〔ボリス・シッツ〕）（柵のところに一人のユダヤ教徒とおぼしき男）（次第に数が増えていき、あっという間に大群衆となる）

（領事館内）

千畝（唐沢寿明）――ソ連側が退去命令を示唆してきた。

ペシュ――併合の準備ですね。彼らも他に当てがないのでしょう。日本がヴィザ発給を許可するわけがない。

千畝——そうだな。近々、ここは閉鎖される。
ペシュ——放っておくのが一番です。

↓繰り返し、退去命令はあくまでも八月三日、ソ連によるリトアニア併合の後（おそらく八月十日以降）に出された。前二作の日本映画と異なり、この作品は日付の明確化に必ずしも拘泥しない構成となっているが、難民たちの列ができるようになる前、あるいはそれと同時に外国公館退去命令が出された、という設定は、依然、史実に反している。

（夜。ペシュが運転する公用車で帰って来る千畝）
（難民の群れをかき分けて敷地内に車を入れる）
グッチェ——下がってください。
（グッチェ、門を厳重に施錠）
グッチェ——通過ヴィザが欲しいと。
千畝——誰も中には入れないように。
グッチェ——分かりました。
幸子（出迎えて）——お帰りなさい。遅かったですね。
千畝——ああ、ただいま。（扉を閉める）

(外で焚火をする難民たち)

(ジープで駆けつけるソ連軍兵士たち)

兵士――たむろするな! 早く帰れ! 散れ!

(一人の兵士、焚火を足で蹴り倒す)

(この様子を窓から見る千畝)

(暗号表を見ながら電信用タイプライターに向かう千畝)


↓もしも夜間、屋外で、群衆がソヴィエト体制礼賛のデモや集会以外の目的でたむろしていたとするならば、これがソ連軍の対応としては本当らしく思われる(ここまで乱暴だったかどうか、別として)。


(屋外。難民の母親、娘、息子が体を寄せ合う)(弘樹、夜食を持って近づいてくる)(皿を差し出す弘樹、お菓子のようなものを受け取る難民の少年)(弘樹、戻って行く)(難民の少年は妹にお菓子をわけてやる)(微笑む母親)

(屋内)

(幸子、新聞のスクラップ帖を眺める)(かつて、千畝のモスクワ赴任をソ連側が拒否した旨を報じる『読売新聞』の記事)

「ソ聯・我に不法! 大使館員入国を拒否」

（千畝、暗号電文を解読）

千畝——やっと日本から返信がきた。

ペシュ——時間がかかりましたね。政府は何と？

千畝——やはり、条件を満たさない者への発給は、一切認めないそうだ。しかし……。

↓事実としては、千畝の照会に対して政府が「認めない」と答えたわけではなく、八月十三日、敦賀税関で生じた混乱をうけて、八月十六日、本省が千畝に注意喚起したのみである（『虚構』二七三頁）。条件を満たさない者にヴィザを発給しないように、との訓令を、ユダヤ難民に（限り）ヴィザを発給してはならない、との禁令として読ませようとするのは、やはりミスリーディングと言わざるを得ない。

ペシュ——〝しかし〟ですって？　あなたは日本政府に従うべきです。もちろん彼らには生き延びてもらいたい。彼らの多くは私と同じポーランド人です。しかしヴィザを発給すれば、外交官としてのあなたは終わりです。我々の諜報活動に影響が出るばかりか、家族に危険が及ぶかも。中立でいるべきです。

千畝——ペシュ、君はそれでいいのか？

（ペシュ、忸怩たる表情）

↓何から「生き延び」るのか？
↓どこから、いかなる「危険」が及ぶのか？
↓何と何のあいだの「中立」か？

（屋外）

グッチェ（難民らに）——とにかく今は無理です。

難民——でも他に行くところがないんです。分かってください。領事に会わせてください。どうか、お願いします。ここしかないんです。

↓記録は未見であるが、難民たちは、日本以外の国々の在カウナス代表部にも、日々、多く詰めかけていたと思われる。

（千畝、出てくる）

難民——領事！

千畝——グッチェ、彼らの話を聞こう。

グッチェ——はい。

千畝——リトアニアは二週間後にソ連に正式併合される。ここもじきに閉鎖しなければ。準備を。

グッチェ（難民らに）――領事がお会いになる。

↓千畝がいかにしてそれを知り得たかは別として、八月三日（ソ連併合）の二週間前は七月二十日である。やはり、難民らとの会見を七月十八日に設定する千畝の回想に準拠しようとしているように見える。

（執務室。五人の代表が机の前に立っている）

ヴァルハフティグ――会って下さり感謝します。日本通過のヴィザを発給して頂きたい。

千畝――日本国ヴィザ発給には、通過ヴィザであっても、渡航費と日本での十分な滞在費、そして最終目的地の入国許可が必要です。旅費と滞在費はありますか？

ヴァルハフティグ――なんとかします。

千畝――最終目的地は？　入国許可はありますか？

ヴァルハフティグ――はい（ポケットを探る）。これです。

（千畝、文面を読む）（文面には「一、九四〇年七月十七日」との日付が読める）

「〝在カウナス・オランダ領事は、南米スリナム・キュラソーを含むオランダ領への入国に際し、ヴィザを不要と認む〟」

千畝――これは……不可解な。

↓「一九四〇年七月十七日」という「キュラソー・ヴィザ」の日付は、この面会の日を七月十八日に設定するためであろう。

（千畝、オランダ名誉領事ツヴァルテンダイクのもとを訪れる。フィリップス社の店舗を兼ねたオランダ領事館も退去に向けて準備中の様子）

千畝――〝ヴィザ不要〟と書いた紙はヴィザではない。

ツヴァルテンダイク（ヴェナンティ・ノスル）――ソ連の占領が完了すれば、誰も出国できなくなります。オランダはドイツに占領されたが、私はここを出て故郷に戻れる。彼らは今ここを出なければ、どこへも行けないでしょう。

千畝――しかし、ヤン。あれはただの紙切れです。

ツヴァルテンダイク――そうです。あの紙自体には何の値打ちもない。しかし、これで彼らが脱出できれば、オランダ植民地には入国できる。理屈は通るはずです。

千畝――たどり着ければの話です。

ツヴァルテンダイク――確かに、キュラソーは岩だらけの島です。直行便などありません。だが、私にはそれしか……。

千畝――それは、体裁を整えているだけです。

ツヴァルテンダイク——センポ。しょせん、私は体裁を整えるためだけの領事なのです。そのためだけに、ここにいるのです。失うものなどない。いつクビになってもいい。しかし、これでやっと言える気がします。私はオランダ領事だと。

↓千畝がツヴァルテンダイクのもとを訪れたことは確認されていない。二人が顔見知りであったか否かも不明。一九六七年の覚書のなかで、千畝は、カウナスの他国の大使たちの誰一人、名前さえ覚えていないし、そもそも他国の外交団と会うこともきわめて稀であった、と回想している（『資料集』三八七頁）。

↓「彼ら」がリトアニアを出る必要性が、それとなく「ドイツ」の文脈に近づけられる一方、リトアニアでソ連人となり、その場に留まることの方を「安全」とみなしたユダヤ難民もおり、おそらく出国を志向した人々よりはるかに多かった事実は完全に捨象されてしまう。

（夜。屋外の難民たち）（焚火の周囲には、ユダヤ教の祈禱のショールをつけた女性たち）（別に輪を作り、祈禱書をもって祈りを捧げる男たち）

↓前二作の日本映画では単なる野宿であったが、この映画で初めて「祈禱」という要素がつけ加わる。仮に現実とすれば、当時すでに徹底した反宗教政策を推し進めようとしていた新ソヴィエト体制のもと（本書一三六頁以下参照）、即逮捕、シベリア送りにもつながりかねない、きわめて危険な行為である。

（窓から眺める千畝）（幸子、背後から寄り添ってくる）

幸子――お邪魔かしら？

千畝――子供たちは？

幸子――もうぐっすりと。

千畝――そうか。

（難民の母親と子供たちの祈る姿）

幸子――ねえ。彼女には、どうしてご主人が一緒じゃないんだと思います？　私には、あのお母さんは、ある朝いつものようにご主人を見送ったんだと思います。でも、いつまでたっても帰ってこなかった。何日も待ち続けたんでしょうね。きっと今に帰って来る、って。この子たちを置いて、あの人がいなくなるわけない、って。でも、ある日、もう帰ってくることはない、と知ってしまった。でも、覚悟はしていたんです。危険だとわかっていたのに、毎朝、もしかしたら、これが最後になるかもしれないって、覚悟して、送り出していたんだと思います。だから、思い出のつまった家を捨ててまで、逃げてくることができたんでしょうね。心配いらない、って言われると、心配してしまうものなのよ。ほんと不思議よね。

世界はこんなに広くて、そこにいる人は肌も目の色も全然違うのに、心はみんな同じなんですもの。彼女もきっと、ご主人のことを誇りに思っていると思うわ。ねえ、千畝さん。あなたは今でも世界を変えたい、と思っていますか？
千畝——常に思ってる。すべてを失うことになっても、ついてきてくれるか？
幸子——はい。

↓これまでの三作とは異なり、外務省の制止を振り切った、という文脈を醸し出すために、発見されてもいない電信文に頼ることはもはやしない。ヴィザ発給決断の主要因は、あくまでも幸子（小雪）の説得力であった、という構成になっている。

## 隠されてしまったもの ——「スクリーン」の意味

このように過去四本の「命のヴィザ」映画を振り返り、歴史的批判と註解をほどこしながら、私が一番感じるのは、「映画」という日本語より、「電影」という中国語の方が、実は言葉として当を得ているのではないか、ということだ。すでに映画理論家の方がどこかで述べていることかもしれないが、映画とは、日本語でいう「画を映す」行為であるより、何かを見せているようでいて、実は、「影」という漢字そのものが表しているように、電気の力でもって、この「彡（さんづくり）」の部分にあるはずの何かを「見えなく」する行為なのではないだろうか。

さらには、「幕」「スクリーン」という言葉の原義は、「映し出すもの」ではなく、「遮るもの」「覆い隠すもの」だった、という文脈もある。

これは、漢字の字源のみならず、ヨーロッパ諸語の語源についても言えることだ。

十九世紀末、映画という技術が生まれ、「スクリーン」という言葉が必要になったとき（あるいは、それよりずっと前、幻灯機が作り出されたときか）、たとえば「映し出すもの」とか「反射させるもの」という言葉ではなく、「遮るもの」「覆い隠すもの」という言葉が各言語で一斉に採択されたのは、考えてみるに、実に意味深長なことではないだろうか。

実際、フランス語で「スクリーン」に相当する「エクラン（écran）」は、「何かに対してエクランをなす」という熟語として、その何かを「見えなくする」「わかりにくくする」ことを意味する。ドイツ語で映画の「スクリーン」は「ラインヴァント（Leinwand）」といい、元々は「亜麻の布」という意味だそうだが、いまひとつ、テレビやパソコンの画面を意味する「ビルトシルム（Bildschirm）」に含まれるSchirmは、元来「日傘」「ひさし」「ランプシェード」など「光を遮るもの」のことだ。

中国語で「ディスプレイ」のことを「屏幕《ピンムー》」というように、何かを「映して」見せようとするときには、屏（へい、ついたて）を立てるか、幕を垂らすかしなければならない。そして、その屏にしろ幕にしろ、光を透過させるものでは駄目で、逆に光を「遮る」ものでなくてはならない。やはり、何か映されたものを「観る」という行為は、その屏や幕のうしろに覆い隠されてしまうものを「観ない」行為と表裏一体でしかあり得ない、ということになる。「映す」「観る」に限らず、「言う」「書く」という行為についても、結局は同じことだ。「Aを言う、書く」とは、いかに頑張っても、「Aでないものを言わない、書かない」の裏返しであることを避けられないのだから。

　では、ここまで採り上げてきた四本の映画の「命のヴィザ」発給場面において、映されなかったもの、覆い隠されたものとは何か？

　今回、『虚構』を書き終えたあとに、これら四本の映画をあらためて鑑賞し直した私の目からすると、その答えはきわめて明瞭で、「難民たちの背中の向こう」だと思う。

　つまり、難民たちの群れがカウナスの日本領事館の柵のところで（アメリカ映画『ビザと美徳』では領事館内の待合室でも）、みな、こちら向きに立って人垣を作り、柵、門扉、壁、あるいは、ときに雨が降ってくるために差される傘、さらには祈禱のために羽織られるショールの形象が、その都度、遮蔽幕となって、彼らの背中の向こうにある状況と動機を隠してしまっている。そして、彼ら

図3　『命のビザ』（フジテレビジョン／カズモ、1992年）

が、どこから、どういう状況に駆られてそこへやって来て、背後から迫りくる何を恐れ、そのヴィザをもって何から救われようとしているのか、といった、いくつか基本的な問いのヴェールが、最終的には一度も取り除かれることがない。端的に、ヴィザ発給開始の五週間ほど前、一九四〇年六月十五日に、大量のソ連軍がリトアニアに入ったという事実が、四本の映画すべてをつうじて徹底的に覆い隠されるか、あるいは取るに足らない些事扱いされているのだ。

同時に、これを「合わせ鏡」構造と呼んでよいのかどうか、カウナスの日本領事館の中から、窓越しに外を見る人々（千畝、幸子、節子、弘樹ら）に難民たちの「背中の向こう」がなぜ見えてこないのか、その理由自体が徹底的にぼかされる。

そのための〈決め〉の小道具は、もしかすると「二階の窓」と「レースのカーテン」なのかもしれない。

たとえば一本目の『命のビザ』では、始終、二階の窓辺に立っている妹・節子（紺野美沙子）の「どうしてユダヤの難民がここに?」という、無垢にしてきわめて本質的

図４　『ビザと美徳』（シーダー・グローヴ・プロダクションズ、1997 年）

な問いに、結局、最後の最後まで誰も答えようとしない。ついには、千畝（加藤剛）の「カーテン閉めて。窓から離れなさい。そこに立っていると彼らを刺激する」という台詞をもって、「一般人は、そのように第二次大戦初期の東ヨーロッパ情勢やバルト三国のソヴィエト化に関する知識をもって映画鑑賞に臨む必要はないのだ」、「彼らの蝟集の理由をどうしても説明して欲しい、というのなら説明してやってもよいが、それが『ヒトラー、ナチズム、〈ホロコースト〉の脅威から逃れるため』であることはわかり切ったことなのだ」という暗黙の了解が、スクリーンの表層から発して劇場やテレビの前のお茶の間へ、なんとはなしに拡散してしまうのだ。

二本目の『ビザと美徳』では、幸子（スーザン・フクダ）の「窓から離れなさい。ほら、おばちゃんと行きなさい」という台詞により、子供たちの好奇心・探究心が、窓越し、レースのカーテン越しながらも、難民たちが寄り集まって来る真の理由に接近を試みる、その経路そのものが断たれてしまう。

三本目の『日本のシンドラー　杉原千畝物語』でも、やはり、二階の窓からレースのカーテン越しに外を見

図5　『日本のシンドラー　杉原千畝物語』（よみうりテレビ、2005年）

る妹・節子（吹石一恵）の台詞、「なんだか、怖いわ」によって、難民たちの蝟集の理由が「よくわからないけご怖い」、「怖いなら、それ以上、突き詰めなくてよい」という雰囲気が醸し出され、そこで思考停止状態を迎えてしまう。

四本目の『杉原千畝 SUGIHARA CHIUNE』になると、幸子（小雪）は、窓から毎日のように見てきた「あのお母さん」が、日夜、そこに立ち尽くしている理由を、もはや誰から説明を受けるまでもなく完璧に理解し、咀嚼し終えている。

そして、領事館内の誰ひとりとして、窓越し、レースのカーテン越しではなく、その群衆の中に分け入って行って、「本当のところ、あなた方がここにいるのは何故なのですか」と問いかけに行こうとはしないのだ（唯一、群衆と触れ合うのは弘樹（子役）であるが、それは、問いかけるためではなく、お菓子を差し入れるためである）。

図6 『杉原千畝』（ポニーキャニオン、2015年）

ところが、当時の政治史の生々しい現実の上で史料研究を行なってみると――いわば、意味ありげに垂れ下がったレースのカーテンを取り去り、窓も扉も門も、すべて大きく開け放ってみると――、そこに実在する難民たちの「状況」と「動機」は単純明快、単にリトアニアのソヴィエト化であり、それにともなう一部住民（難民のみならず）の立場の悪化（私有権と信教の自由の喪失、政治信条の禁止）、ひいては身柄拘束、シベリア抑留の恐怖にほかならない。ただ、その本当の状況と真の動機をスクリーンの背後に覆い隠したまま、「ヒトラー」「ナチス」「ゲシュタポ」「アウシュヴィッツ」「反ユダヤ」といった要素が、ところどころ、狙いすましたように、俳優たちの台詞のなか、あるいは挿入される写真や映像として混入されているにすぎないのだ。

かろうじて、四本目の『杉原千畝 SUGIHARA CHIUNE』では、ポーランド人の使用人ペシュ（ボリス・シッツ）が、「ソ連に併合されることが決まって、彼らも日本へ行く以外に当てがないのでしょう」と、ほぼ真相に近いところを突いてくれているのだが、千畝（唐沢寿明）は彼に目も合わせず、その言葉に耳を傾けているのかどうかすら、よくわからない。ただ、内心ではすでにヴィザを出す方向で意志を固めており、あとは、それを実行に移すと自分や家族の身がどうなるか、よくよく斟酌しながら思い悩むのみ、といった趣だ。そして、映画の全体としては、やはり難民たちはナチスの虐殺を逃れるために日本行きを切願していたという、当初から自明とされた方向へとシナリオが滑らかに流れていく。

ならば、誰が、なぜ、その真の「状況」と「動機」を覆い隠すのか？　それらを隠すと、誰にとって、どういう「いいこと」があるのか？

この問いに答えることを本書第三章の宿題とし、続く第二章では、その真の「状況」と「動機」を覆い隠すことにいまだ何のメリットもデメリットもあり得なかった〈その時、その場〉、すなわち一九四〇年夏のリトアニアの地層を、当時、リアルタイムで綴られていた日記や、当時からあまり時間を置かずに書かれたいくつかの回想を探査機がわりに用いて描き出してみる。

＊

この章を閉じる前に忘れてはならないのは、右に採り上げた四本の映画の「遮蔽幕」の上で、真摯、丁寧、かつ円熟の演技を披露してくれていた俳優の方々に対する、心からの「ねぎらい」の拍手である。

# 第二章 2

## 日記と回想録のなかの〈あの時〉

1940.6-8

## 六人の日記・回想録著者

先立って、一九四〇年夏のリトアニアという〈あの時、あの場〉を描き出してくれる六名（日記の書き手一名と回想録の著者五名）を手短に紹介しておこう。

一人目は、ハイム・シュテイン（一九一三〜二〇一一年）。リトアニア（当時ロシア帝国領）の西部スカウドヴィレー生まれのラビである。

一九四〇年当時は、リトアニア北西部の町テルシェイのイェシヴァー（ユダヤ教神学校）付属準備学校の若き教師であった。本章でも以下、一部の時期について見ていくように、ソヴィエト化したリトアニアにあって、宗教団体への助成金停止、施設の接収、農村部への分散疎開といった悪条件のもと、テルシェイ・イェシヴァーの存続のために粉骨砕身した。四一年六月、ドイツのリトアニア侵攻直後、ソ連領内へ逃れ、シベリアの労働キャンプ、ついでウズベキスタンでの避難生活を経て、戦後、アメリカのクリーヴランドに移ってテルシェイ・イェシヴァーを再興する。

彼のヘブライ語による戦中日記は、杉原ヴィザの舞台となったカウナスから北西に百キロ以上離れたテルシェイで綴られたものであるが、リトアニアという国家と、みずから属する東欧ユダヤ教世界の行く末を、絶えず、国際政治、国内情勢、ソ連の動きなどと連動させて捉えようとするシュテインの記述は、そのまま当時のリトアニア全体を描き出す秀逸な年代記を構成しており、そこに難民として身を置くユダヤ教徒・ユダヤ人たちの不安や恐怖の所在を推し量るためにも、これ以上ないといってよいほどの史料価値を有している。長らく手稿のままであったが、近年（二〇一五年）、イスラエル国の歴史家エステル・ファルブシュテインの手で『テルシェイからテルシェイへ――ラビ、ハイム・シュテインの日記　五七〇〇〜五七〇四（一九三九〜一九四四）年』という精緻な批評校訂版として日の目を見た（詳細は『資料集』七頁以下）。

二人目は、ピンホス・ヒルシュプルング（一九一二〜九八年）。ガリツィア地方のドゥクラ（当時オーストリア＝ハンガリー帝国、現ポーランド）生まれのラビである。ルブリンのハフメイ・イェシヴァーに学び、同校で教鞭を執るようになった頃、第二次大戦が勃発。一九三九年九月、イェシヴァーごとヴィルノ（ほどなくヴィルニュス）に避難した。一九四〇年八月一日、杉原のもとで日本通過ヴィザを取得（「カウナス・リスト」六一〇番）。翌四一年二月末、リトアニアを発ち、三月十四日、敦賀に上陸した。一時、上海に滞在したあと、カナダ、モンレアル（モントリオール）にラビとして迎えられる。一九四四年、イディッシュ語で刊行された回想録『ナチスの涙の谷より』は、二〇一六年、英語に翻訳された（詳細は『資料集』五六頁以下）。

三人目は、ズスマン・セガロヴィチ（一八八四〜一九四九年）。ポーランド、ビャウィストク（当時、ロシア帝国領ベラストーク）生まれの詩人、ジャーナリストである。宗教的には無信仰者といってよい。ワルシャワのイディッシュ語新聞『ハイント（今日）』で健筆を揮い、ポーランド・イディッシュ語文学界の牽引役となった。

一九三九年九月、ドイツの侵攻をうけて、リトアニア、カウナスに避難。潜在的には英領パレスティナへの移住を希望していたが、出立の可能性に懐疑的なまま、一九四〇年七〜八月、ツヴァルテンダイクの「キュラソー・ヴィザ」も杉原の日本通過ヴィザも取得しなかった。日本滞在中の友人による手配のお陰で、一九四一年一月、カウナスをあとにすることができ、当初、日本へ向かうつもりでモスクワにいたるが、突如、トルコ経由の「オデーサ・ルート」が開け、シベリア、日本、インド洋を迂回せずにパレスティナ行きを実現することができた。

戦中、戦後、テル・アヴィヴに住み、自叙伝の執筆にいそしむ。その間、ポーランドに残してきた親族や友人たちのほぼ疑いのない「絶滅」に思いを馳せ、娯楽のたぐいをことごとく断つことをもって、みずからの喪の服し方としたという。イディッシュ語回想録『燃える足跡』は、一九四七年、ブエノスアイレスのイディッシュ語出版局から刊行された（詳細は『資料集』一〇三頁以下）。

四人目は、ヨセフ・ロトンベルグ（一九〇三ないし〇四〜八四年）。ルバルトゥフ（当時ロシア帝国、現ポーランド）に生まれ、ワルシャワに育つ。両親は労働者階級に属し、みずからユダヤ労働運動に接近した彼は、「ブンド」[1]のメンバーとなり、ワルシャワのユダヤ人小学校でイディッシュ語の教師となる。

一九三九年九月、ナチ・ドイツによるワルシャワ侵攻をうけてビャウィストクに避難。続くソ連によるポーランド東部の軍事占領にともない、ヴィルノ（ヴィルニュス）に移った。四〇年八月十三日、杉原から日本通過ヴィザの発給を受けるも（「カウナス・リスト」一七〇一番）、実際にリトアニアをあとにしたのは、ソ連出国・通過ヴィザを入手したのちの四一年二月のことであった。戦中、日本と上海での難民生活を経て、四七年、メキシコに移住。メキシコ・シティーのユダヤ人学校で教鞭を執るかたわら、自身のイディッシュ語回想録『ワルシャワから上海へ――ある難民の覚書』（一九四八年）を含め、多くのイディッシュ語書籍を編集・刊行した（詳細は『資料集』二一四頁以下）。[2]

五人目は、ヨセフ・エプシュテイン（生没年不詳）。一九三九年九月、東ポーランドのソ連併合をうけてミール（現ベラルーシ）からリトアニアに避難したミール・イェシヴァー内にあって、イェシヴァー長ラビ・エリエゼル・フィンケルの私設秘書的な存在であったことが種々の文献から確かめられるのみで、詳細な人物像は不明である。「カウナス・リスト」上、一九四〇年八月五日、一〇七七番で杉原ヴィザを取得したJosef Dawid Epsztejn がこの人物に該当とすると見られる（調査の結果、八月五日の一〇六六番から翌六日の一一三一番まで、計一七〇通ほどのヴィザ受給者がミール・イェシヴァー構成員であったことが判明している)。

ミール・イェシヴァーは、リトアニアから日本を経て上海へ、イェシヴァー構成員のほぼ全員で移動し、戦後、上海からパレスティナ・グループとアメリカ・グループに分かれて移住したが、エプシュテインがどちらのグループに属していたかも不明。彼のヘブライ語回想録は、一九五六年、アメリカで編纂されたヘブライ語の共著『ヨーロッパのトーラー研究所――その建設と破壊』の一章として書き下ろされたものである(詳細は『資料集』二八四頁以下)。

六人目は、イツハク・エデルシュテイン(一八九六~一九六九年)。ワルシャワに生まれ、リトアニアとポーランドの名だたるイェシヴァーで研鑽を積んだ彼は、第一次大戦終結後、ワルシャワに戻って宗教シオニズムの運動に加わる。一九三〇年代、アリヤー(パレスティナ移住)を成し遂げるが、現地で病を得、ポーランド帰還を余儀なくされた。その後、リトアニアのカミャネツァス(現ベラルーシ、カメネツ)に移り、当地のイェシヴァー長、ボルフ・ベル・レイボヴィツに師事。

第二次大戦開戦にともない、カミャネツァス・イェシヴァーは、ソ連軍の侵攻を逃れてヴィルノ(ヴィルニュス)に避難した。当初から〈エレツ・イスラエル〉再移住を希望していたエデルシュテインは、パレスティナ渡航証明を早くから手にしていたため、四〇年七~八月、ツヴァルテンダイクの「キュラソー・ヴィザ」や杉原の日本通過ヴィザの取得には動かなかった。同年十二月、モスクワ、キーウ、オデーサ経由で、無事、パレスティナ移住を果たす。彼のヘブライ語回想録『嵐の日々に』は晩年の一九六〇年代前半に執筆され、六五年、息子ヤアコヴの手で、「戦時期ロシアからのユダヤ人の脱出に関するソ連との最初の交渉」としてイスラエル国のある雑誌に抜粋が掲載された。回想録の全体は、ヤアコヴから原稿の寄贈を受けたテル・アヴィヴ大学のディナ・ポラットの手で、一九七六年、ある歴史資料集の一章として日の目を見ている（詳細は『資料集』三二七頁以下）。(3)

＊

このように多種多様な出自と経歴をもつ六人を、読者が整理しやすいよう、以下の表にまとめておく（次頁参照）。

性別が男ばかりに偏っている点を除き、(4)宗教人・世俗人の双方が含まれ、ヘブライ語使用とイディッシュ語使用は半々、イデオロギー的傾向としてもブンド主義とシオニズムが混在して、図らずもよい均衡である。当初から日本行きは選択肢の外であったシュテインを除いて、杉原ヴィザ取得の有無、日本到来の有無が三対二の比率になっていることも、モスクワ以遠、「シベリア・ルート」と並んで、一九四〇年十二月の短い期間ながら、トルコ経由、パレスティナ行きの「オデーサ・ルート」が機能したことを確認する上で好都合だ。

これらさまざまな立場から、さまざまな不安のうちに、さまざまな未来を思い描いて

| | 国籍 | 宗教人・世俗人の別 | 日記・回想録の使用言語 | イデオロギー的傾向 | 杉原ヴィザ | 日本到来 |
|---|---|---|---|---|---|---|
| シュテイン | リトアニア | 宗教人 | ヘブライ語 | | | |
| ヒルシュプルング | ポーランド | 宗教人 | イディッシュ語 | | ○ | ○ |
| セガロヴィチ | ポーランド | 世俗人 | イディッシュ語 | | | 予定のみ |
| ロトンベルグ | ポーランド | 世俗人 | イディッシュ語 | ブンド主義 | ○ | ○ |
| エプシュテイン | ポーランド | 宗教人 | ヘブライ語 | | ○ | ○ |
| エデルシュテイン | ポーランド | 宗教人 | ヘブライ語 | シオニズム | | |

いた六名が、一九四〇年夏のリトアニアという、いま、われわれが関心を集中させている時空をどのように生きたか、以下、事の生起順かつテーマ別に見ていこう。

## ソ連軍進駐前夜の雰囲気

一九四〇年六月十五日（土）のソ連軍リトアニア進駐直前の状況について、ここでは大きな紙幅を割かず、セガロヴィチ回想録からの引用に留める。

ベルギーが落ち〔五月二十七日〕、オランダがやられ〔同十七日〕、マジノ線は破られ〔同十三〜十五日〕、鉤十字がパリのエッフェル塔にたなびく〔六月十四日〕。これらのニュースが世界を震撼させた。カウナスのカフェ「モニカ」もまた、そうした小世界の一つだった。あの頃、カフェ「モニカ」はいつも混み合っていて、いつも不安で苛立っていた。そこで人々はまだ言い争い、確信、否認、予見を述べ立てていた。クリーム入りの美味しいコーヒーを飲んだり、上等のケーキを味わったりできた。だがそのあいだも、恐怖がテーブルの下にうずくまり、壁からじっと見つめていた……。ここ小国リトアニアにも、何かが起こるのではないか、と。〔……〕

世界が崩れ落ちてしまった。ドイツ軍が、かき集めた武器をもって国から国を荒らし回るなか、われわれには何が起こるのか？　われわれは、捕われた動物のように感じていた。たしかに、ここ〔リトアニア〕ではすべて良好で、皆、親切にもてなしてくれた。一部はすでに逃げ出していたけれども、多くの難民がまだ残っていた。ある国の領事から別の国の領事へ訪ね歩いたり、世界じゅうに電報を打ったりしながら。〔……〕

この恐怖の日々、われわれが小国リトアニアにいて、悲劇がゆっくりと近づきつつあるのを目にしているあいだ、アメリカや〈エレツ・イスラエル〉からは手紙が届いていた。そうした手紙のなかで、著名な社会活動家たちは、「すべてを勘案するに、リトアニアが目下、難民たちにとって最良の地である」と述べていた……。

（『資料集』一〇七〜一〇九頁）

状況のきわめて的確な要約である。

ヒトラー軍の西方快進撃、頼みの綱だったフランスのあっけない敗北、遠ざかる一方のポーランド帰還の見通し、ソ連とドイツの両軍事大国に挟まれた小国リトアニアの心もとなさ、難民受け入れ体制への感謝と逃げ出したい気持ちの綯い交ぜ、果てしない領事館巡り、遠い国の知己との交信文通、そのなかで推奨される残留と様子見の選択肢、すべての不安、恐怖、悲劇の予感を胸に、カフェでひねもす時間を潰す以外になす術のない毎日……。まさに「閉塞」の一語に尽きる。

カフェ「モニカ」とは、セガロヴィチをはじめ、カウナスに身を置くユダヤ難民の常連がほぼ毎日のように出入りして、戦況を分析し、情報を交換し、政治談議に花を咲かせていた場所だ。「難民」という言葉と文脈に「クリーム入りのコーヒー」や「上等のケーキ」はいかにも不似合いと映るかもしれないが、同じポーランド・ユダヤ難民でも、その内部で懐の暖かさにはおのずと差があったようだ。もちろん、種々のユダヤ組織の支援に与らなければ生活が立ち行かない人々が多かったに違いないが、ポーランド脱出時に持ち出し得た金品や、戦争を見越して国外に移していた資産のおかげで、少なくともソヴィエト・リトアニア体制が確立し、換金、転売、送金、ひいては外貨の所持自体が困難かつ危険になるまで、避難地のリトアニアでそこそこ羽振りよく暮らすことのできた人々も少なくなかったようなのだ。

ときにユダヤ難民たちの無為と奢侈が、リトアニアの一般市民、とりわけ貧困層の目に顰蹙ものと映じていた事実も、リトアニアの史家アルフォンサス・エイディンタスによる精緻な史料研究『ユダヤ人、リトアニア人、ホロコースト』にはしっかりと記録されている。

リトアニアで就労する機会、またその権利もなかったため、難民たちは慈善によって生計を立てていた。しかし、ときには、彼らの生活ぶりが地元の低社会層から顰蹙を買うこともあった。国家保安課は、一九四〇年五月、シャウレイ、その他の町村のリトアニア人の一部がそのような反応を示したことを記録している。社会的に恵まれない住民の目に、各地の町や村で、何の用もなくぶらつき、だらだらと時を過ごす、よい身なりのユダヤ人たちの姿がとらえられていたのだ。店は、戦争を逃れて流れ込んで来たあらゆるタイプの移民で一杯となり、みな、ベーコン用の豚のようにふんだんに食べ物にありついているのだが、それがなぜなのか、誰にも理解できないのだった。地元住民は、難民たちが職工の娘らをかどわかして売春を広めているのではないか、と疑っていた。(5)

むろん、ユダヤ難民の多くが無為と奢侈をひけらかすような振る舞いをしていたわけではあるまいが、現地の苛酷な経済環境にしがみついて生きる人々の目に、土地から切り離されて他郷に身を寄せ、国外の慈善団体からの支援金で日々の生活を営む流民の姿は、それだけで無責任な浮遊、気楽な漫歩に見えたのかもしれない。

その上で、当時の難民たちの動向、生活環境として以下二点を確認しておこう。

私が『虚構』執筆のため隅々まで目を通したベッケルマンによるJDC文書にも、本章で紹介する六名の書き手たちの筆のもとにも、前年一九三九年末を過ぎてから、つまり、リトアニア、ポーランドのドイツ占領地域、ポーランドのソ連占領地域、以上三者のあいだの境界が厳重に封鎖されてから、新たにドイツ占領下のポーランドから国境を破ってリトアニアに逃げ込んでくる人々（アメリカ映画『ビザと美徳』の若夫婦のような）への言及は皆無である。一九四〇年当時、リトアニアとポーランド東部のソ連占領地区とのあいだの電信・文通は、ソ連当局の検閲の目に慄きながらも普通に行なわれていたが、ワルシャワを含むドイツ占領地域のポーランド西部とのあいだでは通信がほぼ遮断されていた（このことは、『虚構』二九三頁以下に描き出したように、JDC職員ベッケルマンがワルシャワの同志ギテルマンとの連絡経路をなかなか構築し得ずにいたことからも類推される）。もしも、一九四〇年も半ばを過ぎて、ポーランドのドイツ占領地域からリトアニアへ、何らかの手段で抜け出してきた人々の例がたったひとつでもあったならば、最新のポーランド情報提供者として間違いなく噂となり、引っ張りだことなり、行く先々で質問攻めにあったはずであり、JDC文書、日記、回想録のなかにも必ずや痕跡を残したはずなのだ。

また、リトアニア現地人のシュテインは別として、ヒルシュプルング以下五名のポーランド・ユダヤ難民はいずれも、海外からの支援を受けた地元リトアニアのユダヤ会衆の手配のおかげで、いかに粗末、窮屈、不便とはいえ、毎夜毎夜のねぐらには事欠いておらず、彼らが回想する一九三九〜四一年のリトアニアにも、ベッケルマンのJDC文書にも、路頭に迷う無宿者のユダヤ難民の姿など、ただの一度として目にされることがない。

第一章で採り上げた映画の場面設定のように、たったいまナチ占領下のポーランドから大型トランクを携えてやって来て、着の身着のまま領事館に押し寄せ、宿泊先に事欠いた末、焚火を囲んで野宿をする人々の姿など、およそ考えにくく、それは、以下に見るソ連軍進駐の後先をつうじて変わることがないのである。

## ソ連軍進駐

一九四〇年六月十五日(土)、安息日の禁忌に触れぬよう、日没以降のことであっただろうが、テルシェイ・イェシヴァーの若きラビ、シュテインは、リトアニア共和国最後の一日を次のように日記に描き出した。

六月十五日、聖安息日。本日、ロシア軍がリトアニア国内に侵攻との急報あり。午後三時に国境を越え、たったいま、ヴィルニュス、カウナス、パネヴェジース、シャウレイ、ラセイニアイを占拠した由。この一報は大騒動を引き起こした。〔……〕

同日、上記の全域に軍隊が到着し、そこからさらに適当な別の地域へと分散していった。〔……〕〔テルシェイ〕市内は大騒動であった。カウナスからリトアニアの情報は届かず、ヴィルニュスのみから届いた。なぜなのか不明。〔テルシェイ・イェシヴァーの〕学生たちは当然この事態を論じ、みな恐れている。リトアニアは完全に屈服しないか、また護教の問題となり得るか、懸念される。殉教問題なども議論。

ドイツ国境付近の地域に〔ソ連軍の〕進軍はないが、そこから〔リトアニアの〕分割案があるのではないか、という懸念が生じている。とくに、シャウレイとケルメのあいだのブビアイにも進軍の報があり、ここ〔テルシェイ〕が境界にされてしまうことが懸念される。

ロシアは対ドイツ戦を計画中らしく、今朝モスクワの報道によると、ロンドンとパリの代表はモロトフと会談したが、この会談の目的はドイツに国境の軍備を強いることにあると思われる。
晩禱中、学校の窓に投石、サ〔ウル〕派の台頭を巷に見る恐怖。（『資料集』一三頁）

情報が錯綜を極めるなか、当面、何を最優先として恐れたらいいのかもわからず、学舎全体が混乱に包まれた様子がよく伝わってくる。まさに日記ならではの緊迫感だ。

まずは、ソ連軍がリトアニアに入って来たという事態から、前年三九年九月、ナチ・ドイツのポーランド侵攻に踵を接してソ連軍が東ポーランド（ヴィルノ地区含む）に雪崩れ込んだときのことが思い出されるのは当然である。ポーランド同様、リトアニアも、まさにテルシェイあたりを境界として、南と西はドイツ、北と東はソ連という具合に分割統治されてしまうのではないか、と懸念されたのだ。真偽は定かでなくとも、ソ連軍がリトアニアのドイツ国境付近までは深く入り込んでいないらしい、という噂と相まって、その懸念がますます現実味を帯びたようだ。しかし、まさに前日、六月十四日のパリ無血入城をもって西部戦線を大勝利で飾ったばかりのドイツが、返す刀で東方へ軍を展開させる意志も余力もなく、ドイツ軍が西のメーメル地方や南のスヴァウキ地方からリトアニア領内に雪崩れ込んでくる、といったシナリオは当面なさそうであるとの観測が、その後、数日内に一般に共有されていく。

ドイツはともかく、ソ連が入って来たことは動かぬ事実とあって、イェシヴァー内では、さっそく「護教」「殉教」といった言葉が口の端にかかり始める。前年秋以来、ソ連領とされた東ポーランドのユダヤ教世界の同胞たちから、ソヴィエト体制のもとでの宗教迫害の仮借なさについては、手紙などを通じて十分過ぎるほど聞き及んでいたからだ。

さらに直近の脅威として、リトアニアの民族主義勢力が、祖国の「赤化」を「ユダヤ」のなせる業ととらえ、反ボルシェヴィキ感情を原動力とする反ユダヤ暴動を組織しかねなかった。右の引用中、最後に言及されている「サウル派」とは〔シュテインはその名を書きつけることさえ忌み嫌い、頭文字にとどめている〕、「反共＝反ユダヤ」をスローガンとして実力行動も辞さないリトアニア民族主義の過激分子たちの一群である。このときも、リトアニアにロシア人が再進駐してきたのは「ユダヤ」の連中の手引きによるとして、「ユダヤ」と名のつく施設には、手当たり次第、投石などの嫌がらせ行為に出たのだった。その際、「ユダヤ」なるものが、ソ連の反宗教政策をことごとく恐れるユダヤ教徒なのか、あるいは、プロレタリアート革命を経て「人種」による差別を解消に向かわせると謳う共産主義体制への支持に傾く左派進歩主義者のユダヤ人なのか、その区別はあくまでも曖昧なままだった。

二日後、十七日の夜、地方都市のテルシェイにもソ連軍が入って来る。

六月十七日。〔……〕夕方になり、ロシア兵たちがルオケー〔テルシェイの南東十五キロほどの町〕からやって来る、ということがわかった。大群衆が彼らを出迎えに集まった。九時に、彼らは貨物用バスでやって来て、ゲルマント〔テルシェイにある「ゲルマント中学」の校舎を指すか〕に落ち着いた。

司令官の名において、晩十一時から朝四時までの外出禁止、その他の命が出された。商店では、群衆が彼〔司令官〕のために、靴、布、その他、さまざま品物を準備する姿が見えた。

六月十八日。今日も、多くの赤軍兵士が到着した。スヴァウキ、ヴィルカヴィシュキス、マリヤンポレー、その他〔ドイツ国境付近〕の町では、ネムナス（ニェメン）川までがドイツに併合されるらしい、という噂が広まり、それが現地に大きな混乱をもたらし、多くの人がカウナスに避難を始めた。政府は、この噂を否定した。

（『資料集』一七頁）

ソ連軍進駐から三日を経てなお、ソ連とドイツによるリトアニア分割統治の可能性が囁かれていたことがわかる。ソ連軍に歓迎の意を示そうと集まってくる人々のことをシュテインが「大群衆」と表現しているところから、少なくともテルシェイの住民のあいだで、共産主義支持——「ヒトラーにやられるくらいならスターリンに支配される方がまだまし」という消極的支持も含めて——がかなりの比重を占めていたと察せられる。

いずれにせよ、ソ連軍が掌握した土地においては「晩十一時から朝四時までの外出禁止」が原則であり、首都カウナスを含め、以後しばらく、夜間の外出は取り締まりの対象となり、難民たちの焚火、野宿、ましてや集団での祈禱などおよそ許されない、一種、戒厳令的な空気がリトアニア全土に行き渡った、と見るべきであろう。

懸念された反ユダヤ主義の台頭について付言すれば、六月下旬のシュテインの日記から、ソ連軍がそれをことごとく押さえつける方向で早めに動き出していた様が読み取れる。

六月二十三日。多くの町で暴徒らが、ユダヤ人はすべてにおいて責められるべきであり、政府全体がユダヤ人その他の影響下にある、などと言ってイスラエルの民に襲いかかろうとし、ようやく赤軍の部隊が介入することで人心の落ち着きを取り戻した。

ここから、この一件全体に神の恩寵が関わっており、彼ら〔赤軍〕が〈イスラエルの残り〉を守るためにその場所へ送られた使者であったことは明白である。なぜといって、すでに彼らの到着以前から、いくつかの町でユダヤ人に対する暴動が準備されていたからである。

六月二十八日。イスラエルを憎む者に対する厳しい記事が新聞に掲載され、ユダヤ人を標的とする者は厳重に罰せられるであろう、と警告される。

(『資料集』二三、二七頁)

ソ連当局としては、「ボルシェヴィキ＝ユダヤ」の同一性神話に寄って立つリトアニアの反共・民族主義勢力が、反ユダヤ暴動を煽り立てながら、リトアニアの共産化そのものを堕胎させようとする動きを萌芽のうちに摘み取っておきたかったのだろう。『虚構』にも記したが（二五六頁以下）、それまでリトアニアの反ユダヤ主義を中心的に担ってきたタウティニンカイ党員を含め、右派・民族主義勢力のなかには、このとき、ソ連体制の確立によって立場を悪くするのを恐れ、ドイツないしドイツ占領地へ避難する者が多かったと見られる。全体の構図としては、一九四〇年夏、リトアニア国内における反ユダヤ主義の危険は増大したのではなく、むしろ、ドイツ国境の彼方へといったん——つまり翌四一年六月、ドイツ軍とともに、また戻って来るまで——遠ざかったのである。

## 一般市民の受け止め

ヴィルニュスで避難生活を送るポーランド難民たちから見て、同市の住民は、つい数カ月前まで同じポーランド第二共和国のヴィルノ市民、いわば同国人も同然の人々であった。しかし、一九三九年十月二十八日、ソ連の手でいったんリトアニアに「返還」されたうえで、いま、あらためてソ連に呑み込まれることとなったヴィルニュスの住民が、この一大政変を一体どのように受け止めているのか、傍目からは推し量ることが必ずしも容易でなかったようだ。
ソ連軍のヴィルニュス入城の当日、六月十五日のこととしてヒルシュプルングが回想しているところによれば、

町の通りを駆け抜ける、おびただしい数のソヴィエト戦車を見つめる見物人の大群衆に交じって、黒のコート、シルクハット、エナメル革の靴、立て襟の白シャツという正装の市民の姿があった。ここぞとばかり威儀を正した愛国派の名士たちであることは一目瞭然だったが、その顔の表情から、彼らがソヴィエトからの賓客到来に喜んでいるのか、悲しんでいるのか、見分けることは難しかった。
（『資料集』六五頁）

ロトンベルグもまた、ソ連軍進駐の日はヴィルニュスにいたが、この「喜んでいるのか、悲しんでいるのか」判然としない一般市民の表情の裏側を次のように描き出している。

赤軍がリトアニアを占領した。いくつかの新聞は大見出しで、リトアニア民衆の大いなる喜び、彼らを待ち受ける大いなる幸せについて書き立てた。そして皆、大

人も子どもも、老人も若者も、ビャウィストクやリダから逃れてきたばかりの難民たちでさえ、誰もが皆、喜ばねばならなかったし、あるいは、少なくとも、喜んでいないということを表に出してはならなかった。通りでは笑い、家では泣くという、同じ悲喜劇がふたたび繰り返されようとしていた。通りの壁には美しい約束事の書かれたプラカートが掛けられた。〝自由にはじまり、そして労働へ〟。デモンストレーションの列の長さは一キロメートルに及び、数千人の若者たちは、素朴な信念と感動的な理想主義を胸に、彼ら自身がつくった横断幕の様々な色や字体のスローガンを叫んでは目を輝かせた。彼らは信念と希望の声高な宣言を祝っていた。そして家々には憂鬱が充満し、人々は静かに自問するのだった。これからどうなるのか？ と。

（『資料集』二一七頁）

喜んで見せること、あるいは、少なくとも喜んでいない様子を見せないこと。みずからの国が一夜にして全体主義国家に変じたときの処世訓がそれなのだろう。

他方、セガロヴィチは、カウナスのユダヤ難民たちの反応を書き留めている。

戦車の列は、その土曜日〔六月十五日〕丸一日、そしてその夜じゅう、途切れることがなかった。その後、二日、三日、四日間、とどまるところを知らなかった。ユダヤ人の集団は、道ばたで意見を交わしていた。

――ソ連がリトアニアに入ったのは、こんな小国じゃあ、社会的にも政治的にもまともにやって行けないからだという。とにかく、それが連中の言い草だ。それにしても、こんな小さなリトアニアのために、なぜ、あんなにたくさんの戦車や大砲が要ると思う？　それはな、リトアニア人ではなく、ドイツ人向けのものなんだ。

人々の耳が研ぎ澄まされ、眼差しが恐怖と好奇の度合いを増す。

何と！　これはドイツ人向けのものなのか……。

しかし、実のところ、まだ何の説明もなされていない。それが土曜日のこと。六月十五日、土曜日のことだった。〔……〕

その夜、「モニカ」がほぼ満員、大混雑だったことを覚えている。家主、工場主、商人――皆そこに集まっていた。皆が騒然としていた。何でもすべてというわけではなかったが、いま話せることはすべて、大声で話していた。楽団が、いつもより賑やかに演奏していたのを覚えている。もちろん、ある種の興奮にかられて……。楽団員の一人が、曲に歌詞をつけた。「金なんてもう要らない、いまや君が僕のものになったのだから」という民衆の歌をもじったのだ。歌手は、こう歌った、「金なんてもう要らない、もうそれは僕の金じゃないんだから」と。聴衆は、この気の利いたパラフレーズに拍手喝采を送った。

「モニカ」で、人々は楽器を奏で、歌を歌っていた。「モニカ」で、人々は笑い、ブルジョワ的コーヒーと上等のサワークリーム・ケーキとの別れを惜しんでいた。

その間も、戦車と大砲が、まだ通りに連なり、兵士らが黙って車列の脇を歩いていた。どこかで誰かが「万歳《ウラー》」と叫んだ。また別のどこかでは、誰かが戦車に花を投げた。歌を歌う者もいた。

（『資料集』一一三〜一一七頁）

ひとつには独ソ開戦の恐れ、いまひとつには私有財産禁止の体制に引きずり込まれる「やれやれ」という思いが、混じり合って暗くのしかかりそうになるところを、やけ気味の演奏と戯れ歌、これで最後になるかもしれないケーキとコーヒーとともに無理に笑い流そうとする常連客たち……。状況の描写にセガロヴィチ自身のシニシズムと刹那主義が見事に溶け込んだ一節だ。

## 「雨を逃れて拷問台の下」

懐にいささかの余裕があって、社交好き、賑わい好きの難民たちが集うカフェ「モニカ」の享楽的な雰囲気とは打って変わり、社会主義「ブンド」派のロトンベルグが振り返るソ連進駐時の難民たちの心境は、不可能な選択肢と、なんとしても避けたい最終シナリオとのあいだで暗く揺れ動いている。右のように「通りでは笑い、家では泣く」リトアニア市民の悲喜劇を描き出したあと、ロトンベルグは難民たちの心理描写に移る。

難民たちのあいだでは、〔リトアニアへのソ連軍進駐にともなう〕喜びはすぐには始まらなかった。「われわれは雨を逃れて拷問台の下に逃げ込んだのだ」と、誰もが考えていた。われわれはいかなる幻想も持つことができず、逆に、最悪の事態に心を備えていた。さらに逃げようにも行き場はなかったし、ワルシャワに引き返すこともまた不可能だった。ただ一つのことに、われわれの誰もが心を備え始めていた。「シベリアに送られること」。

（『資料集』二二二頁）

念のため傍点を付したが、引用冒頭の「喜び」とはもちろん皮肉である。ソ連軍の到来を歓迎する一般大衆、リトアニアの共産化を言祝ぐ表通りのパレードを横目で見ながら、少なくともロトンベルグが描く「難民たち」は、早くも最悪のシナリオとして「シベリア」を思い描いていたのだ。

ここでロトンベルグが、ナチ・ドイツのポーランド侵攻の際、ワルシャワからいったん北東方向のビャウィストクに逃げ、そこからさらにヴィルノ（ヴィルニュス）へ避難した人物であったことを思い起こさねばならない。

ビャウィストクの町は、一九三九年九月、まずドイツ軍に攻め入られ、ユダヤ系を含め民間人に多数の犠牲者を出した。しかし、ほどなく独ソ不可侵条約の効力によりソ連軍に明け渡され、ベラストーク地方の首府としてベラルーシ・ソヴィエト社会主義共和国に編入されることとなった。こうして、ドイツ軍の進撃を逃れて各地からビャウィストクに流れ込んだポーランド人で、最初期のごく短いドイツ占領期をなんとか無事にやり過ごした者は、続いてソヴィエト体制下で避難生活を続けるか否かの選択を迫られたわけである。同じ社会主義の根から発しながらマルクス＝レーニン主義とはまったくの別路線を打ち出していた「ブンド」に与する人々にとって、ソヴィエト体制の受諾は当然ながら不可能な選択肢であった。

「雨を逃れて拷問台の下」とは実に言い得て妙であるが、ロトンベルグや彼と行動をともにした人々においては、その行程が複数段階であったことに注意せねばならない。一九三九年九月、彼らは、まずドイツ軍の破竹の東方進撃という「雨」を逃れて、北東の町ビャウィストクに避難し、そこでも、短いあいだながら激しい「雨」に見舞われた。幸い、それは通り雨で済んだが、気がつくと、そのビャウィストクという雨宿りの場所が、実はソヴィエト体制という「拷問台」の下にあることがわかった。急いで、さらに北東のヴィルノに逃げ込み、その町が、十月末、ヴィルニュスとして中立国リトアニアに「返還」されたまではよかったものの、一九四〇年六月、リトアニアまるごとソヴィエト体制に呑み込まれ、結局、同じ「拷問台」の下に身を置くことになった、という事の顛末である。そして、「拷問台」の彼方に控えているもの、それは、とりもなおさず「シベリア抑留」であった……。

ロトンベルグの著作は日記ではなく回想録であり、明確な日付に裏打ちされたものではない。しかし、一九四〇年六月十五日、ソ連軍のリトアニア侵攻を目の当たりにして以来、ポーランド難民たちの心のなかに、「このままリトアニアがソ連になったら……」というかなり高い蓋然性の線上、早い時期から「シベリア」という地名が明滅し始めたことは間違いない。

ナチ・ドイツという「雨」も、たしかに相当の危険をはらんだ仮借ないものであり、ワルシャワを含むポーランドの西部では、とくにユダヤ教徒・ユダヤ人たちのもとで、その「雨」による大災害が引き起こされようとしていた。しかし、さまざまな経路でリトアニアに逃げおおせたポーランド・ユダヤ難民は、音信不通の故郷で「雨」に打たれごおしの家族や同胞たちの辛苦を思い、胸をかきむしられるような思いを日々味わいながらも、彼ら自身が、当座、恐れ、なんとしても回避せねばならないのは何だったか、と言えば、故郷に降りしきるその「雨」ではなく、ソ連全体主義という眼前の「拷問台」であり、その彼方に白く寒々と広がる「シベリア」の荒野だった。

「命のヴィザ」の、その「命」という言葉の意味を再問に付さねばならないのは、まさにこの地点からなのである。

## 日常生活の「赤化」

焦らず、しかし駆け足で、表に姿だけは現わさず。それが、バルト三国の「赤化」に際してスターリンが採用した戦略だったようだ。

早くも六月十五日の午後、ソ連中央政府は、副外務人民委員デカノゾフと第一副内務人民委員メルクーロフをリトアニアに急行させ、現地の全権使節ポズドニャコフともども、ソヴィエト傀儡政権樹立のための陣頭指揮に当たらせていた。その主眼は、今回の政変にあくまでもリトアニア民衆の「下から」の改革要求の結実であるかような体を纏わせ、そして一般のリトアニア国民のみならずリトアニア共産党の指導者の多くが信じて疑わなかったように、ソ連軍の進駐はバルト地域の防衛強化のためであってリトアニアの国家主権を脅かすものではない、との印象を醸しながら、リトアニアを内部から実質的にソヴィエト化していくことにあった。

シュテインの日記より。

六月二十二日。イェシヴァーにはこんな手紙が届いた。それによると、内務大臣は、「赤軍は国を守るだけに来たのであって、リトアニアの地を占領するためではない。政府は私有財産を禁じることはしない」と述べたという。こうした事が人心をやや落ち着かせた。〔……〕

ロシア兵がドイツ国境付近に集中させられていることについて、さまざまな噂が広がり、開戦の警告も出されない〔まま戦争が始まる〕のではないか、と非常に心配だ。ロシアがメーメルを要求するのではないか、とも言われている。ロシアの代表団が、国境の様々な問題を話し合うため、ベルリンへ行った。赤軍が〔ドイツ国境の〕

スヴァウキ地区の町々にも入ったので、国の分割の噂はいくぶん収まった。

六月二十四日。カウナスで、およそ七万人が参加する大規模な労働者デモが繰り広げられる。皆が皆、赤旗、スターリンの写真などを掲げていた。演者らは、リトアニアにおける共産主義分派の公認と特別な労働省の設置を求め、さらに一部の者は、リトアニアが十三番目の共和国としてロシアに併合されることを求めた。内務大臣も演説をした。すべての演説がラジオで放送され、蓄音機から「インターナショナル」が流れた。

七月二日。国内の秩序は、日々、変化し、ほとんどの高官がすでに辞任して、左翼共産主義者に取って代わられている。

今日、彼らは軍の体裁を変えた。まず、名前を「人民軍」に変え、兵士が政治活動に参加してよいことになった。特別な士官が任命され、軍人に政治教育をほどこすことになった。

七月三日。カウナスで、赤旗と共産主義スローガンを掲げた全兵士らによる大規模デモがあった。一般にリトアニアのすべての町、特にカウナスで、毎日、政治集会と民衆の祝賀行列が行なわれている。

七月七―八日。すべて選挙一色の様相で、街路には旧政府を弾劾する宣伝ビラが張り巡らされている。新聞も選挙宣伝に埋め尽くされ、国会議員候補は、各市町村の労働者の中から、集会の場で選ばれる。そのすべてが極左派である。ロシアへ完全統合の恐れが日増しに現実味を帯びる。

七月十四日。投票日。皆、投票所に詰めかけ、特にユダヤ人とハレディーム〔伝統主義者のユダヤ教徒〕集団の投票が目立つ。ラビも祈りを済ませるとすぐに出かけ、イェシヴァーの全構成員も朝早く、投票を済ませた。一日中、ラジオが選挙のニュースを伝え、ユダヤ人も選挙管理委員会に加わった。夕方になり、雨のため投票の時間が十分に取れなかったとして、投票が翌日まで延期されたことが知らされる。

七月十五日。今日は、昨日、投票しなかった人々が投票した。いくつかの町で不審者が逮捕されたとの報。

七月十六日。選挙結果は、九五・五パーセントが選挙に参加したことを示す。

（『資料集』二一一～三一一頁）

こうして、ソ連軍の進駐から一ヵ月後には、赤一色の社会風土が見事に醸成を終えていた。

国会議員選挙における九五・五パーセントという驚くべき高投票率の裏には、棄権がそのまま反体制分子の証とされかねない状況があった。エデルシュテインの回想によれば、

新しいリトアニア政府は、リトアニア国会（セイマス）の「選挙」を公示した。実際は候補者の名簿が一つ掲示され、皆、その名簿に賛成の「投票」をしたに過ぎない。脅威は相当のものだった。皆、投票をした。なぜなら、そうしないと懲罰や収監の対象にされることが予想されたからである。政府は、全市民が政府名簿に賛成票を投じた、と鼻高々であった。

幸い、難民には投票権がなかった。そのことは、私にとって、難民がソ連市民とみなされず、リトアニアから去ることも許される、ということの兆候の意味をもった。

（『資料集』三二九頁）

そもそも難民は選挙権を持たないからよかったものの、ごう転んでも共産主義が勝利することになっている選挙で投票所に行かなければ、それがそのまま懲罰、収監の理由

とされるような国からは、一刻も早く出るべきではないか。このとき、立場の違いによらずリトアニアに難民として身を置く人々が、一斉にそう考え始めたとしても不思議はあるまい。

こうして、当初からソ連のお眼鏡にかなった候補者だけが議席を占める新リトアニア国会が開会準備を整える一方、経済界でも着実な「赤化」が進行していった。以下、セガロヴィチの回想より。

初めのうち、企業や工場のオーナーと社員は、すべて元のままなのだから、同じ持ち場にじっとしていなさい、と言われた。しかし、一週間後には、オーナーがのけ者にされ、ただ影のように企業のなかをうろつくことが許されるのみとなった。さらに一週間経つと、もう来なくていい、もはやあなた方は必要ない、あなた方がいなくても指示が出せる、と言われるようになった。すべては、叫んだり、騒いだりすることなく、ゆっくりと、礼儀正しく、静かに受け入れられた。（『資料集』一一九頁）

ブンド派のロトンベルグは、ワルシャワ時代と同様、ヴィルニュスのユダヤ人小学校でイディッシュ語の教育に当たっていたが、六月のソ連軍進駐から翌七月にかけて、自分の生徒たちが徐々に、しかし確実に、共産主義支持者に作り替えられていく様を複雑な思いで見つめていた。

当時、われわれの状況、児童クラブや給食所の教師たちがどのようであったかは、容易に想像しうる。すでに最初の日々から、子どもたちは表通りの雰囲気にとらわれていた。「ピオネル（ピオニール）」(6)のみならず、他の子どもたちも絶えず興奮状態にあった。子どもたちはやっぱり子どもたちで、喧騒、喜び、パレード、お祝いが好きなのだった。子どもたちは、われわれが共産主義者でないと知っていたが、喜びに満ちた興奮状態にあって、誰もが皆、喜んでいると思っていた。施設のどの部屋でもロシア語の歌が響き渡っていた。以前、赤軍がヴィルニュスを最初に占領したときに覚えた歌だ。子どもたちが興奮していて、その雰囲気が非日常的なものとなったために、また、それのみならず、彼らがすでに政治クラブを訪問したり、様々な祝典の準備、リハーサルへの参加といった諸々の指示を遂行しなければならなかったために、通常の〔教育〕活動には差し支えが生じた。

（『資料集』二二五頁）

## 宗教に対する戦争

『虚構』第二章、「体を殺すドイツ人、魂を殺すロシア人」の節でも、この複雑な状況をできる限りわかりやすく描き出そうと試みた。ソ連軍の進駐とリトアニアの共産化は、ヨーロッパ諸語で「ジュウ」（英語）、「ジュイフ」（フランス語）、「ユーデ」（ドイツ語）

など一語で括られることの多い「ユダヤ教徒／ユダヤ人」なる存在を、まさにその中間の「／」で二つに引き裂かんばかりの両面価値《アンビヴァレンス》を孕むものであったのだ。先に見たように、ラビ・シュテインの日記には、ソ連軍が「ユダヤ人」を標的とした暴動のたぐいを力で抑え込む姿勢を示したことに、イェシヴァー構成員一同、胸を撫でおろした様が記録される一方、まさにそれと互い違いで、新体制による反宗教政策への恐怖が綴られる。つまり、共産主義体制の確立は、同じ「ユダヤの民」でも、民族集団としての「ユダヤ人」には、とにもかくにも反ユダヤ主義の暴力に対して身体的安全が保障される時代の到来でありながら、信仰に生きる「ユダヤ教徒」にとっては宗教迫害の不穏な時代の幕開けを意味していたのだ。

> 六月二十三日。今日、一般の知るところとなったのは、近年、健康状態を理由に軍務を免除されていた人々が、ふたたび出頭を命じられる、ということだ。大部分のイェシヴァー構成員に関係し得ることなので、この報せはイェシヴァー内に大きな懸念を醸した。
>
> （『資料集』一二三頁）

伝統的ユダヤ教徒たちのもとで、戦争、軍、武器、兵役といったものに対する忌避願望がいかばかりのものかをめぐっては、ヤコヴ・ラブキン『トーラーの名において——シオニズムに対するユダヤ教の抵抗の歴史』（拙訳、平凡社、二〇一〇年）を全体にわたって参照していただきたい。当時のリトアニアにおけるユダヤ教と兵役制度の関係については、私もいまだ勉強が行き届いていないが、おそらく、自身の健康状態をことさら悪い方へ見せかける不実と、トーラーの教えに反して武器を手に取ることの罪深さとを天秤にかけたとき、前者の方がはるかに軽微であることは明白として、テルシェイ・イェシヴァーの学徒たちにも虚偽申告による兵役逃れを常とする者が少なくなかったに違いない。新しいソヴィエト体制は、まずもって、そうした宗教心を理由とする軍務忌避を根絶しようとするものであった。

続けてシュテインの日記には、聖職者の俸給、補助金、施設使用権、教育内容、使用言語、時間割（とりわけ安息日の禁忌との兼ね合い）、婚礼、その他の面で、ユダヤ教の首が真綿で絞められていくような過程が如実に描かれている。

六月二十六日。カウナス刑務所の〔施設付き〕ラビと〔キリスト教の〕神父たちが職を追われた。皆、これが宗教の領域に対する戦争の始まりではないか、学校の教育内容、その他も変えようとしているのではないか、と恐れている。

六月二十九日。カウナスで開かれたある集会で教育大臣が演説し、スメトナ〔前〕政権は宗教団体に多くの支援を行なったが、今日以降、政府は宗教との関係をもはや持たず、宗教団体への支援も打ち切る、とした。ラビ・シャピロ、その他

〔のユダヤ教神学校教師〕への俸給も同様に打ち切られた。

七月十九日。ロシア兵が〔テルシェイのキリスト教〕神父のための神学校ならびに司教館を接収した。彼らはイェシヴァーも視察したが、どうやら屋舎が気に入らなかったようだ。彼らはメヒナ〔準備学校〕を視察し、その屋舎の方は気に入ったが、接収の決断はしなかった。この知らせがイェシヴァーの面々のあいだに大きな懸念を掻き立てた。

七月二十四日。町の新しい指導者らが〔ユダヤ教徒の女子向けの〕「ヤヴネ」ギムナジウムについて父兄会を開き、〔ヘブライ語から〕イディッシュ語への切り替えと、新しい教程による学習を決定した。多くの人がハレディーム〔ユダヤ教の〕教育施設をやり玉に挙げる。

七月二十五日。ヴィルニュスで、教師がイディッシュ語その他の教科で授業をする教程が整えられる。ほとんどすべての教員は、次年度にも職を得るのに有利と考えて、この教程を進んで採用した。唯一の懸念は、そこで安息日の冒瀆に関わることがないか、という点で、主な心配は、安息日にも子供たちと学校で過ごすことが常態化してしまうのではないか、ということだ。

八月十三日、アヴ月九日。ラビは今月十五日までに結婚証明書を発行せねばならず、それ以降は、すべての結婚式が非宗教の儀式として執り行われる、という法が公布される。

八月十四日。新しい法に従わなくてもよいようにするため、婚姻の日付を「嘆きの安息日」〔アヴ月九日直後の金曜〕の夕、もしくは続く日曜日に定めていた多くの人々が予定を早めた。そのため、今日、多くの挙式があった。われわれの親戚ラヘル・シェイン嬢も、挙式を今日に早めた。シャウレイでは三十組以上の挙式があった。

（『資料集』二五〜四七頁）

それまで自分たちが崇敬する聖職者のもとで夫婦の契りを交わすことを、当然の権利、先祖伝来の習わしとして生きてきたところを、新体制により、ある日付以降、それを御法度とすると告げられた敬虔な信徒たちの心境は察してあまりあるものだ。

『虚構』でも強調しておいたが（二三〇頁以下）、一九四〇年七月半ば、ペスラ・レヴィンとナータン・フートウィアトという、「キュラソー・ヴィザ」の源泉に位置づけられる二名の外国籍の人物が（前者はポーランド、オランダ二重国籍、後者はオランダ国籍）、それぞれラビの妻、イェシヴァー学生という、ユダヤ教信仰との濃厚な絆のうちに生きる人々であったのは決して偶然ではない。一九四〇年七月、彼らがいち早く出国の可能性を探り、カウナスやリガのオランダ代表部の助力を請うことにした動機を説明して、迫りくる〈ホロコースト〉の脅威を云々することは、本来、たちまちにして論理破綻をきたしてしまうはずなのだ。

右の引用に関連して、ソヴィエト体制によるユダヤ教徒・ユダヤ人たちの「言語」の位置づけについて付言しておこう。まず、聖書ヘブライ語は非宗教性の原則から、そして現代ヘブライ語もまた、シオニズムという特定のイデオロギーへの導入を目的としているという理由から、いずれも公教育の場には相応しくないとされた。他方、イディッシュ語は「民衆の言語」として許容されたが、その場合でも、ヘブライ語起源の要素もろとも宗教性を完全に洗い落とした「ソヴィエト的」イディッシュ語として再編する必要が叫ばれたのであった（『虚構』一八一～一八二頁参照）。

シュテインのような伝統的ユダヤ教の守り手たちにとって、こうした世俗的イディッシュ語だけを用い、安息日の禁忌も侵しながら子供たちの教育を行なわねばならないような社会は、もはや生きるに値しない社会と言ってよいほどだったのだ。

## 身柄拘束の危険

ちょうど新しいリトアニア国会の選挙が行なわれた七月半ばから、シュテインの日記中、「逮捕」「拘束」「立ち入り検査」いう言葉が、ぽつりぽつりと目につき始める。

七月十七日。ユダヤ系の諸紙上、イツィコヴィチウス氏[7]が激しく攻撃される。ルビンシュテイナス氏[8]、その他も逮捕された。

七月二十四日。不法収益と投機の疑いで、多くの人が逮捕される。

七月二十六日。毎日、立ち入り検査が行なわれ、カウナスでは、今やますます高価になりつつある外貨や腕時計を持っている者が大量に拘束された。ここテルシェイでも、何度か立ち入り検査が行なわれた。（『資料集』三三～三七頁）

ユダヤ難民たちのなかでは、「ブンド」の関係者が、思想上の理由からもっとも身柄拘束の危険にさらされ、ロトンベルグも、その危険を日々肌で感じるようになっていた。

あの日々の難民たちの雰囲気を言葉で表現することができるだろうか？　毎日、違う噂が飛び交い、集合住宅や難民収容所から、毎日、別の難民たちが消えていった。そのことが、残った者たちにますますの不安を投げかけた。人々は目にとまったところに逃げた。カウナスへ、パブラデー（ポドブロズ）へ。街から街への国内放浪が始まった。人々は一つの場所を長く温めることに不安を感じていた。多くの場合、いかなる検査からも逃れることのできるカウナスやヴィルニュスの郊外の別荘地が利用された。〔……〕

当時すでに、捜査と逮捕が始まっていた。われわれにとってそれは大きな驚きではなく、つねに予感していたことだった。以前の〔ビャウィストクでの〕経験から、われわれは、通りでのパレードと祝典のあとには、夜中に人々を部屋から連れ去っていく悪夢のような場面が始まる、と知っていた。それがいつ始まるか、ある種の正確さをもって指摘することも、ほとんどできるくらいだった。

（『資料集』二二一〜二二二、二二七頁）

『虚構』に描き出しておいたとおり（二一六頁以下）、「ブンド」指導者のひとり、ボルフ・シェフネルが、七月末、カウナスのアメリカ領事館でアメリカ・ヴィザを受け取り、八月十九日には杉原のもとで日本通過ヴィザさえ取得していながら、出立はせず、党の指導のため、なおリトアニアに留まって、偽名と偽の身分証により当局による逮捕の手をかわし続けたのも、こうした状況のもとであったわけだ。

ロトンベルグ自身は、ユダヤ人小学校の子供たちを置き去りにして郊外の別荘地などに身を隠すことはできないと、危険を承知のうえでヴィルニュスに踏みとどまったが、「ブンド」派を狙い撃ちにする当局の手は確実に彼の身辺に迫っていた。

ある日、クラブでの仕事にきたところ、われわれは、ワルシャワ出身の仲間で技師長の同志Gが、ほかのブンド主義者の難民たちと一緒に夜中に逮捕されたと知った。われわれにとってその情報は、鉄の塊で頭を殴られたような衝撃であった。今までわれわれを脅かしてきた危険が、すぐそばまで来ていることは明白だった。同志Gは元ブンド主義者の青年活動家として逮捕されたのだったが、彼はわれわれとこの食堂で働いていたため、われわれにも注意が向けられるということがあり得た。

（『資料集』二二九頁）

その直後、ユダヤ人小学校の運営予算が打ち切られ、夏休みの始まりとともに施設の閉鎖を余儀なくされたことで、むしろ危険な状態から解放されることとなったロトンベルグは、仲間たちとともに田舎の別荘地に身を潜めることにしたのだった。

＊

もちろん、身柄拘束の危険が迫っていたのは「ブンド」主義者にとどまらず、またユダヤ人に限ったことでもない。あらゆる出自の政治家、軍人、資本家、宗教人、社会活動家、政治運動家などが、それぞれの立場と経歴により、新体制から「反体制分子」とのレッテルを貼られ、官憲の手にかかる恐れがあった。

一九四〇年、〈その時、その場〉の杉原千畝も、この状況を正確に把握し、七月二十八日、東京の本省に次のような報告電を打っている。

当国内共産党工作の急速度に進展したる影には「ゲペウ」の仮借なき且《かつ》電撃的「テロ」工作行はれたる次第にして「ゲペウ」は先《ま》づ赤軍進駐と共に波蘭《ポーランド》人白系露人当国人及猶太人の政治団体本部を襲ひ団員名簿を取上げたる上《うへ》選挙三日前より団員の一斉検挙を開始右は今に至るも継続せられ居る処今日迄に逮捕せられたる者「ウイルノ」千五百当地其の他の諸地に二千あり大部分は旧波蘭軍人官吏白系露人将校当国旧政権与党たりし国民党乃至《ないし》社会党幹部「ブント」派及「シオニスト」猶太人等にして〔……〕。

(『虚構』二五四頁に引用)

ところが、なぜか、三十年、四十年を経た杉原千畝の口からは、「ドイツ人はユダヤ人を引っ張って行って、どっかの電気仕掛けで人を殺すところ〔……〕、ああいうほうへ引っ張っていくということでね。ユダヤ人は逃げ回っていた。それがごんごん〔カウナスの日本領事館に〕やってきた」(一九七七年のインタヴュー、『虚構』二四四頁)、あるいは、「ナチにひっ捕まって〔……〕ガスの部屋へ送り込まれる」ということを「連中から喋るので、彼もわかっていた(一九八三年のテレビ番組、本書二九八頁)といった言葉が聞かれるようになるのだ。

端的に、一九四〇年の杉原と一九七〇年代以降の彼とのあいだで、「コミュニスト」と「ナチス」、「スターリン」と「ヒトラー」、「GPU《ゲーペーウー》」と「ゲシュタポ」、「シベリア」と「アウシュヴィッツ」ないし「ガス室」が、それぞれ、きれいに入れ替わってしまうのである。

＊

一九四〇年七月半ば、実際に逮捕者が出始める前から、難民たちのもとには、ポーランド東部のソ連占領地域に留まった同胞の誰それが捕まってシベリアに送られた、といった情報が、現地の親族や友人たちとの文通をつうじて頻繁にもたらされていたようだ。そして、逮捕・拘禁・抑留の理由は、何かを「した」から、のみならず、何も「していない」から、でもあり得た。

セガロヴィチの回想より。

カウナスでは、失業者の数がたちまち増加した。元オーナー、元工場主、元支配人、元高級役人など、「元」からなる一群だ。こうした人々は、仕事のかけらにもありつけないまま、辺りをほっつき歩いていた。そして、彼らと並んで難民もいた。この非生産的分子のことを、新政権は甘い目で見ていなかった……。難民たちは、神経をぴりぴりさせ、何かに取りつかれたかのように、各国領事館に押し寄せたり、カウナスの街路をさまよったりしていた。彼らは熟練の避難民たちであったが、いまや抜け出すことの決してできない網に捕らわれていた。まだ誰も、彼らに直接手出しをしていない。しかし、カウナスでは皆、リヴォフ〔ルヴフ、リヴィウ〕、ルック〔ウツク〕、その他〔東ポーランドのソ連占領地域〕の場所から難民たちがどこか遠い遠いロシアの雪の彼方へ送り込まれているということをすでに知っていた……。そして、われわれのうち誰一人、その「どこか遠い遠い彼方」へ行きたいとは思わなかった……。

（『資料集』一二二頁）

エデルシュテインの回想によれば、こうしたソ連占領地域の親族たちからの忠告が、「逃げたい、しかし、その手続きをするのも怖い」という二律背反を生み出していたという。

しかし、多くの難民は、こうした〔出国のための〕申請を行なうことを躊躇っていた。なぜなら、ソヴィエト占領下にあるポーランド領出身の親族たちが、政府に対してはいかなる申請もしてはならない、移住許可を求めてはならない、と警告の手紙を書いてよこしていたからだ。独ソ国境を「侵し」、ナチ占領化のポーランドからソ連占領地域に入ったポーランド・ユダヤ人たちは、ソ連占領地域からヴィルニュスに移動したい意向かどうか、ソ連当局に質されていた。それに肯定の返事をした者は、そこからシベリアへと抑留されていたのだ。

（『資料集』三三一頁）

七月下旬、難民たちが日本通過ヴィザを申請するようになった段階でも、その申請の行為自体がシベリア送りの口実にされてしまうのではないか、という恐怖が蔓延していた。

ヒルシュプルングの回想より。

新聞は、ソ連人が示す歓待に感謝する難民たちについて多く語り、同時に、難民たちがソ連国籍を受け入れるよう勧め、ソ連は全員に仕事を提供するであろうと確約していた。

ソヴィエトのラジオは、ポーランドのソ連占領地区に住む六十万人以上の市民がソ連国籍を拒み、「ポーランド難民」を名乗って庇護権を主張したため、ソ連人は彼らを特別列車でシベリアに送った、と報じていた……。

このニュースは、苦しみの中の難民たちの心をさらにかき乱した。哀れな難民たちは、日本ヴィザが日本ではなくシベリアへと彼らを導くのではないか、という新しい恐怖にとらわれたのである……。

（『資料集』八一頁）

一九四〇年七〜八月、カウナスの日本領事館の前に人だかりをなす難民たちの姿は、

第一章で採り上げた四本の映画をはじめ、これまで何度となくイメージ化されてきた。そこでは一様に、「ナチ・ドイツの魔手を逃れて、日本へ行きたいのです。ヴィザを下さい」という彼らの嘆願があった、とされてきた。いまや、その逃れたい対象が「ナチ・ドイツの魔手」ではなく「ソ連全体主義の魔手」であったことは明白であろうが、その「命のヴィザ」言説の当初からのボタンの掛け違えを正したうえで、さらに、難民たちの嘆願が、「こうしたヴィザ申請自体、身柄拘束、シベリア送りの理由とされるのではないか……」という恐怖と表裏一体であったこともつけ加えておかなければなるまい。なにしろ彼らにとって、未知の国日本とはシベリアと同じ方角に位置し、快適な客車か、家畜用貨車か、その大きな違いはあっても、それらが走っていくこととなるシベリア鉄道の線路は同一だったのだ。

もちろん、映画のシナリオ構成や場面設定は、あくまでも映画作りの論理に従えばよいのであって、ここでその「誤り」や「あり得なさ」を言い立てて得々とするつもりは私には毛頭もない。しかし、たとえば、前章で映画の一シーンとして見たように、難民たちが日本領事館を訪れたソ連領事に罵声を浴びせる、あるいは領事館前で野宿や祈禱をする、といった行為は、〈あの時、あの場〉を隅々まで支配していた身柄拘束の恐怖に照らして、およそ考えられないものであったことは指摘せざる得ないのだ。

## 着実なソヴィエト化

リトアニアのユダヤ難民の一部が、ツヴァルテンダイクの「キュラソー・ヴィザ」や杉原の日本通過ヴィザの取得に動き始めた一九四〇年七月中旬〜下旬の社会全体の状況を、シュテインの日記からさらに再現しておこう。

七月十九日。国会〔セイマス〕が日曜〔二十一日〕の十二時に召集される、との公示。多くの町で集会が開かれ、民衆はロシアへの即時完全な併合を望むとの見解を公にした。この線に沿った決定がカウナスに送られるであろう。

七月二十日。今日も多くの町で集会が開かれ、そのすべてで〔ソ連への〕統合が異口同音で求められた。

七月二十一日。今日、国会〔セイマス〕が開会した。大統領パレツキス氏が演説し、ロシアを高く賛美し、代表団を前にロシアとの統合という民衆の要求を実現することを提案した。その提案が受理され、ソヴィエト評議会の一員としてリトアニアを受け入れるかどうか、ロシア政府に打診することとなった。他にも多くのことが語られ、さまざまな提言がなされた。

七月二十二日。今日は祝日と宣言され、すべての家々が三色〔黄・緑・赤〕の〔リトアニア〕国旗で飾られた。一部の場所ではそれを避け、赤一色の旗を掲げた。晩には当地で大きな集会が開かれた。

（『資料集』三五頁）

『虚構』（二六二頁）でも述べたように、カウナスの日本領事館に通過ヴィザの申請に訪れる（あるいは申請の可否について問い合わせる）人々が増え始めたのは、ちょうどこの頃、七月二十四〜二十五日のことであった、と見られる。

七月二十七日。今日、当地で多くの立ち入り検査が行なわれる。共産主義分派のユダヤ人メンバーも検査に参加。彼らはまた、赤軍用の部屋も登録しに行った。五万リタス以上の価値がある多くの集合住宅が、丸ごと接収するために登録された。

七月二十八日。商工業特別大臣に、ユダヤ人、アルペロヴィチ氏が任命される。その主要な任務は、すべての大企業と大型店舗にコミッサールを配置し、それらを個人の権限から政府の権限へ移管することである。今日、カウナスその他の町で、コミッサールが配置された貿易会社の一覧が公開された。

七月三十日。今日、国会の代表団が、来月一日に開かれるソヴィエト評議会に参加するためモスクワに出発した。大群衆が彼らを見送り、ロシアと完全に一つになることへの期待を表明。代表団は、〔ソ連〕政府に民衆の意志を伝えるよう、要請された。

八月一日。〔ソヴィエト〕評議会は今日始まり、併合に向けてのデモが多くの町で組織されている。すべての家々が赤旗で飾られ、首相の決断により、赤旗がリトアニアの旗になるだろう、とのこと。

八月三日。晩、八時十五分にラジオが伝えたところでは、リトアニアの併合がソヴィエト評議会で満場一致で可決された由。カウナスからは、われわれがこの時を言祝がねばならず、ロシアと一緒になることは光栄と幸福である、と伝えられる。即刻、家々を赤旗で飾れ、との指示が出される。

八月四日。今日、リトアニアのロシア完全統合を記念して大規模デモが行なわれた。行進に参加しない者は皆、反体制分子と見なされる、との通知。ハレディームの全集団とイェシヴァー学生たちを含め、多くが参加。

（『資料集』三九〜四三頁）

ここで私は、自分の論旨に都合がいいようにシュテインの日記を利用しているのではない。地方都市テルシェイで綴られたものとはいえ、日一日と「赤化」の度合いを深めていくリトアニアをリアルタイムで描き出すシュテインの日記からは、当時、一部の住民が、わずかなりともナチスの脅威にさらされていた、と主張するための要素を、ただのひとつとして導き出すことができないのである。

『虚構』の刊行後、一部の書評に見受けられたように、「史資料に痕跡が見出せないからといって、何かの現実（当時のリトアニアにおけるナチスの脅威）がなかったと断定することはできない」という慎重論を掲げる向きには、このシュテインの日記と杉原による日本通過ヴィザの発給記録とを横に並べて、日付順にじっくりと見比べていただきたい、と思う。リトアニア社会全体が、このようにソヴィエト化へ、ソ連併合へと、日々、まっしぐらに突き進んでいくなか、カウナスの日本領事館に列をなすユダヤ難民たちだけが、この社会の動きとはまったく別のところで、遠からぬナチ・ドイツの到来を確実視し、そこから事前に逃れてあろうと杉原にヴィザの発給を求めた、といった筋書きを、一体いかにすれば成立させ得るのか、逆に説明の可能性を示していただきたいのだ。

## それでも「ナチスの脅威」を語るならば

杉原ヴィザの発給がピークに達した八月初旬から、それがほぼ完了を迎えた二十日頃までのシュテインの日記からは、六月下旬にはまださかんに噂されていた独ソ開戦の可能性が人々の心から徐々に薄らいでいく様子が読み取れる。

八月二日。外務人民委員モロトフが今日、演説し〔……〕、ロシアとドイツの友好関係を強調し、ロシアが戦争に介入することはない、と述べた。

八月二十一日。法が発せられ、以後、ドイツ国境から十キロ以内の場所には特別許可なくして立ち入ることが禁じられ、法は数日内に施行される、という。クレティンガ、プルンゲー、タウラゲー、その他、多くの町に関わるものだ。これらの町の住民は、自分がその町の住民であると示す特別なスタンプを証明書に受け、許可証なくして町に入ることができる。
(『資料集』四三、四九〜五一頁)

リトアニア出身のイスラエル人史家ドヴ・レヴィンは、『二つの災厄の軽微な方』のなかで、このようにドイツ国境へのソ連軍の配備がいったん完了したあと、翌一九四一年六月まで、ソ連のメディアが「偉大なる赤軍」の無敵さを事あるごとに華々しく喧伝し続けた結果、ポーランドからリトアニアに避難したユダヤ難民たちの多くも、先立つ三九年秋、同様の無敵神話に彩られたポーランド軍がナチ・ドイツ侵攻の前にあえなく潰滅するという事態を経験済みだったにもかかわらず、ソ連の守りを鉄壁と信じ、ドイツの軍事的脅威に対して鈍感になっていったのではないか、と見る。(9)ヒルシュプルングの回想録にも、ソ連軍の進駐がナチ・ドイツの脅威に対する防御盾になってくれたことを喜び、その防御盾に全幅の信頼を置くことで、仲間たちを奮い立たせ、未来の明るい展望を切り開こうとする、ある「政治通」の難民の言葉が収録されている。一九四〇年六月十五日、まさにソ連軍のバルト三国進軍が始まった、と一斉に報じられたときのことだ。

「ナチスは、イギリス空爆に備え、オランダに基地を建設した模様……」

われわれはこのニュースに衝撃を受けたが、心を落ち着かせる余裕もないまま、ラジオが続けた。「赤軍兵士の大群がエストニア、ラトヴィア、リトアニアに向けて進軍中！」

われわれは、このニュースに唖然としてしまったが、このとき、「悩みの時に生まる兄弟」(10)は難民のなかにあって「政治通」と呼ばれる男で、彼がわれわれの恐怖を取り去ってくれた。

「愚か者ども よ！」と彼が叫ぶ。「何をそんなにしょげ返っているんだ？ 災い転じて何とやらさ！……ソヴィエト占領から、大いなる幸いがもたらされるんだ！」

皆が、その「政治通」に視線を向けると、彼は高笑いした。

「赤軍が、大統領に招かれてリトアニアに進軍中だ。リトアニアはリトアニアのままさ。ソヴィエト軍が国内にいる限り、リトアニアはドイツの侵攻から守られるんだ」
「ヴィザもちゃんと届いて、われわれは移住できるだろうよ」と、「政治通」はわれわれを励まし、われわれはほっと一息ついたのだった。（『資料集』六一～六三頁）

「それでも」と、私の『虚構』刊行後、その概要をおそらくはインターネットなどで知ったのみにして、実物を読破したわけではないと見受けられるある方から、こんな指摘を受けた。「当時、ナチスにまだ占領されていなくても、ドイツと国境を接した国に身を置いているというだけで、ユダヤ人は皆、相当な恐怖を感じていたはずですし、そうした手記や証言を、私はいくつも目にしてきました」

私も、そうした「恐怖」はあったと思う。リトアニアのみならず、ベラルーシやウクライナなど、同じようにソ連の占領下に組み込まれた地域に元から住むユダヤ教徒・ユダヤ人も、一九三九年秋、戦禍を逃れてそれらの地域に逃げ込んだユダヤ難民も、とどまるところ知らぬヒトラーの領土的野心と、ドイツ軍の各戦線での輝かしい戦績を伝える新聞やラジオの報道により、その都度、「恐怖」の感情を心に擦り込まれていたに違いない。しかし、真に問われるべきは、あくまでもその「恐怖」の質なのだ。

同じくヒルシュプルングの回想によれば、

ソヴィエト占領の三日目、通りでは、パンを求めて立ち並ぶ人々の長い「オーチリヅ」〔ロシア語で「行列」〕が目にされた。町は落胆の雰囲気に包まれていた。ソ連人たちは、あらゆる法の条文にものを言わせ、接収、がさ入れ、略奪などの手段も用いて、「ポリャードク」、いわゆる〔ロシア語で言う〕秩序維持を図り始めた。ラジオは、相変わらずナチスの新たな勝利の報をもってわれわれを驚かせ、われわれの傷に塩を摺り込んだ。

難民たちの絶望には、まさに際限がなかった。

（『資料集』六九頁）

このように、ナチ・ドイツの連戦連勝、フランスの敗北に続くイギリスの苦戦の報が、リトアニアのソヴィエト化にともなう監視体制の強化や生活上のさまざまな不便（とりわけ物資の払底）と相まって、難民たちをますます絶望の淵に追いやっていたことは間違いないだろう。しかし、「このままドイツの勢いが衰えなかったら世界はどうなってしまうのか」という、この不安が、そのまま、明日、明後日にでも、自分がナチスに捕らえられて「ガスの部屋」に送り込まれる恐怖に直結していた、とはたして言えるだろうか。

加えて、一九四〇年当時、連戦連勝のナチ・ドイツと境界を接する国に身を置いていたことの「恐怖」の記憶が、戦後、元難民たちの回想や証言のなかで、一九四一年以降に起き、そして戦後になって少しずつ実態が知られるようになった〈かの出来事〉によって変質を被っていないか、今日のわれわれは冷徹に見極める必要がある。

この章で紹介している六人の日記・回想録著者のなかで、その言葉そのものは用いずとも、ナチ・ドイツによるユダヤ「絶滅」への暗示を行なっているのは、唯一、セガロヴィチである。

> 人々は恐れていた。ドイツとロシアのあいだの戦争が予感された。それは、誰よりも難民たちのもとで、いっそう強く予感されていた。彼らは恐怖に毒され、また恐怖でもってすべての物、すべての人を毒していた。カフェや街路にいけば彼らの姿を見ないわけにはいかなかった。彼らの目を見、その言葉を聞かずにはいられなかった。彼らにとって、世界は、日に百回も崩れ落ちていた……。しかし、彼らのことを悪く思ってはいけない。恐怖のうちにあっていかに滑稽でも、また弱さのうちにあっていかに恐ろしくても、結局、その者はユダヤ人なのだ。ドイツが何百万人ものユダヤ人に何をしてきたか、われわれも知っているいま、地獄《ゲイヒンノム》からできる限り遠くへ逃げようとする者の恐怖心は十分理解できるように思える。
> （『資料集』一二九頁、傍点は引用者による）

「人々は恐れていた」、「地獄からできる限り遠くへ逃げようとする者の恐怖心……」

十分にわかる。しかし、この一九四七年のセガロヴィチの回想録をもってしても、一九四〇年夏、リトアニアのユダヤ難民たちが、そのままではナチスの地獄に突き落とされてしまう、という恐怖心に突き動かされて国外脱出を志向し、ヴィザ申請に動き始めた、と主張することは、やはり歴史的に無理なのだ。

おそらく、右の文中で鍵となる表現は「われわれも知っているいま」である。先に著者紹介のなかで述べたように、セガロヴィチは、戦争後半と戦争直後、いまだ英領だったパレスティナのテル・アヴィヴにいて、ポーランドに置き去りにしてきた親族や友人たちの身を思い、おそらく一九四五年十一月、ニュルンベルク裁判が始まってからは、彼らのほぼ疑いのない「絶滅」に、日々、思いを馳せながら、回想録『燃える足跡』(一九四七年刊)を書き上げたのだった。

愛する人々の犠牲に対する、このような思いが込められた著述に歴史考証のメスをふるうこと自体、きわめて残酷な行為ではあるが、やはり指摘だけはしておかなければならない。セガロヴィチも、ほかの難民たちも、そして世界全体も、一九四〇年の時点で、ドイツが何百万人ものヨーロッパ・ユダヤ人に何をしようとしているか、その後の現実どおりに見通すことは、やはりできなかったのである。

もちろん、ナチスによるユダヤ人の迫害、虐待に関する情報は、一九四〇年当時も、ポーランド西部のドイツ占領地区からリトアニアのユダヤ世界へ、切れ切れながらも漏れ伝わっていたことだろう。そして、それはたしかに、すでに十分、「地獄」――ヘブライ語、イディッシュ語共通の「ゲイヒンノム(ヒンノムの谷)」――との表現に相当するものであったかもしれない。しかし、そこから七年の歳月を経た回想録のこの個所に、セガロヴィチがあらためて「地獄」という言葉を持ってくるとき、そこには、その七年のあいだに現実のものとなり、一定の時間差とともに人々の知るところとなった、底へ向かって何段も滑り落ちたかのような「地獄」のイメージが、時間を遡って覆い被せられてしまうのは如何ともしがたいことなのだ。

　セガロヴィチ自身、故意に事の前後関係を入れ替えようとしているわけではなく、むしろ、「知っているいま〔……〕、十分理解できるように思える」という、幾分、歯切れの悪い言い回しをもって、「まだ知らなかった〈あの時〉には理解できなかった」という反転の意味を醸し出している。そして、その「知らなかった」「理解できなかった」自身のお目出度さを、いずこかへと行方不明となってしまったポーランドとリトアニアの無数の親族・友人たちの名において、悔やんでも悔やみきれずにいる〈生き残り《サヴァイヴァー》〉の無念がそこにはある。この無念こそが、七年越しの回想録のなかで、セガロヴィチに「地獄」という言葉を吐かせたのではないだろうか。

### 国外脱出の可能性

　シュテインのヘブライ語日記に「移住」という言葉が最初に登場するのは、七月初めのことだ。

七月四日。イェシヴァー内で、当地から移住する方法について助言や策略を求める大きな動きが始まる。イェシヴァー全体がこれを気にかけ、個々人もまた、それに関心を示している。国内情勢が完全に覆されるのではないか、と非常に心配だ。

(『資料集』二九〜三一頁)

それも束の間、リトアニア政府は、まだソ連の一部になったわけでもないうちから早々に、住民の国外移住の禁止を言い渡した。

七月十日。政府は、国をあとにするための証明書や許可証をすべて無効とする法を公布。この知らせは、移住を考えていた人々のあいだに大きな不安をもたらした。

(『資料集』三一頁)

これにより、テルシェイ・イェシヴァーの学生たちのなかでも、国外へ出られるのは、「キュラソー・ヴィザ」の起源に位置づけられるオランダ国籍者、ナータン・フートウィアトのような留学生に絞られることとなったわけである(『虚構』二三七頁)。しかし、フートウィアトが、七月末、「キュラソー・ヴィザ」を入手し、八月六日には杉原のもとで日本通過ヴィザの受給にも成功したところで、当局から、ほぼ出立の差し止めに近い法令が発せられた。

八月八日。ヴィザを持っていて、この先、七日間にリトアニアの地を去らなかった場合、ヴィザは無効になる、と公示される。（『資料集』四五頁）

ここで言う「ヴィザ」とは、リトアニア政府が発給するリトアニア出国ヴィザを指すものと思われるが、八月三日、正式にソ連に加盟したリトアニア・ソヴィエト社会主義共和国は、その時点ですでに出国ヴィザを取得済みの者を、そもそも新社会の建設には貢献し得ない存在として、一刻も早く国外へ立ち去らせようとしたのだろう。そして、その出国ヴィザ無効令のまさに翌日、八月九日に、新政府の外務大臣グロヴァツカスが、みずからの手で外務省の解体に着手し、その完了期限を八月二十五日に設定したとの記録が残されている（『虚構』二五二頁）。つまり、リトアニア・ソヴィエト社会主義共和国も、ほかのソ連邦の国々同様、外務部の権限をすべてモスクワに移管し、以後、リトアニア国籍者の出国の可否はそのままソ連当局の手に委ねられることになった。

それでもなお、アメリカのユダヤ組織は、リトアニア・ユダヤ教の伝統の灯を、無信仰を国是とするソヴィエト体制から救おうと、高位の指導者たちから始めてアメリカに移住させるべく懸命に手を打とうとした。

八月二十日。噂では、ほぼすべてのイェシヴァーの中心的人物の中から選ばれた個人の名を記した一五〇通の〔入国〕許可証が、アメリカから届いた、という。ここテルシェイには、院長〔アヴラハム・イツハク・ブロッホ〕とラビ・アズリエルの名で届いたらしい。この時期、執行部がイェシヴァーを去ることが適切かどうか、議論となった。特にここでは、もしラビ〔・ブロッホ〕が去ったなら、イェシヴァーにとって大損失となろう。しかし実際のところ、それは先のことだろう。なぜなら、アメリカ領事館がリトアニアから撤収しようとしており、今後は〔ヴィザ発給手続きのため〕モスクワまで行かねばならないだろうし、出国許可を取ることが、いまや全般的に難しくなっているからだ。

（『資料集』四九頁）

私が『虚構』執筆のためにJDC文書を踏査した限りでも、シュテインがここで述べているように、リトアニア国籍のユダヤ教指導者らが出国許可を得て、アメリカなどに移住を成し遂げた例はきわめて稀である。多くは、弟子たちを残して自分だけ出立することを承諾しなかったり、あるいは承諾しても出国許可が下りなかったりして、そのまま残留し、結果として多くの指導者が、一九四一年六月の独ソ開戦以後、いずれかの時期にユダヤ絶滅政策の露と消えたものと見られる。

しかし、外国籍（ほとんどがポーランド国籍）のユダヤ難民たちはまた別であり、みずから進んでソ連人になろうとするのでもない限り、原則として、いつでも出国の可能性は開かれていた。問題はただ、苦労して整えた出国手続きの書類が空手形に終わるのではないか、という危惧、さらには、そうした手続き自体が身柄拘束の口実にされてしまうのではないか、という恐怖心だった。

ヒルシュプルングの回想より。

難民の大多数は、そうしたヴィザを「軽率」とか「アシェル・ヨツェル・パピル（トイレット・ペーパー）」[11]と呼び、その価値について懐疑的であったが、ほかの人々のなかには、「わかるものか。もしかしたら、そうしたヴィザのことで一苦労してみる価値はあるかもしれない」と考える者もいた。

われわれは、何人かのイェシヴァー指導者たちに相談に行った。彼らによると、ヴィルニュスの町の〔ユダヤ教〕指導者たちは、ソ連とあまり友好的な関係にない国〔日本〕へ行くために通過ヴィザを取得することに反対している、なぜなら、それによって〈赤〉の連中の怒りを買いかねないからだ、ということだった……。

（『資料集』七五頁）

ここからも察せられるように、現地リトアニア国籍のユダヤ教指導者たちのあいだには、たとえアメリカのユダヤ組織の手配によりアメリカ入国ヴィザの受給候補者として名前が挙がっている場合でも、みずからの出立によって、あとに残されるイェシヴァーの弟子たちの身にソ連当局の良からぬ目を引きつけるようなことはしたくないし、するべきでない、という意見の持ち主が多かったようだ。リトアニア国籍者ではないため、国外移住が禁じられているわけではない難民のユダヤ教指導者たちも、当初は、その意見に同調する者が多かったのではないだろうか。

セガロヴィチは、ソ連当局が難民たちを外に出した方がいい、と考えているのか、彼らもソ連人となって新社会の建設に貢献すべき、と考えているのか、最後までよくわからなかった、と告白している。

ソヴィエトの権力側自身に聞いてみても、出発できるのかできないのか、分からなかった。回答はその都度異なっており、最初は、

——ああ、もちろん! 出発できますよ。われわれは誰も引き留めたりはしません、あなた方のことなんか必要としていないのですから。

と言いながら、二度目には、

——なぜ出て行こうとするのです? われわれのところにいて、あなた方には何の不足もないでしょう。われわれのところでは皆、働いていますし、あなた方だって仕事が得られるでしょう。

こうした言葉を聞いて、ウッチの職人であれワルシャワの商人であれ、難民は一喜一憂するばかりであった。

(『資料集』一二二～一二三頁)

エプシュテインの回想録には、難民たちは西ではなくて東に目を向け、ロシアを横断して上海に達するべき、という示唆を与えたのが、ソ連当局の意を体する人民委員（コミッサール）であったという、もしも事実とすれば、ソヴィエト・リトアニアからのユダヤ難民の脱出という歴史主題全体にとって重要きわまりない経緯が記されている。文中、ポルトノイとは、ミール・イェシヴァー内にあって渉外を取り仕切っていたことから「大使」の異名をとり、八月五日、「カウナス・リスト」一〇九九番で杉原ヴィザを取得したライゼル・ポルトノイを指す。

ポルトノイは、難民担当人民委員（コミッサール）の事務所で、状況について現実的な方向性を手にしていた。リトアニア政府の難民事務所は、すでにソヴィエトの監視の目のもとで政策を進めていたが、その長に当たる人物は、実のところ難民たちの運命のパートナー、彼らの利益のための良き忠言者と見られていた。ポルトノイは、この難民担当人民委員にうまく取り入り、彼から、西側世界に助けてもらうという考えはまったく現実的ではないという、はっきりとした見解を耳にしていた。その〔西側〕地域の国々はすべて危険に見舞われ、遅かれ早かれ、すべて戦争地域に入ってしまうだろう。よって彼の意見では、東、極東の方向に行く必要がある。つまりロシアを通って上海へ行くための努力がなされるべきだ、というのだった。

彼〔ポルトノイ〕がこの情報をもってケイダイネイのイェシヴァー長のもとへ戻ったとき、彼はまるで詐欺師のように見えたが、実際は運命が彼をそこへ導いていたのだった。

（『資料集』二八七頁）

少なくとも、このソ連人の難民担当人民委員は、一九九二年の映画『命のビザ』のなかで幸子（秋吉久美子）が恐れていたような「反ユダヤ」の人物ではなかったわけである。

## 「キュラソー・ヴィザ」と杉原ヴィザへの言及

本章の課題として最後に残されたのは、当初から日本行きは想定外であったはずのシュテインを除く五人の書き手たちのもとで、ツヴァルテンダイクの「キュラソー・ヴィザ」と杉原の日本通過ヴィザへの言及がなされているか、なされている場合はどのような言葉遣いをもってであるか、確認していく作業である。

＊

まずは、ヒルシュプルングの回想録（一九四四年）より。

道すがら、われわれは、ちょうどカウナスから〔ヴィルニュスに〕やってきた難民の一集団と出くわした。彼らによれば、オランダ領事がオランダ領西インドのキュラソーに行くためのヴィザを出す気になっており、そして、オランダ領西インドに到達するためには日本を通過する必要があるため、日本領事も日本行きのヴィザを提供している。同時に彼〔日本領事〕は、領事館がほごなく閉鎖となるので、ヴィザを一刻も早く取得すべきだ、と忠告している、とのことだった。

われわれは、このニュースの信憑性に疑問を表明した。

「おれはこの目で見た！」と、カウナス・グループの一人がこう確言した。彼は、日本領事が道端で人々を呼び止め、わずか三リタスの料金と引き換えに通過ヴィザを提供しているところを彼自身の目で見た、と請け合った。ほかの人々も一様に、その話は本当だ、と言った。

（『資料集』七一頁）

杉原が「道端で人々を呼び止め」てまで通過ヴィザを提供していた、という記述を、私はここ以外の場所で目にしたことがない。いずれにせよ、これはヒルシュプルング自身の目撃譚ではなく、カウナス・グループの面々からの伝聞である。ツヴァルテンダイクの「キュラソー・ヴィザ」がいつからいつまで発給されたのか、いまだ正確にわかっていないため、この逸話の時期を特定することは困難であるが、確かなことは、カウナスでいち早く「キュラソー・ヴィザ」と日本通過ヴィザの情報をキャッチした人々が、ヴィルニュスにいて、いまだ国外脱出の可能性に懐疑的だった多くの同胞たちを鼓舞するため、多少の尾ひれをつけてでも、それらのヴィザの存在を喧伝しなくてはならない、と勇み立ったことではないだろうか。

当初は懐疑派のひとりだったヒルシュプルングも、こうした人々にさかんに勧められ、ちょうど地元ユダヤ教会衆の資金援助によりパスポートも入手できたところだったため、半信半疑のまま、「キュラソー・ヴィザ」と日本通過ヴィザの取得に動いてみることにした。「カウナス・リスト」上、ヒルシュプルングの名は八月一日に記録されている。

カウナスのユダヤ教徒たちがこれ〔募金の要請〕に応じてくれ、われわれは必要な額を集め、パスポートを手配した。

パスポートを手に、われわれはオランダ領事のところへ行き、われわれの〔ハフメイ・〕イェシヴァーの全学生のため、難なくヴィザを取得した。

オランダ領事館から、われわれは日本領事館へ行った。

領事館の建物の前には、何百人もの難民がぎちぎちに立ち並んでいた。われわれもその巨大な人混みに加わったが、それは分ごとに大きくなっていった。

日本領事館の館員たちが、その巨大な群衆に向かって、さまざまな方向から写真機を向けた。

写真機は、難民たちを恐怖と懸念で満たし、彼らは互いに、何のための写真なのだろう？　と問いかけるのだった。そして、すぐにその答えにたどり着いた。それは恐怖のプロパガンダのためなのだ！　つまり、日本の報道機関向けに、ソ連に逃げたナチスの犠牲者たちが、いかにソヴィエト体制に失望し、移住ヴィザを求めて外国領事館の門を叩いているか、描き出してやるためなのだ、と。
　難民たちは新たな恐怖にとりつかれた。ソ連人が、反ソヴィエトのプロパガンダにみすみす利用された、として、自分たちのことを罰するのではないか、という恐怖である。〔……〕
　その間、列に並びながら、私は次のようなことを耳にした。
（一）ヴィルニュスからカウナスへ、難民たちがヴィザを求めて移動を続けており、彼らはシベリア送りの罰などまったく恐れていないこと。
（二）多くのイェシヴァー学生が地方の町からヴィルニュスに戻りつつあること。
（三）イェシヴァー指導部が、資金不足のため、われわれのイェシヴァーへの支援金を停止したこと。
（四）ガオン、ラビ・ハイム・オゼル[12]の老い先は短く、「ジョイント」が公式に閉鎖したこと。
　こうした情報から、難民たちがヴィザを求めてカウナスに押し寄せつつある理由が私の目にははっきりとし、私は、われわれのイェシヴァーの全学生のためにヴィザを取得してやった。

（『資料集』七七頁）

〈その時〉から四年以内に記録された現場の状況として、きわめて興味深い。

われわれも、一連の「命のヴィザ」関連書物の口絵などで、領事館の柵越しにこちらを見つめるヴィザ申請者たちの写真を目にしてきた。しかし、写真を撮られる側、少なくともヒルシュプルングを含む数名の人々にとっては、その写真機そのものがすでに「恐怖と懸念」の対象であった。日本領事館の狙いは、そうした写真を本国へ送り、「ソ連に逃げたナチスの犠牲者たちが、いかにソヴィエト体制に失望し」ているか、という反ソ・ネガティヴキャンペーンの材料にすることであるに違いなく、翻って、ソ連の側では、そのようなキャンペーンにみすみす材料を提供した、として、ヴィザ申請者たちを罰しにかかるのではないか、と恐れられたのだ。

ともあれ、ここに、ナチスによる迫害を逃れてリトアニアに避難した人々が、そのソ連体制にも失望してヴィザを求め始めた、とはっきり記されているではないか。

さらに、列の最後尾につけた時点ではまだ半信半疑だったヒルシュプルングが、並んでいる最中に耳にしたことをつうじて、「難民たちがヴィザを求めてカウナスに押し寄せつつある理由」が完全に腑に落ちた、と述べている点も重要だ。その理由とは、明日にでもナチスに捕まってガスの部屋へ放り込まれるから、などではなく、精神的支柱だったラビ、グロジンスキの重篤、JDCヴィルニュス事務所の撤収を含め支援金打ち切りの見通し、そして、もはや多くの難民が、ヴィザ申請によるシベリア送りを恐れている場合ではない、と頭を切り替え始めたこと、それらすべての要因が縒り合わされたものだったのだ。

「ナチスに追われるユダヤ難民の群れは必死にヴィザを求めた」といった「命のヴィザ」本のキャッチコピーが、いかに現実からかけ離れたものであったか、これ以上、明瞭に示してくれる記録はない、といってよい。

＊

セガロヴィチによる一九四七年の回想録では、いくら北欧の国とはいえ、「秋になった」という季節の指標と、八月二十五日までに撤収を命じられた各国領事館の描写とが、いくぶん前後関係の齟齬をきたしているようにも見えるが、ともかく日本領事によるヴィザ発給の事跡には言及がなされる。


そのうち秋になった。空は灰色になり、難民たちは、ただ呆然と歩き回っていた。本当は誰も外に出してやるつもりなどないのさ、などと言われていた。しかし、それは本当ではなかった。新しい手続きが始まったのだ。当局は、多くの難民を呼び出し、彼らと長い会話を交わすようになった。「どこに行くのか?」「誰の元へ行くのか?」「なぜリトアニア、あるいはロシアに留まりたくないのか?」などなど。

そのあと当局は、すべては順調であり、彼らは出立を許可されるだろう、と約束した。しかし、それはいつのことなのか? 何日も、何週間もが過ぎた。その時の彼ら、難民たちの姿を見るべきだった。やつれた顔、落ち込んだ目。まさにヴィザ人間。ロシアの出国ヴィザに加えて、どこかの入国ヴィザも必要だった。人々は各国領事館を包囲し、中には無理矢理、超人的な力でヴィザをもぎ取る者もいた。だが、領事館はすでに荷造りを始めていた。リトアニアは、もう他のソヴィエト諸国との統合に同意したので、そんなカウナスに領事を置く必要はないのだ。最後の数日、一部の領事が箍《たが》を緩め、少しばかりヴィザを出してくれた。日本領事は、誰一人にも拒むことなく、数日間、差し出されたすべてのパスポートにスタンプを捺した。ほんのわずかの料金で、彼はヴィザを発給した。多くの人がそれを手に入れた。私は、そんなヴィザを信用しなかった。のちになって、何でも与えられたものは掴み取っておくものだ、ということがわかったのだが……。（『資料集』一四七〜一四九頁）

「のちになって」とは、翌四一年の初めになり、ソ連当局から一斉に出国ヴィザが出されるようになってから、という意味であるが、前年の七月、八月の時点で、セガロヴィチは、日本通過ヴィザや、ここでは言及さえされていない「キュラソー・ヴィザ」の価値に信を置いておらず、みずからその取得には動かなかった。

よって当然、その発給主たちに対する謝意のたぐいも一切、表明されていない。

＊

みずから日本通過ヴィザを取得しなかったにもかかわらず、それに言及だけはしているセガロヴィチとは対照的に、実際に日本通過ヴィザを取得したロトンベルグは、八年後、一九四八年の回想録のなかで、そのヴィザについては一言も触れておらず、当時、難民たちの国外脱出の成否の鍵は、あくまでもアメリカの関連団体とソ連のNKVD（内務人民委員部）の手に握られていた、と強調する。

あの頃、各国の領事館だけが、開かれた自由な世界へと通ずる、閉ざされた小さな窓だった。確かに何重にも鍵のかかった窓であったが、もしかしたら、何か奇跡が起きるかもしれない。このままじゃ酷すぎる。何か奇跡が起こるはずだ。何人か、限られた幸福者は、アメリカやスウェーデンのヴィザを手に入れ、NKVDから通過許可も取得していた。それはつまり、奇跡が起こるのを期待してもいいということだ。

その頃、アメリカ、その他、全世界に向けて、「ユダヤ人よ、助けてくれ、できる限りのことをしてくれ、われわれは生きたいんだ」と叫ぶ電報が、洪水のごとく打たれていた。もちろん、電報の文面にはっきりそう書いてあるわけではない。しかし、リトアニアから発せられる生死にかかわる電報のなかで、アメリカ、その他の国々のユダヤ世界に向けて、奈落の縁で最後の力にしがみつこうとする人々の悲痛なSOSが叫ばれていたことは確かだ。それらのSOSは、大いなる同情をもって聞き届けられた。各地のユダヤ組織、あるいは親族・友人から、すぐに返事が来た。われわれブンドの仲間、「ポアレイ・ツィオン」のメンバー、作家、ジャーナリストたちの多くが、ニューヨークの「ユダヤ労働委員会」のおかげでアメリカへの推薦ヴィザを受け取った。しかし、もう一つ、一番大事で、もっとも決定的な返事をもらわねばならなかった。つまり、NKVDが出国を許すかどうか、その返事である。（『資料集』二四五〜二四七頁）

＊

ミール・イェシヴァーのエプシュテインによる一九五六年の回想によると、彼のイェシヴァーのほぼ全員に日本通過ヴィザが発給されるにいたった経緯には、ドイツ出身のイェシヴァー学生モシェ・ズプニク(13)と、杉原の秘書をつとめるドイツ人（ないしドイツ系リトアニア人）、ヴォルフガング・グッチェのあいだに成立した個人的親近感が大きくものを言ったようである。

彼ら〔ミール・イェシヴァーの構成員たち〕は、リガにいるオランダの公式領事〔ド・デッカー〕の命に従うオランダ名誉領事、フィリップ・ラジオ氏〔ツヴァルテンダイク〕からヴィザを受け取ったが、それは、実際のところ、彼らがその国に滞在する権利があることを示すヴィザではなかった。そのヴィザは、「ヴィザ保持者」がキュラソーやアメリカのオランダ領の島々に入ることを妨げない、という一種の見解を示したものにすぎなかった。これらのヴィザをもって、彼らは日本領事のところへ行った。もちろん、領事たちに対する照会は、イェシヴァーの役員たちによる秘密の忠言を受けた後に行なわれていた。彼らの命をうけ、フランクフルト出身のイェシヴァー・メンバー、モシェ・ズプニク氏は日本領事館へ行き、ドイツ出身者として、ドイツ＝バルト混血の領事館秘書ヴォルフガング・グッチェの好意ある態度を見出した。

（『資料集』二八八〜二八九頁）

この点に関し、グッチェ自身の証言などを探し求めても、私の知る限り、彼の戦中、戦後の足取りさえ、いまだ不明のままである。

＊

最後は、エデルシュテインが一九六〇年代前半に書き記したとおぼしき回想録の一節である。

多くの難民らは、このヴィザを受け取るため日本領事館の傍に列をなした。難民の多くは、彼ら〔ヴィザを取得した難民たち〕のことを嘲笑い、その件全体を完全な軽蔑心とともに扱った。ヴィザをもらった難民たちは、日本ではなく、シベリアに行くことになるだろう、と彼らは主張した。しかし、結果として、ヴィザを取得したすべての人々がロシアを発ち、日本へ移動して、そこで戦争の終結まで滞在することができたのである。彼らのことを馬鹿にした賢者たちは、まだ間に合ううちに日本ヴィザを取得しようとしなかったことを深く悔いた。この事実は、戦時には、理屈を持って熟慮するのではなく実行に移さなければならない、ということを再び証明したのである。

（『資料集』三三二頁）

「ヴィザをもらった難民たちは、日本ではなく、シベリアに行くことになるだろう」――これが、一九四〇年夏、ナチスの魔手、アウシュヴィッツ、言葉以前の〈ホロコースト〉の脅威に怯えて日本領事館に列をなした人々を軽蔑、揶揄、嘲笑するために口にされる言葉であろうか？ そもそも、いったんナチ・ドイツの脅威を逃れてリトアニアに落ち延びた難民たちのうち、仮に一部の人々が、それでもまだナチスが怖い、といって日本へ逃げようとしているのだとしたら、その挙動が仲間たちに「馬鹿に」されなければならない理由がいったいどこにあるだろう？

## 「一・五次資料」と「二次資料」のあいだ

以上、「命のヴィザ」言説の誕生以前、一九六〇年代までの回想録に描かれた〈あの時、あの場〉を追跡してきた。見てのとおり、そこにはっきりと姿を現している言葉以前の「命のヴィザ」の、その「命」を脅かすものが何であったか、という点をめぐって、同時代ないし時間的に近いところから綴られたこれらの書き物には、実のところ一点の誤解の余地もないのである。

ずいぶんと遅きに失してしまったが、この「ボタンの掛け違え」が永久に正されないよりはましである。おそらくは、英語やドイツ語でなくヘブライ語とイディッシュ語で書かれた、という理由により（とはいうものの、それら二語がまさに「ユダヤ」の言語であるのだが）、これまで長く顧みられることのなかった、これらリアルタイム、ないし至近距離の記録に立ち返って、一九四〇年夏、リトアニアの状況を捉え直すところから、すべてやり直しだ。

私が『虚構』の随所で繰り返さねばならなかったのは、「命のヴィザ」の主題にとって一次資料が持つ至高の重要性である。

一九四〇年七〜八月、リトアニア、カウナスの日本領事代理・杉原千畝による日本通過ヴィザ発給の事跡は、〈その時、その場〉の視点、つまり一次資料にもとづく歴史考証の目からすれば、いかにしてもユダヤ・ジェノサイド——いわゆる〈ホロコースト〉——に直接関連づけられるべきものではない。

（『虚構』、二二三頁）

後代のわれわれが、その揺れ動き、横ずれし、入れ替わる千畝、幸子の記憶を絶対視あるいは神聖視し、それを歴史の現実と突き合わせる手間を怠りながら——ときには〈あの時、あの場〉に直接由来する一次資料を二人の記憶の前に跪かせさえしながら——、現実には「なかった」歴史を「あった」ものとして、書物、報道、公共放送、映画、記念展示、公式典、そして何よりも学校教育の素材として再生産し続けていくとき、そこには、いくばくかの誇張や美化の範疇として済ませることのできない重大な責任が発生する（すでに発生している）。（同、二七七頁）

本章で扱ってきた六つの文献中、厳密に「一次資料」の名に値するのは、ハイム・シュテインによるヘブライ語日記のみかもしれない。そして、その他五名の元難民たちによる回想録は、一九四〇年の夏という〈その時、その場〉からの時間的距離がいかに短いとはいえ（ヒルシュプルングのものにいたっては第二次大戦終結以前である）、やはり「事後」になされた記憶の産物として、すでに「二次資料」の範疇に属しつつあるものなのかもしれない。

しかし、私の目には、こと「命のヴィザ」の主題に関し、「虚構」の誕生と流布に大きく寄与してしまった要因として、これら元難民たち自身による、時間的にきわめて早い時期に属する証言、回想の数々が、おそらくは言語の壁が第一の障害となり、一般にほとんご知られることも読まれることもなかった、という点が真っ先に問題視されるべきと思われる。つまり、続けて第三章で見ていくとおり、日本において「命のヴィザ」言説の誕生と流布に大きく貢献したとおぼしき『朝日新聞』の記事(一九六八年)やフジテレビの番組(一九八三年)、さらには世界規模で「命のヴィザ」言説の通俗化を成し遂げたトケイヤー、スウォーツの共著『河豚計画』(一九七九年)などの記述を歴史的に支える根拠として、シュテインの日記のような正真正銘の「一次資料」はおろか、その他五名の元難民が残してくれたような、限りなく「一次資料」に近い意味をもつ事後の書き物が援用された形跡がまったくもって見当たらないのである。

いたずらに造語に走るべきではなかろうが、ヒルシュプルング、セガロヴィチ、ロトンベルグ、エプシュテイン、エデルシュテインのように、事の当事者たちが、いまだ〈その時、その場〉の記憶を生々しく保ちながら書き残した文献を仮に「一・五次資料」と呼び、それを、みずからは当事者でなかった人々、あるいは、たしかに〈その時、その場〉に身を置いていたとはいえ、当事者というにはまだ若すぎたり、幼すぎたりした人々が、のちに伝え聞きにみずからの推論や想像を織り交ぜつつ構成した「二次資料」とはっきり区別することにするならば、一九四〇〜四一年、リトアニアを避難地としたポーランド・ユダヤ人たちと、彼らの生死の境を決定づけた、と一般に語られてきた「命のヴィザ」をめぐる言説の形成過程は、「一・五次資料」から「二次資料」への不連続によって特徴づけられるということを、本書全体の流れのなかで理解していただけるものと思う。

第三章

3

# 「命のヴィザ」の誕生

## 最初の賛辞　1944-1956

前章のために最重要の典拠のひとつとなってくれた、ミール・イェシヴァーのエプシュテインによる回想（一九五六年）から、少し長く引用する。

日本ヴィザの取得の一件は、きわめて劇的なものであった。それまで、カウナスには日本領事がいたためしがなかった。まるで神秘のように、突然、領事がそこに現われて、絶望した難民たちの救いの天使となったのである。日本領事との最初の面会においては、有望な見通しが示されず、領事は、たとえ彼がヴィザを出しても、ソ連政府が彼らの国からの出立を許さないであろうと強調し、その証拠として、出国許可を得られなかったオランダ領事自身のことを指摘した。現下の状況では、難民たちにヴィザが与えられることは無理そうであるが、彼の心は、自分たちの未来全体を出立に賭けているラビや宗教人たちの心痛を共有している、と彼は強調した。加えて、彼は、彼らが日本へ到着したとき、本当にアメリカに移住する可能性があることを示す証拠を求めた。これにイェシヴァー代表のズプニク氏が答えて、アメリカ移住のための手続きが完了し、彼らの船も準備されているという、イェシヴァー指導者、ラビ、カルマノヴィッツ[1]からの電報を持っている、と述べると、領事は、困惑気味に肩を揺らした。「船に関しては、今、非常に難しいことになっている」……「あなたが受け取った船に関する電報を見せてください」と彼はイェシヴァーの代表に言った。ズプニク氏が、いくつかの理由により、電報の中身を明かすことは難しいのだ、と彼に説明すると、領事は、東京の政府からの特別な指示なしで決断することはできない、とようやく答えた。その東京からの返答は、どうやら前向きなものであったらしく、領事は、彼らがアメリカに移住する可能性の証拠を示すことを条件として、ヴィザを発給することに同意した。ヴィザの発給は、丁寧な雰囲気の中で行なわれた。領事は、彼の秘書〔ヴォルフガング・グッチェ〕がこなさねばならない書類仕事の多さを見て、ズプニク氏に微笑みかけ、こう言った。「彼が忠実な男であることはわかっている。彼の手に印をもたせよう」。そこで、ズプニク氏は、二週間のあいだ、毎日、日本領事館に通い詰め、ミール・イェシヴァー構成員たちの書類にヴィザのスタンプを捺す作業に加わった。作業が終わり、ズプニク氏が領事館秘書に感謝の言葉を述べ、彼に何をもってお礼したらよいか、と尋ねると、彼は答えた。「実は、私はナチ党員なのだが、ユダヤ人のことではヒトラーに反対している。とくに、宗教的なユダヤ人のことに関しては。今のところ、結末がどうなるか、知ることはできない。世界の政治状況は回転する車輪のようなもので、ドイツの幸運も、そのうち反転するかもしれない。私の願いは、ドイツ人にとって困難な時期になったら、あなた方が、かつて私があなた方にしたことを思い出してもらいたい、ということだ」。それから数日して、日本領事はカウナスを去って行った。彼がやって来たことを誰も知らなかったように、彼がそこから出発したことも、誰も知らなかった。それはあたかも、みずから使命を果たしに、彼が天から送り込まれたかのようだった。

（『資料集』二八九～二九〇頁）

一九五六年、ヘブライ語で公にされたこの追想が、私の知る限り、杉原千畝、ならびにその秘書グッチェ（いずれも、いまだ名を伏せたままながら）に対する賛辞、謝辞として最初のものである。

一九六〇年代前半に書かれたとおぼしきエデルシュテインの回想録でも、「救いの天使」「天から送り込まれた」といった表現の酷似が見られることから、おそらくエプシュテインの記述が下敷きにされたものと思われる。

この日本ヴィザの取得こそは、もっとも驚くべき出来事であった。その時まで、日本領事はカウナスに駐留したためしがなく、その日本領事は、あたかも、摩訶不思議に突如そこに現われて、絶望する難民たちの救いの天使になったかのようだった。数日も経たないうちに日本領事はカウナスを去っていったが、彼がいつやって来たのか、誰も知らなかったように、彼がいつ去ったのか、知る者はなかった。まるで、この使命を果たすために天から送り込まれたかのようだった。

（『資料集』三三〇頁）

エプシュテインの文中、「東京からの返答は、どうやら前向きなものであったらしく」という部分や（何度も本省の拒否にあったのではなかったか？）、エプシュテイン、エデルシュテインに共通する「彼〔日本領事〕がいつ去ったのか、知る者はなかった」というくだりなどが（カウナス駅のプラットホームまで人々が押しかけてヴィザの署名を求めたのではなかったか？）、従来の「命のヴィザ」言説とのあいだに露呈しているずれを指摘する作業はもはや十分だろう。

ここでは、重ねてヴォルフガング・グッチェのその後に関する情報が皆無であることを悔やむと同時に、杉原千畝に対して、一九五〇年代という早い時期から、「救いの天使」との頌詞が差し向けられていることを——あくまでも、それが何からの「救い」であったのか、時系列の上で取り違えることなく——確認しておこう。

ポーランドからリトアニアへ、リトアニアから日本、そして上海へ、常に集団行動を基本としたミール・イェシヴァーの関係者（家族、同伴者を含め、私の資料調査によれば三百人規模）のあいだでは、おそらく、「あのとき、日本人の住民などひとりもいないカウナスに日本領事館があったこと自体が奇跡だった」、「あの日本領事が示してくれた理解もさることながら、大量のヴィザ発給業務を任されたドイツ人の秘書が、ナチ党員ながら反ユダヤではなかったことが幸いだった」などと早くから囁き交わされていたに違いない。エプシュテインの回想は、そのミール・イェシヴァー全体に共有された「奇跡」の感覚を代弁するものだったのだろう。

しかし、同じイェシヴァーでも、ハフメイ・イェシヴァーに属するヒルシュプルングの回想録（一九四四年）では、賞賛と感謝の気持ちが、また別の日本人に差し向けられている。ヒルシュプルングと彼のイェシヴァー仲間たちが、一九四一年、神戸滞在中に肝胆相照らす仲となったとおぼしきプロテスタント神学者、小辻節三（一八九九〜一九七三年）である。

日本について語りながら、私は、日本人の教授、アヴラム・小辻について、数語、記さずにはいられない。

言葉も生活様式も異なる日本という外国に到着した時、われわれは、一人の心温かい友、ユダヤ教徒の友、なおかつトーラーの友に出会った。

彼は、われわれに大きな愛情と敬意を示し、われわれを助けるため自分にできることをすべて行なってくれた。彼のおかげで、日本はわれわれにとって、始めに思

い描いていたよりもずっと家庭的な場所となった。（『資料集』九三頁）

紙幅の制約により、小辻節三が日本滞在中のユダヤ難民たちをどのように助けてくれたとヒルシュプルングが回想しているか、『資料集』からの引用は控える。興味深いのは、ヒルシュプルングが、このように回想録の末部で小辻節三に対する賛辞を「数語」どころか延々と繰り広げておきながら、カウナスの杉原千畝の行ないを評価する言葉は一言も述べておらず、むしろ前章で見たとおり、カウナスの日本領事館は、自分たちがヴィザ申請に詰めかけた様子を写真に撮って、反ソ・反共のプロパガンダとして利用しようとしていたのではないか、と猜疑の目さえ向けていることだ。

つまり、同じユダヤ難民たちのあいだでも、事物の解釈や人物の評価の仕方は決して均一ではなかった。先に見たように、杉原ヴィザの取得に動かなかったセガロヴィチは、その価値を信用していなかったからである、という理由を述べるためにヴィザに言及し、かたや、実際にヴィザを取得したロトンベルグは、回想録全体をつうじて一度も、そのヴィザの存在や有効性如何に言い及ぼうとしなかった。同様に、ミール・イェシヴァーのエプシュテインが、杉原を「救いの天使」と褒め称える一方、日本滞在中、その名を耳にしなかったはずがない小辻については無言で通すのに対して、ハフメイ・イェシヴァーのヒルシュプルングは、カウナスの日本領事が「道端で人々を呼び止め」てまで通過ヴィザを提供していた、という伝聞を自らの回想録に織り交せておきながら、その

「杉原ヴィザ」の価値如何については無言のまま、もっぱら小辻の方を、恩人、「トーラーの友」として称揚するのである。

第二次大戦の終結も待たずしてカナダで刊行されたイディッシュ語回想録の最後を、ヒルシュプルングはこう締めくくっている。


私がカナダにやって来たとき、私は小辻教授が殺害された、ということを地元の新聞で知った。

私の推測では、ナチスの手先ないし日本の軍国主義者らが彼を厄介払いしたのではないか、と思う。

安らかに眠れ（終わり）

一九四四年、カナダ、モントリオールにて。

（『資料集』一〇一頁）


世界じゅうに散り散りとなって新たな定住先を見つけた元・難民のユダヤ教徒・ユダヤ人たちが、戦後、それぞれの戦時体験を綴ったイディッシュ語やヘブライ語の手記を、互いにどの程度読み合っていたのか、私には具体的に想像しかねる。ただ、少なくともこのヒルシュプルングのイディッシュ語回想録を読んだ元・難民たちは、どうやら、あの日本人の恩人、小辻教授は、ナチスもしくは日本の軍国主義者の手で亡き者にされたらしい、との情報をほぼ間違いないものと受け止めて、一九四〇年代後半〜一九五〇年代を過ごしたと思われる。

## 小辻節三のユダヤ教改宗 1959

しかし、それはまったくの誤情報だった。

自叙伝『東京からエルサレムへ』(一九六四年)のなかで小辻自身が述べているところによれば、ある時期以来、ユダヤ教への改宗を切願していながら、戦後、その機会と資金(エルサレムへの旅費)に事欠いたまま鎌倉に蟄居していた彼のもとへ、一九五七年、イスラエル国の「改宗異邦人とユダヤ教の世界普及のための協会」会長イスラエル・ベン゠ゼエヴから招待状が届いた。妻と娘の深い理解に支えられ、自宅を抵当に入れてまで旅行資金を工面し、一九五九年八月、イスラエル国に渡った小辻は、同年九月、エルサレムのラビ法院での考査に見事合格し、齢六十にしてユダヤ教徒としての新しい人生を歩み始めることとなった。同年十二月、アメリカのユダヤ諸団体の招きにより、アメリカに飛び、以後半年間、アメリカ各地とメキシコを巡回して講演を行なった末、一九六〇年七月、日本に帰国している(『資料集』二九四頁)。

右のヒルシュプルングの回想録をもとに小辻・死亡説を受け入れていた元ユダヤ難民たちのあいだにも、「あの小辻教授が生きていた」、「念願叶って日本人初のユダヤ教徒となられた」という朗報が、このとき、一気に拡散したことであろう。

一九六〇年七月十二日、『朝日新聞』の「人」欄に「ヘブライ文化本部をつくる　小辻節三」が掲載された。「横浜港大桟橋で」という写真のキャプションから推して、アメリカから船で横浜港に着いた小辻を『朝日新聞』の記者が待ち受け、その場でインタヴューをしたものと察せられる。

「ユダヤ人を恐ろしい民族のように印象づけたのはナチスドイツと組んだ日本軍閥だったのです」感情を殺して穏やかに話すが、一本強い筋が通っている。気に食わないのがそばでおしゃべりすると、口もきかない。〔……〕

日華事変の時、松岡洋右満鉄総裁に頼まれ満州でユダヤ人宣ぶ〔撫〕工作を一年余り。同総裁の外相就任で帰国した。第二次大戦中は鎌倉の自宅で研究に専念、その間ユダヤ人と結託してスパイをやっているというので、憲兵と特高につけねらわれた。ドイツを追われ日本に来たユダヤ人の面倒をよくみた。

滞在期間が十日から二週間に限定されていたのを外務省や神戸、横浜の地元警察へかけ合い、落ちつき先のアメリカのビザがとれるまで延ばしてやったりした。

こんご東京にヘブライ文化本部を設立するためイスラエル、アメリカを十一カ月間、一文なしで遊説旅行をすることができたのも、こうした人たちに〝恩返しの招待〟をうけたからだ。アメリカでは四十数回も講演し、テレビやラジオにもひっぱり出され〝ユダヤ人の慈父〟とまでいわれた。イスラエルではユダヤ教の割礼をう

け、日本人ただ一人のユダヤ教徒となった。（『資料集』二九五頁、傍点は引用者）

目下、私の資料調査が及んでいる限りにおいて、第二次大戦期の日本に到来したユダヤ難民をめぐり、戦後、日本の公論の場で言及がなされた最初の例が、この『朝日新聞』の「人」欄である。もっとも、右に傍点を付したように、『朝日新聞』の記者の言う「ドイツを追われ日本に来たユダヤ人の面倒を」という個所は事実誤認であり、小辻が神戸のユダヤ共同体からの要請を受けて面倒を見ることにしたのは、もっぱらリトアニアを経由してやってきたポーランド・ユダヤ難民たちである。戦後日本にあって、戦時期のユダヤ難民に関する（現在突き止められている限り）最初の活字情報において、すでに、「ユダヤ人の慈父」たる小辻が、共産主義体制の脅威を逃れてリトアニアを脱してきた人々ではなく、ナチスの脅威のもとでドイツを追われてきた人々に〈救い〉をもたらしたと、ボタンを一個、あるいは数個、掛け違えたかたちで言説が形成され始めていたことは、きわめて意味深長である。

むろん、そのボタンの掛け違えの原因を特定することは不可能であるが、状況的に見て、その年、一九六〇年の五月にアードルフ・アイヒマンがアルゼンチンで逮捕されてイスラエル国へ護送された、との報が日本の新聞界をも電撃的に駆け巡った直後とあって、『朝日新聞』の記者が、小辻の戦時体験をその歴史に結びつけておくことに話題性の価値を見出した結果と推測することもできよう。

月が変わって八月七日号の『週刊読売』でも、二ページ見開きで小辻の特集記事「〝ユダヤの慈父〟と慕われて　ヘブライ文化本部日本代表に指名された小辻氏」が組まれた。

昨年〔一九五九年〕の九月、ユダヤ教高揚教会の招きで、ユダヤ人の母国イスラエルをおとずれた小辻氏は、エルサレムで教会を建てる儀式に招待された。式場にはいると、イスラエルのバル・ハッヒ〔ヴァルハフティグ〕宗教大臣が、小辻氏をみて、いきなりかけ寄って抱きついた。十八年前、バル・ハッヒ氏が日本に立ち寄ったとき、小辻氏は親切に面倒をみてやったことがある。大臣は、小辻氏のことを〝ユダヤ人の慈父〟のような人であるとあいさつ。少年少女たちは、小辻氏のサインを求め、ほおにキスする婦人もあった。イスラエル各地を回って、昨年の十二月、アメリカにわたったが、在米ユダヤ人は、小辻氏を同じユダヤ人である〝同郷人〟として迎えた。全米ユダヤ会議の席上では、六百人の代議員から紹介され、ヘブライ文化を世界に紹介する機関「ヘブライ文化本部」の日本代表に指名された。小辻氏にとっては、ヘブライ文化研究家としての〝最高の栄誉〟だった。

**戦時中はスパイ扱い**

この日本の〝ユダヤ学者〟が、こんなに歓迎されるというのは……。太平洋戦争前の昭和十五年にさかのぼる。当時、ナチスに追われ、アメリカにのがれるユダヤ人の避難民たちが、日本に滞在した。滞在期間は十日から二週間に限られていたので、落ちつき先のアメリカ行きのビザをとることはかなりむずかしかった。避難民にとってたよりになるのは、ユダヤ人に〝愛情〟をいだいているヘブライ文化研究家の小辻氏だけといってもよかった。

「外務省に滞在延期の許可をたのむ」

当時鎌倉市長谷に間借り暮らしをしていた小辻氏のもとに、ユダヤ人たちはよく電報を打ってきた。小辻氏は外務省に交渉にいった。しかし、軍部のニラミがきいているためか、外務省はなかなか応じてくれない。ねばり強くがん張ったが、ムダだった。が、あきらめないで横浜や神戸の地元警察にじかにかけ合って、やっと滞在を延期してもらってやった。バル・ハッヒ宗教大臣も、小辻氏に見送られて横浜港を離れていった一人。そのときのハッヒ氏は、顔はやつれ、服はよごれて文字通り着のみ着のままの避難民だった。こうしたユダヤ人の面倒をみているので、近所の人たちからも警戒されるようになった。〔……〕

迫害されているユダヤ民族を広く国民に訴えようと、著書『ユダヤ人の姿』を出版した。戦争中の昭和十八年のことで、発刊後、当時の内閣情報局から呼びだしを受けた。ヒトラーとナチスを批判しているというのだった。同時に特高が小辻氏宅にはいりこんで捜索、著書や執筆中の原稿について内容を詰問した。が、小辻氏はやはり内容を書き改めないで通した。その後も特高、憲兵が尾行して監視を続けた。

「戦時中は、不愉快でしたよ」

と述懐しているように、すっかりスパイなみに扱われていたようだ。しかし

「ユダヤ人は恐ろしい民族のようにいわれるが、これは、ナチスと組んだ日本の軍閥が印象づけたものだ」

とユダヤ人を信じ、ヘブライ文化の研究を変わりなく続けていった。こんな戦時中に、ユダヤ人に寄せるあたたかい友情と力強い信頼感――これが、ナチスに追われたユダヤ人の間に、小辻氏に対する深い印象となって広まっていった。こんごのイスラエルとアメリカへの旅は、ユダヤ人の〝恩返しの招待〟だったのだ。

（『資料集』二九六～二九七頁）

『朝日新聞』の「人」欄に続き、戦後の日本に戦中のユダヤ難民の事跡を伝えるこの第二号の報道でも、やはり、小辻が面倒を見たユダヤ人たちの日本避難は「ナチスに追われた」がゆえのことであり、リトアニアから日本へ向かうこと自体の目的が、ソ連全体主義の脅威から脱することにあったという文脈は完全に伏せられてしまう。以後、今日にいたるまで、先のヒルシュプルングの回想にあった、「ソ連に逃げたナチスの犠牲者たちが、いかにソ連体制にも失望し、移住ヴィザを求めて外国領事館の門を叩いているか」という一文が、過去の事実の認識に役立てられる余地は、早くも完全に失われてしまったかのごとくだ。

るからだ。

## 小辻節三による杉原死亡説 1959-1964

「命のヴィザ」言説の生成過程との兼ね合いにおいて、一九五九年、小辻のイスラエル国滞在と、翌一九六〇年にかけてのアメリカ巡回講演は、間接的ながら重要な意味をもつ。のちの一九六四年に刊行された自叙伝『東京からエルサレムへ』のなかで、小辻が、いまだ姓のみながら「スギハラ」の名を掲げつつ、同時に杉原の死亡説をも示唆してい

一九四〇年七月、彼ら〔神戸の先住ユダヤ人たち〕の平穏な生活が、突如として、ウラジオストクから流れ込んでくる難民たちの洪水によってかき乱された。それはさまざまな場所からやって来た人々であったが、ほとんどはポーランドとリトアニアのユダヤ教徒・ユダヤ人で、リトアニア、カウナスにあって、スギハラという同情的な日本領事からなんとか日本ヴィザを手に入れた人々であった。スギハラは、その後、行方不明となった。もしかするとドイツ軍に殺されたのかもしれない。一九四〇年にもなると、当然、ヨーロッパ各地の港はすべて閉鎖されていた。これらのユダヤ人は、シベリア横断鉄道に乗って東へ移動したのだ。その多くは、文字通り、ヨーロッパ発最後の列車に乗ってやって来た人々だった。そのほとんどが男だったのは、女子供は多くの場合、旅の過酷さについていけなかったからであり、

また、ナチスの手中にあってもっとも大きな危険にさらされているのは男たちである、と感じられていたからでもある。（『資料集』三〇八〜三〇九頁、傍点は引用者による）

まずもって、一九四〇〜四一年当時、小辻がリトアニアから日本にやって来たユダヤ難民たちと触れ合うなかで、彼らの口から「カウナスの日本領事」という言葉が発せられるのを聞き、彼らのパスポートや国籍証明書の上に署名、捺印された杉原ヴィザの実物をも見せられていた可能性が高い。そのときから、小辻自身、そのような切羽詰まった状況で難民たちのリトアニア脱出願望――それがナチ・ドイツの直接的な脅威から逃避するためだったのか、ソ連体制による不利益と身の危険から逃れるためだったのか、事実認識の正否はともかくとして――を叶えてやろうとした「同情心の篤い」外交官がカウナスにいたことを、同じ日本人として誇らしく思ったことであろう。

ただ、その後、二十数年間、小辻の杉原に関する認識はそこに留まり（実のところ、日本国内の本拠をそれぞれ鎌倉と藤沢という目と鼻の先に構えていながら）、どこで聞きかじったものか、「杉原はドイツ軍に殺されたらしい」との噂を、もっともあり得る筋書きとして一九六四年の自叙伝に書きつけた。先に一九四四年のヒルシュプルング回想録のなかで死亡説が掲げられた小辻自身が、みずからのイスラエル国訪問とユダヤ教改宗をもって、その誤情報を覆してみせた、その直後に、今度は、もうひとりの「恩人」たる杉原の死亡説を流布してしまった格好である。

容易に想像できるのは、一九五九年のイスラエル国、あるいは一九六〇年のアメリカで、小辻がリトアニアと日本を経由した元ユダヤ難民たちの一部と再会し、旧交を温めるなかで、おそらく過たず「あのカウナスの日本領事は、その後、どうしていますか」と尋ねられ、その都度、のちに自叙伝に書き記すこととなるように「消息はつかめておらず、もしかするとドイツ軍に殺されたかもしれない」と繰り返していたに違いない、ということだ。とすれば、当の元ポーランド・ユダヤ難民たちが、戦後、国境を越えて形成してきた情報網の上でも、「ドクター・コッジがそう言うのならば」として、杉原・行方不明説ないし死亡説が、少なくとも一九六〇年の段階では信憑性をもって広く受容されていた、と見るのが自然だ。

いずれにせよ、先の『朝日新聞』や『週刊読売』の記事のみならず、右の小辻自身による回想録においても、リトアニアから日本に逃れ来たユダヤ難民たちが「ナチスの手中」にあったことが前提とされている。「命のヴィザ」言説の発生以前の段階で、その発生の土壌を整えることとなったボタンの掛け違え、すなわちナチズムとコミュニズムの取り違えに、その最初期の段階で、小辻節三の誤認識がかなりの程度与っていた、と見なくてはならないだろう。

## ベンジャミン・グレイから杉原弘樹への手紙　1963

エルサレム、ヤド・ヴァシェム（ホロコースト記念館）には、杉原千畝関係の文書群がM.31.2_2861との資料番号のもとにまとめられている。私が、そのかなりの量に及ぶ文書の日付をひとつひとつ確認して表に打ち込み、古い順にソートしてみたところ、文書群中、もっとも古いものが、一九六三年、ベンジャミン・グレイという人物から杉原千畝の長男・弘樹に宛てられた手紙であることが判明した。

一九六三年七月五日

杉原弘樹　様

藤沢市〔以下住所、略〕、日本

拝啓　あなたからの七月二日のお手紙に深く感謝いたします。

当地の領事館が私に伝えたところによりますと、貴国外務省の古文書は破棄されてしまったため、あなたのお父さまが発給したヴィザの数を断定することは不可能ということです。以前、私が接触したカウナスのオランダ領事〔ヤン・ツヴァルテンダイク〕は、キュラソー行きのヴィザに類するものを一六〇〇通出した、と述べています。私の見たところ、あなたのお父さまの心優しきリーダーシップのもと、一六〇〇通以上の通過ヴィザが発給されたものと思われます。調査の労を取っていただけますか?

ひとつ、半ば個人的な質問です。カウナスにいらっしゃる以前、あなた方は、同様の公的な職権をもってワルシャワにいらしたことがありますか?

そして、最後に個人的な指摘です。私は、領事館の外に長い列ができていたことを覚えています。そして、一人の少年が「多過ぎる、多過ぎる」と興奮して叫びながら外に出てきました……。誰かが写真も撮っていました。おそらく、写真は領事が撮影し、そして、杉原さん、あなたが、その叫んでいた少年だったのではないでしょうか……。こんなことを申してもお気を悪くなさらないでしょうね。

感謝とともに。

敬具

(『資料集』三〇三~三〇四頁)


いまだ私信のなかであって、公の刊行物中ではないが、戦後、杉原千畝の現存に言及がなされた、今日わかっている限り最古の文献がこれである。

手紙の主、ベンジャミン・グレイについては、「ポーランド・ユダヤ人アメリカ会議」なる組織の関係者で、一九八五年、アメリカで『ゲットー選文集――ポーランドにおけるナチスの死のキャンプならびにゲットーで行なわれたユダヤ人絶滅の包括的年代記』という共著にたずさわった人物らしいというのみで、それ以上の情報に乏しい。ただ、右の書簡の文言から判断して、一九四〇年夏、みずからカウナスで杉原から日本通過ヴィザを取得した経歴の持ち主であることは疑いなく、私が別途、作成している杉原ヴィザ申請者のリストと照合してみると、一九四〇年七月三十一日、通し番号五九八で杉原ヴィザを取得したBenjamin Grynberg（一九四〇年時点での推定年齢三十歳、一九四一年二月十三日に敦賀上陸）がこの人物に該当する可能性が高い。

この書簡については、まず日付について事情を推察する必要がある。

杉原弘樹が七月二日にグレイに宛てた手紙への返信として、この手紙が七月五日に綴られていることから、弘樹の往信は国際郵便ではなく国内郵便であった、つまり、弘樹はアメリカでグレイ宛の手紙を投函した、と見なくてはならない。ならば、グレイの返信に、弘樹の住所として日本の藤沢が記載されているのはなぜなのか？

事の経緯として、以下の想像が成り立つ。

一九六三年七月二日、杉原弘樹（当時二十六ないし二十七歳）は、アメリカのおそらく西海岸にいて、以前から、なんらかの方法で元ポーランド・ユダヤ難民にして杉原ヴィザの受給者であることを突き止めていたベンジャミン・グレイに手紙を認め、返信は日本の住所に宛てて欲しい、と書き添えて投函し、その直後、日本に帰国したのではなかったか。

おそらく七月二日の往信のなかで、杉原弘樹は、当然、自身が往時の在リトアニア日本領事代理の息子であることを明かしながら、その後、アメリカ西海岸に居を定めた元ユダヤ難民たちのあいだで、父・千畝が一九四〇年夏に発給した日本通過ヴィザの受給者の数がどのくらいと認識されているのか、問い合わせたのであろう。他方、グレイの方では、以前、ロサンジェルスないしサン・フランシスコの日本総領事館に問い合わせ、「その点については、日本本国の外務省にも資料は残っていないだろう」という返答を受けた経験から、数の断定はほぼ不可能と見られる、と応じたのであろう。

さらに穿った見方をするならば、一九六三年当時、すでに川上貿易の代表としてモスクワに勤務していた千畝本人（当時六十三歳）が、しばらく前から、アメリカで学業を終え、アメリカ西海岸に土地勘と人脈のある長男・弘樹に対し、アメリカに再定住した元ポーランド・ユダヤ難民たちとの接触を試みるよう、依頼していた可能性もある。

他方、一九六三年というかなり早い時期に、グレイが、かつての在カウナス・オランダ名誉領事ヤン・ツヴァルテンダイクと接触済みで、一九四〇年夏に署名ないし押印された「キュラソー・ヴィザ」の件数がおおよそ一六〇〇通であったことを、ツヴァルテンダイク本人から聞き及んでいた、という事実も興味深い。

一九七六年に他界したツヴァルテンダイクが、生前、世界じゅうに散らばった元ユダヤ難民たちや、アメリカやイスラエル国の研究者などと、どこまで交信を行ない、何を追想として語っていたか、という点について、私の調査はまだ十分に進んでいない。ただ、少なくとも、このグレイの短い手紙からも、往時を振り返って杉原領事代理の日本通過ヴィザを語るならば、同時に、オランダ名誉領事の「キュラソー・ヴィザ」に言及するのが当然であって、後者なくして前者の発給はあり得なかった、という認識が、元難民たちのあいだに当初から成立していたことは十分にうかがうことができる。

この書簡の文脈を、小辻節三の動向と重ねてみよう。

小辻は、一九六一年にもイスラエル国を訪問し、十二月十五日、アードルフ・アイヒマンに死刑判決が下される現場に立ち会ったという。さらに一九六二年と一九六三年に渡米して講演旅行を行ない、一九六五年にはゾラフ・ヴァルハフティグの娘の結婚式に招かれて、ふたたびイスラエル国を訪問した(2)。

種々勘案して、アメリカとイスラエル国に腰を落ち着けた元ユダヤ難民たちのあいだで、それまで囁かれていたところとは裏腹に、「いや、杉原は生きており、その長男がアメリカ西海岸にいる」という情報が一部に伝わり始めたのは、右の手紙の直後、一九六三年のことではなかったか。なぜといって、もしも、ベンジャミン・グレイ、その他、アメリカ在住の元ポーランド・ユダヤ難民が、一九六三年以前にすでに杉原弘樹との接触などをつうじて父・千畝の所在を突き止めていたならば、その年、三度目のアメリカ遊説旅行した小辻の耳にも、何らかの機会に「あの杉原領事は、まだ健在ということではないか」との情報が入っていて不思議はなく、もしそうなっていれば、小辻は、一九六四年刊の自叙伝のなかで、先のような杉原への言及の仕方はしなかったはずだからだ。厳密な時期の特定は不可能であるが、世界に点在する元ポーランド・ユダヤ難民たちは、およそ一九六三年の夏くらいまで、杉原千畝の所在を突き止めることができておらず、小辻による杉原死亡説を漠然と受け入れていた、と結論づけてよさそうだ。

## ゾラフ・ヴァルハフティグのインタヴュー 1965

エルサレム、ヤド・ヴァシェムの公式サイト上で一般公開されているゾラフ・ヴァルハフティグ（一九〇六〜二〇〇二年）関連のデジタル資料体には、「第二次大戦期リトアニアのユダヤ難民に関し、ドヴ・レヴィンがラビ、ゾラフ・ヴァルハフティグに行なったインタヴュー」と題するヘブライ語のタイプ版文書が含まれている。(3)

リトアニア、カウナス生まれのドヴ・レヴィン（一九二五〜二〇一六年）は、私が『虚構』を執筆する際にも重要な典拠のひとつとなってくれた『二つの災厄の軽微な方――一九三九〜四一年、ソ連統治下の東ヨーロッパ・ユダヤ世界』（一九九五年）をはじめ、第二次大戦期の東欧・バルト諸国におけるユダヤ教徒・ユダヤ人の被虐史、対独抵抗運動史に大きく貢献したイスラエル人歴史家である。その彼が、一九六四〜六六年にかけて四回にわたり、当時、イスラエル国宗教大臣の座にあったヴァルハフティグにインタヴューを行ない、第二次大戦初期、ポーランドを脱出し、リトアニア、日本、アメリカを経て、戦後、パレスティナにいたるまでの思い出をヘブライ語で語らせ、書き起こしたものをヤド・ヴァシェムに収蔵したのである。冷戦時代、ソ連体制下のリトアニアについて現地の一次資料へのアクセスがほぼ不可能であったなか、このように当時の関係者たちへの聞き取り調査を丁寧に行なおうとするレヴィンの姿勢に、まずは敬意を表したいと思う。

われわれの主題に関係するのは、一九六五年十一月三十日に行なわれた二回目のインタヴュー中、一九四〇年夏のリトアニアの状況が語られている箇所だ。全四回のインタヴューは厳密な時系列の上で行なわれており、二回目のこの個所以外に、日本通過ヴィザの発給にまつわる事跡が詳細に語られることはない。

他方、同じヤド・ヴァシェムの杉原千畝関係の文書群にも、この同じインタヴュー文書の写しが収められている。重要なのは、その写しの方に、一部、何者かによる手書きの下線がほどこされていることだ。時期は不明ながら、ヤン・ツヴァルテンダイクか杉原千畝がイスラエル国による「諸国民のなかの義人」認定に値するかどうか、審査が行なわれた際、その判断材料となり得る文言に、審査員の誰かが目印を付したものと推察される（以下の引用でも、その下線部を傍点で再現しておく）。

答――〔……〕この署名、一種のキュラソー・ヴィザのようなものを手にしたあと、われわれはそこへ到達するのに必要なトランジット・ヴィザを探した。世界中の地図を持ってきて、その地図の上に座り、道を探した。キュラソーを地図の上に見つけた。なんと小さな島であることか。〔……〕地図を眺めると、キュラソーへの道が繋がっていることがわかった。ソ連を通りウラジオストクまで行く必要があり、ウラジオストクから日本、日本から船で、パナマ海峡を通ってキュラソーへ、こうしてキュラソーまで到着できる。これをもとに、われわれはこう言った。もしそうだとすると、ソ連と日本の二つのトランジット・ヴィザが必要になる。日本へのヴィザが手に入らないうちはソ連に行くことができない。日本へのヴィザが手に入り、キュラソーへの最終ヴィザが手に入った段階で、ソ連について考えよう、と。

〔……〕

　われわれは日本領事のもとへ行った。地図を持ってきて、彼にこう言った。ご覧ください、われわれの手にはキュラソー・ヴィザがあります、と。われわれは「ヴィザのようなもの」とは言わず、「スタンプ」「素晴らしいヴィザ」というような言い方をした。そして、そこには「キュラソー」と書いてある、見えますね、ここ、キュラソーです。われわれは日本の船で日本を通ってキュラソーに行く必要があるのです、と。彼はしばし考え込んだ。日本の船でキュラソーに行く、とは。〔それでも、われわれは言った、〕われわれに日本を通っていくトランジット・ヴィザをください。すると彼はこう言った。だが、ソ連に関してはどうなんだ？　われわれは、日本へのトランジット・ヴィザが手に入るまではソ連に申請できないので、手に入ったら〔ソ連領事館に〕出向きます、と答えた。

　よくはわからないが、私は、しばしばこう考える。私の印象としては、当時、領事たちのなかにも、みずからは執行の権限を持っていない事柄がある、という点をおそらく理解していながら――英国領事館については、すぐあとで話すことにする――、われわれが非常に大きな困難の直中にいたため、もしも手続きの観点からのみ見て可能性があるならば、〔ヴィザのたぐいを〕出してやろう、と考える人々がいたのではないだろうか。

問――それは、まだリトアニア人による統治時代ですか、それともすでにソ連人が入ったあとのこと？

答――それだけは覚えていない。リトアニア人の最後の時期だったが、それ〔ヴィザの発給〕は、ソ連軍が侵入してくる以前に始まっていたように思う。

問――その〔あなたがそう思われる〕理由をお教えしましょう。私は今、別の観点からこの時期を検証しているのですが、ソ連軍が侵入してきたとき、西側の領事館は……

答――領事館を退去させるまでには、およそ七日から十日ほどかかった。

問――そうです。抗議しながら退去していったのです。

答――そのとおり。あとで話すことにするが、私のヴィザで、そのことを確認できる。下の部屋に、ヴィザが捺されたパスポートがあるので、確認すれば、日付から判明するだろう。

問――私は、ソ連人たちが入って来た日付を知っています。

答――私は、キュラソー・ヴィザを受け取った最初の一人でもあり、日本のヴィザを受け取った最初の人々、つまり最初の数十人のなかの一人でもあった。なぜなら、その時、私がそれを取り仕切っていたのだから。私が、まず確認しに行き、そして残りの人々、難民たちに、続けて来るよう、教えてやったのだ。

　こうして日本のヴィザを受け取ったが、その料金は二リタスだった。「キュラソー」のスタンプのあるパスポートを持っている人は誰でも、日本のヴィザを受け取った。そこには、たしか、日本に到着した者たちによれば、そののち、おそらく二〇〇〇人ほどの人が含まれていたようだ。これはあとで確認する必要があるが、私の記憶が間違ってなければ、日本人〔の領事が出したヴィザ〕について言えば、それ〔発給〕はソ連の侵入以前から行なわれ、侵入以後も続いたと思う。

　ソ連統治の時期、リトアニアでは、それ〔ヴィザ発給〕が領事館のある限りずっと続いていて、領事はヴィザを与えていた。すべての人にスタンプを捺してやっていた。

（『資料集』三五一～三五三頁）

　インタヴューの全体をつうじて、ツヴァルテンダイクも、また杉原も、実名で呼ばれることがない。この時点でヴァルハフティグの脳裏に、これら二名の外交官の名前は、いまだそらでは浮かんで来ず、かといって、みずから古記録を探って特定しようと思うほどのものでもなかった、と察せられる。

　他方、ヴァルハフティグは、一九五九年以来、小辻節三とすでに何度か顔を合わせており（この二度目のインタヴューが行なわれた年、小辻はヴァルハフティグの娘の結婚式に招待されている）、小辻とのあいだで往時の在カウナス日本領事代理が話題となることもしばしばあった、と考えるのが自然だ。それでも、右のインタヴュー中、ヴァルハフティグが、「実は、その元・日本領事がいまも健在で、モスクワにいることを最近知ったのだが」といったたぐいの発言をまったく残していないことから、この時点ではまだ、小辻ともども、杉原・行方不明説ないし死亡説をとっていたのかもしれない。

また、のちにヴァルハフティグがみずから回想録『ショアー期の難民と生存者』（一九八四年）を執筆する頃までには、その種の記憶の揺らぎは払拭されることになるのだが、この一九六五年の時点で、自分たちが「キュラソー・ヴィザ」と日本通過ヴィザの取得に動いたのが、ソ連軍のリトアニア進駐の前だったか、それとも後だったか、という、このリトアニア脱出譚において重要きわまりない分水嶺であるはずの境目について、ヴァルハフティグの記憶が曖昧模糊としていることにも注目される。一九四〇年六月十五日、ソ連軍がリトアニアに入り、以後、同国の共産化が着々と進行したからこそ、ポーランド難民たちのうち、立場の悪化が懸念される一部の人々があらゆる手段で国外脱出を志向し始めたという文脈が、そこから二十五年を経たヴァルハフティグの記憶のなかで、すでにぼんやりと霞み始めているのだ。

その一方で、このドヴ・レヴィンとの問答をつうじ、話題がナチ・ドイツの脅威、反ユダヤ主義の恐怖といった要素に及ぶことは一度もなく、繰り返される単語は、もっぱら「ソ連人」「ソ連軍」であり、そして描かれる状況は、もっぱらソ連体制のもとでシオニストとして活動することの困難と危険なのである。

もちろん、この時点でヴァルハフティグが、英国領事、ツヴァルテンダイク、そして杉原のような人々の記憶を蘇らせながら、かつて自分たちの苦境に理解を示してくれた外交官として、彼らに一定の謝意を言葉にしようとしている姿勢はうかがわれる。

> 当時、領事たちのなかにも、みずからは執行の権限を持っていない事柄がある、という点をおそらく理解していながら〔……〕、われわれが非常に大きな困難の直中にいたため、もしも手続きの観点からのみ見て可能性があるならば、〔ヴィザのたぐいを〕出してやろう、と考える人々がいたのではないだろうか。

しかし、本章の末部で見るように、この一九六五年時点における一部の「領事たち」の行動に対する、かなり「クール」な評価を、一九八四年、ヴァルハフティグが杉原の「諸国民のなかの義人」認定に向けてさかんに発揮したとされるイニシアティヴに突き合わせてみると（本書後述、三一八頁以下）、後者で示されることとなる熱意は、一九六五年時点ですでに潜在していたものではなく、一九八四年のヤド・ヴァシェムにおける杉原再審査の過程そのものをつうじて、事後的に培われたものではなかったか、との印象を禁じ得ないのだ。

## 杉原千畝のロシア語覚書 1967

右のインタヴュー記録と同様、ヤド・ヴァシェムの杉原関連文書には、一九六七年、モスクワ駐在中の杉原千畝が、ポーランドの歴史家ロマン・コラブ＝ジェブリクの求めに応じてロシア語でタイプした十二葉の覚書が保存されている（『資料集』三六〇～三九一頁）。これまで、種々の杉原伝のなかで、ごく一部、英語や日本語に訳されて引用されることはあっても、その全文がいずこかに収録されたことは、私が知る限り一度もなかったように思う。杉原ヴィザ研究における、史料調査の完全な手抜かりと言わざるを得ない。

いずれにせよ、日本国外の人物が、戦後、杉原本人との接触に成功したことを示す、現在知られている限り最古の記録として記念碑的な文書である。当然ながら、杉原によるこの最初の回想のなかで、彼が二十七年前の日本通過ヴィザ発給の事跡をどのような言葉遣いで語っているか、大いに注目される。

ヤド・ヴァシェムの杉原関連文書には、コラブ＝ジェブリクが杉原との連絡を試み、ワルシャワの日本大使館に宛てた一九六七年三月七日付のポーランド語の手紙も残されている。コラブ＝ジェブリクは、みずから執筆中の第二次大戦期のポーランド軍に関する歴史書のため、一九三九～四〇年のカウナスを舞台とする杉原とポーランド人将校たちの接触について情報を欲していた。おそらく、ワルシャワの日本大使館は、東京の本省に照会をかけるなどして杉原の所在を突き止め、彼がモスクワの商社に勤務しているとの情報をコラブ＝ジェブリクにもたらしたのであろう。そこでコラブ＝ジェブリクは、いくつかの質問事項をまとめた手紙をロシア語で書き（その往信自体は残されていない）、それをモスクワの杉原に転送して欲しい、とワルシャワの日本大使館に重ねて依頼したものと思われる。

確かなことは、一九六七年の時点で、とある外国の人物が、かつての在カウナス日本領事代理の記憶を呼び覚まし、彼と連絡を取りたい、と考えた際に、日本の外務筋に照会すれば、このように、いとも簡単にその所在を突き止めることができた、という事実である。右に見たように、一九六三年頃まで、世界に散在するユダヤ人たちの情報ネットワーク上では、「杉原は行方不明、もしかすると死亡」という誤情報が流布していたと考えられるのに対して、そのネットワークには無縁であった非ユダヤ出自のポーランド人、コラブ＝ジェブリクであればこそ、日本の外務筋に照会をかけるという、きわめてオーソドックスな手段により、杉原との連絡に難なく成功したと言えるのかもしれない。

他方、従来の杉原伝のなかでは、戦後、元ユダヤ難民たちが、いくら日本の外務省に杉原の所在を照会しても、「そのような人物の記録は残されていない」という返答しか得られなかった（その理由として、「ちうね」を「センポ」と読んで照会をかけたため、との説明も添えられつつ）というナラティヴが踏襲されてきた。しかし、私は、これまでの時系列のなかから浮かび上がってくる経緯として、やはり「杉原死亡説」が小辻節三から発して世界のユダヤ情報網で流布してしまったがゆえに、ユダヤ系の人間は、それ以上の追求は無駄と考え、日本の外務筋に照会をかけなかっただけではないか、との見方を採る。

杉原の覚書は、以下のような小見出しのもと、いたって理路整然と綴られている。ロシア語原文から英語訳と日本語訳を起こしてくれた私の大学の同僚、アンナ・ブガエワさんによると、ところどころ、書き手がロシア語の母語使用者でないことがわかる言葉遣いが散見する程度で、全体としてはほぼ完璧なロシア語であるそうだ。

一、カウナス／コヴノの日本領事館
二、友人たち——コヴノとケーニヒスベルクのポーランド人
　a　カスプシュチク
　b　モエレル夫妻
　c　クンツェヴィチとペシュないしペルツ
　d　ボレスワフ・ロジツキ
　e　フランツ・コスコ
三、ピウスツキ元帥のアルバム送付
四、ポーランド軍旗の移送
五、ポーランド難民への日本ヴィザ発給

六、T・佐藤について
七、コヴノの外交団
八、私の私生活

以上、八項目のいずれもが歴史の生々しい証言であり、記述されたひとつひとつの逸話、ひとりひとりの人物が、詳細な追跡調査に値しそうなものばかりだ。次世代のポーランド研究者諸氏に、ぜひ取り組んでいただきたい課題である。

ここで、われわれの主題に深く関係しているのは、言うまでもなく「五」の項目だ。「命のヴィザ」の考古学にとって最重要の文献であるため、以下、中略なしで引用し、一ないし二段落ごとに区切って解説と批評を加えてみたい。

五、ポーランド難民への日本ヴィザ発給

八月のある日、早朝から、コヴノの領事館前の通りから騒がしい物音が聞こえて来た。人々の耳慣れない会話が、だんだんやかましくなっていった。一体何事かと思い、領事邸の窓から外を見ると、領事邸のフェンスのところにものすごい人だかりができていた。聞けば、彼らはポーランド難民で、すでにドイツ軍接近の脅威の下に置かれていたポーランドのさまざまな地域からヴィルノ（ヴィルニュス）を通って逃げて来たのだ、という。人だかりは、日々、大きくなっていった。彼らは、目に涙を浮かべながら、日本を通過して別の大陸へと旅するための日本ヴィザを求めていた。大多数は、旅の最終目的地としてラテン・アメリカ、合衆国、イスラエルを挙げていた。（『資料集』三七九頁、傍点は引用者による）

ここで杉原は、難民殺到の開始日を「八月のある日」に位置づけるが、のちの回想「決断（外交官秘話）」のなかでは「忘れもしない一九四〇年七月一八日」とされることになる（『虚構』二五〇頁）。『虚構』にも根拠を添えて記しておいたが、私自身は、その日付が七月二十六日（金）ではなかったか、と推定している（同、五八八～五八九頁）。

正確な日付はともかく、右の「聞けば」で始まる一文における杉原の時間的指標が、すでにきわめて曖昧と言わざるを得ない。厳密を期するなら、以下のように書かれるべきところだ。「聞けば、彼らはポーランド難民で、前年の一九三九年秋、ドイツ軍接近の脅威の下に置かれていたポーランドのさまざまな地域からヴィルノ（ヴィルニュス）に逃れ、そこで数カ月間、避難生活を送って来たところで、今度はリトアニアのソヴィエト化という事態に遭遇し、国外脱出を考え始めた人々である、という。」

とくに「ヴィルノ（ヴィルニュス）を通って逃げて来た」という原文の表現からは、あたかも、そのとき、難民たちがドイツの脅威を逃れてポーランドからやって来た、という含意が醸し出されてしまう（ポーランドのドイツ占領地域から直接やって来たのなら、地理的にはヴィルニュスを通る前に、まずカウナスに入るはずなのだが）。この含意が受け継がれた結果が、本書第一章で検証した四本の劇映画中、大型トランクを提げて歩いてくる難民という場面設定なのであろう。

続けて杉原は、その難民たちに対してみずからが取った措置を開陳する。

一般の手続きにしたがえば、彼らは、通過ヴィザの取得のため、入国しようと思う国の当局からヴィザ、その他の証書を提示することが求められていた。実際には、ほんのわずかな人々だけが合衆国政府の宣誓供述書を持っており、残る大部分は、日本のあと、別の国につつがなく入国できることを保証する書類をまったく持っていなかった。当然、そこから十日のうちに、私は東京の本省とのあいだで、難民たちにヴィザを発給する許可を得るべく電信で交渉せねばならなかった。難民たちは、日本の地で、他国のそれぞれの領事館から必要なヴィザを間違いなく受け取ることになっており、そのためには、ただ横浜と神戸に行くだけでよいのだ、として私を説得しようとした。だが、私の問い合わせに対し、東京の返答は否定的なものばかりであった。（『資料集』三七九～三八一頁、傍点は引用者による）

アメリカの「宣誓供述書（affidavit）」については、『虚構』（二七九～二八四、二九三～二九八頁）で詳述しておいた。

本書第一章の映画解説のなかで何度も繰り返したように、当時、杉原と東京の本省のあいだで交わされた電信の虚心坦懐な読みからは、杉原がヴィザ発給の許可を本省に求めた形跡も、本省が日本通過ヴィザの発給自体を杉原に禁じようとした形跡も浮かび上がらせることができない（『虚構』二五七頁以下）。この「許可願いと拒絶」というナラティヴが、早くも一九六七年、杉原が、非ユダヤ系のポーランド人史家のために書き下ろした覚書のなかで成立している点が、きわめて興味深い。

難民たちの中には、男ばかりでなく、女性、老人、子供もおり、皆、明らかに憔悴し切っていた。当時のコヴノで、彼らがどこで夜を過ごしていたのか、定かではない。鉄道駅か、あるいは、単に異国の町の道端でもあったのだろう。私は、彼らのソ連領を通過するためのソヴィエト通過ヴィザについて問い合わせてみた。ソ連領事館が私に説明したところによると、難民たちが先に日本ヴィザを取得するなら、ソ連領事館もヴィザを出す用意がある、という。すべては、私自身、コヴノ撤収の日まで二十日を残すのみ、という時に起きたことである。難民の〔ヴィザ〕申請者の数は増える一方であった。八月十日、私はついに、東京との交渉を続けても無駄であり、時間の浪費にしかならないことを悟ったが、私には他にも領事館の撤収に関わる業務がたくさんあった。

そこで八月十一日より、私は自分の意志で、そしてもちろん私の全責任のもとで、日本通過ヴィザの発給を開始した。日本の後、別の国への入国を保証する何らかの書類を持っているか否かにかかわらず、文字通り全員に対し、まるでマシンガンを撃ち続けるかのように発給してやった。この事務仕事のなかで、私は、領事館唯一の秘書でドイツ国籍のヴォルフガング・グッチェに手伝ってもらった。彼は、領事館の開設当初から私が雇い入れた人物である。

（『資料集』三八一～三八三頁）

難民たちが、夜は駅や道端でごろ寝していたのではないか、という杉原の推測は、前年来、地元リトアニアのユダヤ会衆がJDCの支援を受けながら築き上げてきた難民受け入れ体制についての無知に由来している、と言わざるを得ない。この誤った推測が受け継がれた結果が、やはり、のちの劇映画中、領事館前での野宿という場面設定なのであろう。

八月十一日から発給を開始した、という杉原の記述は、のちに発見されることとなる「カウナス・リスト」とは明らかに食い違っているが（日に百通を超える発給は、七月二十九（月）に始まっている）、駐在先のモスクワで、手元に頼れる資料もなく、妻・幸子と記憶をすり合わせることもできない状態でなされた時系列の再構築である以上、やむを得まい。ただ、おそらく八月十日過ぎ、ソヴィエト・リトアニア政府から二十五日までという期限を切って領事館の閉鎖を求められ、最終的には八月末（正確には九月四日）までカウナスに滞在したことを杉原がのちに振り返って、「あのときは、撤収命令から実際の出立まで二十日しかなかった」と思い巡らせたことが、「コヴノ撤収の日まで二十日を残すのみ」という表現に反映されている可能性がある。そして、カウナスを発ったのはたしか八月末日だった、という記憶から、ヴィザ発給の決断を、二十日前の八月十一日に位置づけたのかもしれない。

八月二十日頃、東京の本省から、そしてウラジオストク港と日本海沿岸の敦賀港のあいだを定期的に結ぶ日本の汽船の船長からも、直接、私のもとに電報が届き始めた。その中では、私のヴィザを手にして、できるだけ早く日本の汽船に乗り込もうとウラジオストクであらゆる手段を尽くそうとするポーランド難民集団が日増しに増大していること、そして、当然ながら横浜と神戸の町の地元当局にも混乱が生じ、難民委員会の組織と運営に関して緊急にして多大な懸念が掻き立てられている様が報告されていた。電報の主たちは、よって私がそれ以上のヴィザを発給することを止めるよう、求めていたのだ。

（『資料集』三八三頁）

当時、杉原と本省のあいだで交わされた電信記録から浮かび上がってくるのは、八月十日、敦賀港の税関で生じたトラブル（カウナスで発給された日本通過ヴィザの所持者のなかに、最終目的地のヴィザや上陸時に求められる所持金の面で不備のある者が相次いだこと）をうけて、本省が杉原に通過ヴィザ発給時の規定順守を求めた経緯のみである（『虚構』二七二～二七四頁）。先の「私の問い合わせに対し、東京の返答は否定的なものばかりであった」という一文とあわせて、「それ以上のヴィザを発給することを止めるよう、求めていた」とする、この一九六七年の杉原の回想が、その後長らく、今日にまで受け継がれることとなった「外務省によるヴィザ発給禁止」説の起源に位置している。

　私はこれを無視し、もっぱら人間愛に発するヒューマニズムの精神から、そして同時に省を解雇されることが不可避であることも見越した上で、一九四〇年八月三十一日の朝、家族とともにベルリン行きの列車で出発するまで、すべての人、つまりポーランド人のなかから私に頼んでくる人ならば誰にでも、ヴィザを発給する業務を継続した。（同）

「省を解雇されることが不可避であることも見越した上……」直前の「外務省によるヴィザ発給禁止」説に続けて、これが「外務省による戦後の杉原解雇」説の起源となった回想である。ただ、この覚書の末部、「八、私の私生活」の項で、杉原は次のようにも述べている。

　一九四七年春、私の家族と私は、ルーマニアから日本に帰還した。外務次官との面接の際、私は、即座に首切りを告げられた。解雇の理由について、彼は何も説明しなかったが、私が推測するに、大臣の決断は、省の許可なくポーランド市民たちに〔数語分、黒塗りにされて判読不能〕ヴィザを発給するという私の行動に動機づけられていたのだ、と思う。

（『資料集』三八七～三八九頁）

「外務次官」とは岡崎勝男（一八九七～一九六五年）、「大臣」とは、第一次吉田内閣で外務大臣を兼務した吉田茂（一八七八～一九六七年）を指す。右の一文を、現に書かれてあるとおりに読むならば、一九四七年春、東京で、かつて一九四〇年夏、カウナスでヴィザを発給したことを咎められて外務省の職を追われた、という事の因果関係は、岡崎が何ら理由説明を行なわないなかでなされた杉原自身の「推測」であり「解釈」であった、ということになる。

周知のとおり、このとき、岡崎外務次官ないし吉田首相兼外相が、七年前の杉原の行動まで事由を遡らせて彼を解雇したこととの根拠となり得る資料や証言のたぐいは一切見つかっていない。以下は、そうした根拠資料の不在のなかでの私自身による「解釈」にすぎないかもしれないが、カウナスのあと、一九四〇年九月以降も、プラハ、ケーニヒスベルク、ブカレストと転任させながら外交官としての職務に当たらせてきた杉原を、戦後の一九四七年、ふいに七年前のカウナスでの彼の行動に遡り、それを理由として解雇を言い渡すという、その人事の綾が私にはどうしても理解しがたい。もしも処分や譴責の必要があったならば、杉原のプラハ時代になされているべきところであり、ユダヤ難民を優遇してナチ・ドイツとの同盟関係を傷つけかねない行為に出た（とされる）

杉原を、続けてドイツの戦略上の要衝ケーニヒスベルクへ、新しい総領事館開設のミッションとともに送り込むごころの話ではなかったはずではないか？

やはり、戦後、杉原の解雇は、ほかの多くの外交官の身をも巻き込んだ、敗戦による外交権の停止、それにともなう大幅人員整理の枠内だったのではないか、と思われるのだ。

ふたたび覚書の「五、ポーランド難民への日本ヴィザ発給」から引用を続ける。

八月三日ないし四日の早朝、私が撮った写真をここに同封する。そこには領事館のフェンス近くの街路で夜を過ごし、領事館事務所の門が開くのを待っている難民たちの一集団の姿が映っている。使用後、確実な郵便でそれを返送していただきたい。

〔欄外〕この写真は手元に見当たらなかった。日本の自宅に置いてきたのだと思う。

（『資料集』三八三～三八五頁）

のちの一九七九年、マーヴィン・トケイヤー、メアリー・スウォーツの共著『河豚計画』の口絵に初めて掲載されて世界じゅうに知れ渡ることとなる、領事館前の柵のところに蝟集するヴィザ申請者たちを写した写真に違いない。杉原は、この写真をモスクワに携えてきたつもりでいたが、コラブ＝ジェブリクへの返信に同封してやろうと思って探したが見つからず、どうやら日本の自宅に置いてきたらしい、と気づいたのだ。

しかし、杉原はなぜ、二十年以上も前、カウナスで写した難民たちのスナップショットを藤沢からモスクワに持って行こうと、少なくとも考えたのだろう？　一九六〇年、川上貿易に職を得、翌六一年、そのモスクワ事務所に出向くことになったとき、かつてヨーロッパで外交官を務めた頃に写した人物写真を携えて行けば、ふとした折に、それらの人々とどこかで再会し、ともに昔日を懐かしむ機会が訪れないとも限らない、と考えたのか？

日本を経由するための通過ヴィザを私から受け取ったポーランド難民の総数は、私の記憶では約三千五百人である。この数の中に、イスラエル当局から何らかの身分証明書を受け取った、およそ五百人のユダヤ人がいた、と記憶している。私の記憶力が正しく働いているとするなら、ウッチからコヴノにやって来た者もかなりいたと思う。

（『資料集』三八五頁）

注意深い読者は、とうにお気づきかもしれない。

杉原は、ここまで難民たちのことを一貫して「ポーランド人」と呼んできており、「ユダヤ人《イエヴレイ》」という言葉は、十二葉の覚書中、十葉目のこの個所に初めて登場するのだ。「カウナス・リスト」からは、日本通過ヴィザ申請者のエントリー数として二一四〇という数が浮かび上がり、うちポーランド国籍者によるものは、およそ九三パーセントの一九九三件だ。姓名だけから当人の宗教性や、ユダヤ出自、非ユダヤ出自の別を判ずることは危険であるが、私が見た限り、ポーランド籍の人々のなかにも非ユダヤ出自を濃厚に思わせる名前が若干混じっている。それでも、圧倒的多数は、姓、名ともにユダヤ系とおぼしき名前であり、ポーランド人申請者一九九三名の九割五分、一九〇〇名前後は、いわゆる「ユダヤ難民」と呼び得る人々だったと推定される(4)。

また、杉原がプラハの総領事館に転任したあとの一九四一年二月、前年、カウナスで発給された日本通過ヴィザを携えたユダヤ難民がソ連領内で立ち往生するという事態について、モスクワの日本大使館から報告を受けた東京の外務省が、事実関係を遡って掌握するため杉原に照会をかけたのに対し、杉原は、「『リスアニア』人並ニ旧波蘭人ニ与ヘタル通過査証二、一三二内猶太系一、五〇〇ト推定ス」と回電している(5)。

ここでは、杉原が生涯のさまざまなタイミングで〈あの時〉を回顧しながら掲げてくるヴィザ受給者の推定人数の正否が問題なのではない。問題は、出来事から六カ月後に照会を受けた杉原が、「受給者の全体数二一三二のうち、ユダヤ人は一五〇〇人程度だったと思う」と述べていたのに対し、一九六七年、コラブ=ジェブリクからの問い合わせを受け、おそらく戦後初めて〈あの時〉を本気で思い出そうとした際には、「通過ヴィザを私から受け取ったポーランド難民の総数は、私の記憶では約三千五百人」で、そのなかに「およそ五百人のユダヤ人」がいたと、ユダヤ人の内数を大幅に少なく見積もる方向で回顧がなされている点なのだ。

一九四〇年当時、ヴィザ申請者たちが所持する身分証明（パスポート、ポーランド国籍証明書、リトアニア政府発行の安導券）には、「ポーランド人」という記載はあっても、当人が「ユダヤ人」であるか否かの弁別指標はなかった。ドイツならびにドイツ占領地域における「J」のスタンプや、「ユダヤの星」ないし「シオンの星」——「ダビデの星」とは戦後になってからの呼び名——の記章も、中立国リトアニアやソ連占領地域のユダヤ教徒・ユダヤ人には無縁の産物である。よって、一九四〇年夏、カウナスの日本領事館前に列をなす人々のなかから、「おおよそ」ながらも「ユダヤ人」の数を言い当てることは、誰にとっても不可能であった。〈あの時、あの場〉の杉原も、ポーランド人の助手たちから「ユダヤ人が多いようです」との報告を受けて、事態をそのようなものとして捉えたに過ぎなかったはずだ。

その後、一九四一年二月、日本を目指すユダヤ難民およそ八百名が、ソ連領内でJDC職員ベッケルマンのいう「ボトルネック」状態を引き起こすに及んで（『虚構』四八二頁）、モスクワの日本大使館の悲鳴に呼応して事態の掌握に乗り出した東京の本省が、杉原に対し、「前年、カウナスでユダヤ人に発給したヴィザはどのくらいだったか」と、「ユダヤ人」に照準を絞って照会をかけたときも、そもそも、その照会に厳密に応じること自体が不可能な業であった。このとき、杉原は、受給者全員ではないにせよ、ユダヤ人が占める割合は相当大きかったはず、との認識から、「一、五〇〇ト推定ス」と応じたのだろう。しかし、一九六七年、コラブ＝ジェブリクのための覚書に見える「およそ五百人」という数字は、所詮推定値に過ぎずとも、その「大方はユダヤ難民だった」という認識が、その後二十数年の歳月あいだに徐々に薄れ、「あれはポーランド難民で、そのうちの一部、七人にひとり程度の割合でユダヤ系が混じっていた」という認識に徐々に置き換えられていった過程を示している。

いずれにせよ、一九六七年の杉原が、この十二葉のロシア語覚書をもってコラブ＝ジェブリクに伝えようとしているのは、なによりも、自分が一九三九～四〇年当時のカウナスで、いかにポーランド人の身を思い、ポーランド人の便宜を図ってやったか、という点なのである。

再度、覚書のなかで杉原が「人間愛」「ヒューマニズム」という言葉を用いている箇所を読み直してみてもよい。

> 私はこれを無視し、もっぱら人間愛に発するヒューマニズムの精神から〔……〕、すべての人、つまりポーランド人のなかから私に頼んでくる人ならば誰にでも、ヴィザを発給する業務を継続した。

そして、この同情心、人間愛にもとづきヴィザを発給してやった「ポーランド人」たちのなかに、英領パレスティナへの移住を希望する「ユダヤ人《イェヴレイ》」が五百人くらい混じっているようだったと、語弊を恐れずに言えば「ついで」のように付言しているにすぎないのだ。

少なくとも、この一九六七年の回想からは、「私は、ユダヤ人たちを、彼らがユダヤ人であるという理由をもって脅かしてくる何かから救ってやった」という認識を読み取ることはできない。あくまでも杉原がコラブ＝ジェブリクに強調しているのは、自分がいかに、一部「ユダヤ人」を含む「ポーランド人」たちにとって「恩人」の名に値する人間であるか、という点なのである。

さらに杉原は、ヴィザ申請者たちが「ドイツ軍接近の脅威の下に置かれていたポーランドのさまざまな地域から」やって来た人々であった、とまでは述べても、その彼らの日本通過ヴィザ申請の動機については一言も言葉を費やしていない。その理由は明白である。一九四〇年夏、リトアニアのソヴィエト化直後にリトアニアから外に出ようとした「ポーランド人」たちの、その出立の動機が何であったかについては、同時期、ポーランド軍の元士官としてヴィルニュス近郊に潜伏していたコラブ＝ジェブリク自身が一番よくわかっているからだ（コラブ＝ジェブリクの略歴については『資料集』三五七頁を参照）。そして、その動機が、ナチスの追っ手から逃れるためなどではなく、共産主義体制のもとで、ソ連人として後半生を送ることへの忌避であったことは、覚書の読み手、コラブ＝ジェブリクにとっては自明そのものだったからなのだ。

このように、一九四〇年夏、日本通過ヴィザを受給した「ポーランド人」と、内数として「ユダヤ人」の推定数をコラブ＝ジェブリクに開陳したあと、杉原は、「五、ポーランド難民への日本ヴィザ発給」の項を以下のように締めくくっている。

日本まで到達したポーランド難民たちは、コヴノで私に対して断言していたのとは裏腹に、神戸と横浜の町に長期滞在し、なかには三、四年留まった者さえいる。彼らがいかなる手段でそこに滞在できたのか、私は知らないし、関心も持たなかった。なぜなら、戦後、私は過去のことをすべて忘れようと努めたからだ。

六年前〔一九六一年〕、東京でのことだが、ある日、私の同僚たちが、日本の有力紙『朝日』が出している週刊誌の一年前の旧号を読んでみろ、といって私に見せてくれた。そこには、「日本人が多くのユダヤ人を救う」というタイトルで、朝日新聞テル・アヴィヴ特派員が書いた長い記事が掲載されていた。その特派員によると、「イスラエルでは、通行人が道で日本人観光客とすれ違うたびに、彼らに近づいて行って、こう尋ねることがよくある。『コヴノの日本領事は、まだお元気でいらっしゃいますか？』と」

（『資料集』三八五頁）

文中、日本に三、四年（ということは、ほぼ終戦まで）留まったポーランド難民がいた、という事跡は、少なくとも私の資料調査をつうじては確認されていない。

また、杉原が示唆している「日本人が多くのユダヤ人を救う」という記事については、当時、朝日新聞社が発行していた週刊誌二誌、『週刊朝日』と『朝日ジャーナル』の旧号を一九六〇年を中心としていくら検索しても、それに相当するものをいまだ発見できていない(6)。

一九六〇年といえば、アルゼンチンで身柄を拘束されたアードルフ・アイヒマンがイスラエル国へ護送された年だ。翌一九六一年には、エルサレムでアイヒマン裁判が開かれ、日本からも犬養道子、開高健、村松剛などが駆けつけて、日本の新聞雑誌に裁判の傍聴記をさかんに寄稿した時期である。私自身、別途、この時期の日本の新聞雑誌におけるアイヒマン報道の分析作業に着手したところであるが、『朝日新聞』上のアイヒマン関連記事は、すべて外国の主要通信社から配信されたものであり、朝日新聞社がテル・アヴィヴに自前の特派員を駐在させていた、という事実もいまだ確認できていない(むしろ、イスラエル国には常駐のスタッフがいなかったために、朝日新聞社は、犬養道子を臨時特派員としてエルサレムに派遣したのではなかったか)。

＊

杉原の覚書のなかでは、このあと、おそらくコラブ＝ジェブリクが往信のなかで求めていたところに答えて、かつてケーニヒスベルクの総領事館で杉原の秘書だったという「T・佐藤」なる人物についての情報提供がなされ、最後、八番目の項として「私の私生活」に関する記述へと移る。そこで、右に掲げた岡崎勝男による解雇通知の逸話を叙述したあと、杉原は、コラブ＝ジェブリクに対し、以下二点の願望を述べ伝えている。

私は、二人の息子に、アメリカ、ロサンジェルスで勉学の機会を与え、彼らは今では独り立ちしている。末の息子は十八歳で、今年、十二年の就学期間を終える。よって、六十七歳〔の父親〕は、あと五年、働かなくてはならない。

この点に関し、貴方の厚意を頼りとして、私の願望を以下のようにお伝えしたい。

一、私は、外交官としての職務へ復帰することを切に願っている。そこで、貴方ならびに貴方のご友人たちからポーランド外務大臣へ、さらには外務大臣をつうじて東京のポーランド大使館に対して影響力を行使していただき、ポーランド政府が日本の〔外務〕省に対し、私のことを、まさにポーランド共和国の首都にあって三年のあいだ、大使そのものの地位ではなくとも、特命全権公使、つまり大使に次ぐ大使館第二位の地位に任命すべく、しかるべき形式で積極的な推奨をするよう取り計らっていただけないか。

二、今年の終わりに、私は末の息子、伸生を三年の予定でアメリカに送り、たとえばロサンジェルスないしニューヨークの大学で学ばせようと考えている。そして、毎月百ドルまでは彼に送金するつもりである。追加の七〇～八〇ドルは、彼が自分で働いて稼がなくてはならないだろう。そこで、貴方がアメリカに有しておられる同情心と知性豊かな同国人のお一人で、私の息子を支援することに同意してくださる方を私にご推薦いただけないか。

（『資料集』三八九～三九一頁）

私事で恐縮だが、私も、かつて一度、四十歳代にして大学教員としてのキャリアを外力によって断たれたか、と覚悟させられる経験をした。幸いにして、いま勤めている大学に移籍することができたが、もしも、あのとき、大学を追われ、教育者の仕事もさることながら、とくに研究者としての立場を失っていたら、その後の自分はどうなっていたことか、と考えただけで、えも言われぬ暗い気分になり、その外力を行使しようとした人物や行政組織に対する怒りにあらためてとらわれることがある。

だからかもしれないが、私には、一九四七年、四十七歳にして外交官としての道を断たれた杉原の無念や、戦後の外務省に対するおそらく相当の怨嗟、そして、なんとか外交の世界に返り咲く方途はないか、わずかな可能性でも探ろうとする彼の心持ちが痛いほどわかる気がするのだ。そもそも、彼ほどのロシア通、ロシア語使いを戦後の日ソ関係に役立てなかったのは、日本の国益に大きなマイナスだったのではないか、とも思う。よって、その実現可能性の如何を別として、おそらくいまだ面識もなかったはずのコラブ＝ジェブリクを介して、ポーランド外務省に、戦中、リトアニアに避難中のポーランド人たちに図ってやった便宜を振り返って評価してもらい、自分の再就職のよすがにしようとしたり、アメリカに渡って成功した元ポーランド難民たちから愛息の学資の面で支援が得られるよう斡旋を依頼したりする杉原の姿勢を、恥ずかしいこととも、厚かましいこととも断じて思わない。逆に、天職と信じていたものを奪われた人間の悲しみと、それでも（あるいは、それだけに）子供たちには外国で良質な教育を受けさせてやりたい、という父親の責任感がひしひしと胸に伝わってくる。「命のヴィザ」の主題をめぐり、これまで目を通してきた無数の「資料」のなかにあって、杉原の覚書のこの個所が、私にとってはもっとも心打たれるもののひとつとなっている。

ただ、やや冷酷に事を総括してみるに、杉原が、コラブ＝ジェブリクに右のような取りなしを求めること自体、望み薄な行為であった、と言わざるを得ない。その理由は、第一に、弁護士であり、一時、ワルシャワ大学法学部の助手をつとめた経歴をもつコラブ＝ジェブリク自身が、戦後の共産主義国ポーランドにあって、戦前のポーランド国内軍との関係を問題視され、徐々に法曹界、大学界からパージされていったアウトサイダー的存在だったからだ。そうしたコラブ＝ジェブリクが、当時のポーランドの政権や行政府の中枢に、杉原にとって有利に働くような人脈を有していたとは思われない。

第二に、仮にコラブ＝ジェブリクが当時のポーランドの実力者たちに杉原のことを話し、理解と評価を求めようとしても、それは、おそらく逆効果にしかならなかったであろう。なにしろ、一九四〇年のリトアニアで、杉原が渡航書類などの面で便宜を図ってやった「ポーランド人」たちとは、まさに共産主義の新体制を受け入れることができず、アメリカ、その他の自由主義世界を目指した人々であり、戦後の共産主義国ポーランドから見れば、早々に祖国を見限り、ナチ・ドイツの軛からの解放闘争にも、終戦後の新社会の建設にも参加しなかった、反愛国的にして反共の分子にほかならないからである。

## 「命のヴィザ」言説の誕生——『朝日新聞』の記事 1968

イスラエル国、ハイファ大学のローテム・コヴネルの論文「イスラエルにおける杉原千畝——遅ればせの受容」(二〇一七年)によると、杉原による右のロシア語覚書は、一九六八年七月、イスラエル国外務省アジア・オセアニア局からエルサレムのヤド・ヴァシェムにもたらされ、保存されることとなったものである、という(7)。

その年、駐日イスラエル国大使館の経済参事官で、かつて杉原ヴィザの受給者だったイェホシュア・ニシュリが、モスクワから藤沢市の自宅に一時帰国していた杉原の所在を突き止め、彼と四男の伸生を大使館に招いて、戦後初めて、一九四〇年夏の日本通過ヴィザの発給者と受給者の再会を実現させた。この出来事については、杉原伸生からの情報提供にもとづくとおぼしき古江孝治『杉原千畝の実像』(二〇二〇年)のなかに、現時点でもっとも詳しい描写がなされている。

一九六八年の初夏、杉原はモスクワから日本に一時帰国していた。ちょうどその時、駐日イスラエル大使館から藤沢の自宅に電話がかかってきた。この時、杉原は所用で不在だったため、妻幸子が電話を取った。用件は、杉原に会いたがっている人がいるので大使館まで来てほしいとのことだった。
杉原は、ビザを発給した避難民がその後どうなったのかを気にしていた。家庭で話題にすることはなかったが、彼らの消息が気がかりでイスラエル大使館を訪れたことがあった。その際に、大使館の職員に自分の住所と連絡先を告げていたのだった。

大使館からの呼び出しに、杉原は息子を伴って出かけた。同行した伸生によると、大使館で待っていたのはジェホシュア・ニシュリ経済参事官、モシェ・バルトゥール大使、ラビのマーヴィン・トケイヤー、そして大使秘書の赤池だった。

杉原に面会したニシュリは目を潤ませ、「お会いできて幸せです」と挨拶した。その後、杉原からもらったビザでどのようにリトアニアを脱出してイスラエルまでたどり着いたのか、涙を流しつつ話した。それは、ポーランドに残った叔父や叔母が虐殺された思い出と重なるものだった。カウナスで杉原から受けた温情は、ニシュリの心に深い感謝の思いになっていた。ニシュリは杉原に「何か私にできることがあれば、申し付けてください」と言った。(8)

コヴネル論文によれば、このときの面会の様子を記した報告書と併せて、杉原のロシア語覚書が、イスラエル国の外務筋を通してヤド・ヴァシェムにもたらされた、という。とすれば、文書の出所の可能性としては二つ考えられるであろう。ひとつには、ニシュリが何らかの方法で杉原のロシア語覚書を事前に入手し、それが本当に彼の手によるものか、東京で本人の確認を取りつけたうえで、外務ルートをつうじてヤド・ヴァシェムに送付した可能性がある。もうひとつ考えられるのは、杉原自身が、前年一九六七年、コラブ＝ジェブリクに書き送った覚書の写しをみずから所持しており、「あのヴィザ発給については、去年、ポーランドの歴史家の求めに応じて書いた、この覚書のなかに記した」として、そのさらなる写しを参考資料として駐日イスラエル国大使館に提供した可能性である。

続けて古江が述べているところによると、近年になってイスラエル国在住のニシュリの遺族からの資料提供により、一九六八年、東京のイスラエル国大使館に経済参事官として着任したイェホシュア・ニシュリが、一九四〇年七月三十一日、「カウナス・リスト」五五〇番で日本通過ヴィザを取得したJoszna（Joszua）Orlanskiであり、ひとつ前の五四九番に見えるPola Orlanskaがその妻、ひとつ後ろの五五一番に見えるJakob Orlanskiがその兄であったことが確認された(9)。このように、新天地へ移住を果たしたのちに、旧名を現地風に改める例が随所に見られるため（先のベンジャミン・グレイもおそらくそうである）、「カウナス・リスト」の同定作業は、今後も、遺族・末裔たちからの情報提供をもとに地道に継続していかなければならないのだ。

その一方で、私自身が行なっている「カウナス・リスト」の追跡調査においては、このオルランスキ家の三名が日本や上海に到来した形跡は、ＪＤＣの古文書や上海のポーランド領事館リストの上で、いまだ確認できていない。この確認が取れるまで、この三名がシベリア回り、日本経由ではなく、第二章で見たセガロヴィチやエデルシュテイン同様、モスクワからトルコ・ルート《ヽヽ》でパレスティナに移動した可能性も温存しておかなくてはならない（むろん、そのこと自体、オルランスキ／ニシュリが、一九四〇年七月のヴィザ発給について杉原に恩義を感じることを妨げるものではない）。

ここで、元ユダヤ難民のひとりが杉原の存在にたどり着いた経緯として、杉原が、往時のユダヤ難民たちの消息が気になって東京のイスラエル国大使館を訪れ、大使館員に自分の住所と連絡先を告げていった、という古江の記述もきわめて重要だ。再度、従来の「命のヴィザ」言説において定説と受け止められてきたところによれば、戦後、杉原の消息をつかもうと試みる元難民たちが、いくら日本の外務省に照会しても、「そのような人物の名前は記録に見当たらない」と返され（そこに「ちうね」を「センポ」と読んでいたため、という理由説明も加わり）、杉原が七十歳近くになるまで、彼に対する謝意の表明がなかなかできずにいた、とされてきた。しかし、ここで古江が述べているように、時期不明ながら、もしも往時のユダヤ難民たちの消息を気にかけた杉原の方から駐日イスラエル国大使館に接触を試み、連絡先を伝えたのだとすれば、事情はまた大きく変わってこよう。

私の目からすると、杉原と元ユダヤ難民たちの戦後の連絡が開通した経緯（あるいは、それまで開通しなかった理由）として、従来の通説よりも、この古江の著書に打ち出されている筋書きの方がずっと受け止めやすく感じられる。なぜといって、本書で先に見たとおり、一九五九年、エルサレムに滞在し、翌六〇年、アメリカのユダヤ諸団体のもとを渡り歩いた小辻節三の口からおそらくは発して、以後、世界のユダヤ・ネットワークに伝え広められていたとおぼしき「杉原・行方不明ないし死亡説」のせいで、潜在的に杉原の「その後」を気にかける元ユダヤ難民たちが彼との再会をほぼ諦めていたところへ（むろん、先述のベンジャミン・グレイのように、一九六三年時点で長男・弘樹との連絡に成功した例はあるものの）、逆に杉原の側から駐日イスラエル国大使館への連絡があったところから一気に接触のための手がかりが得られた、と考える方が、事の流れとしては自然と感じられるからだ。

穿った見方をすれば、前年一九六七年にコラブ゠ジェブリクの要請に応えて覚書を執筆したことをきっかけに、杉原自身、「そう言えば、あのヴィザを受け取った人たちは、その後、どうなったのか」としばしば気にかかるようになり、次に日本に一時帰国した折に、駐日ポーランド大使館と駐日イスラエル国大使館に問い合わせてみよう、と思い立った可能性もある。さらに穿った見方をすれば、杉原の十二葉の覚書を受け取ったコラブ゠ジェブリクが、最後のところで杉原から託された願望について、自分自身はポーランド政府筋やアメリカ在住のポーランド出身者たちへの斡旋の面で、残念ながらたいした役には立てそうにないが、杉原が一九六一年の朝日系週刊誌の記事として言及していたように、もしもイスラエル国に居を構えた元難民たちが杉原の消息を気にかけている、という事実があるのならば、東京のイスラエル国大使館をつうじて同様の斡旋依頼をしてみてはどうか、と示唆した可能性も考えられるだろう。

この杉原とニシュリ（オルランスキ）の二十八年ぶりの感動的な再会が、一九六八年八月二日、『朝日新聞』の夕刊一〇面で以下のように大きく報じられた。それまで「スギハラ」の名は、一九六四年、小辻節三による英語の自叙伝『東京からエルサレムへ』のなかで、姓のみ、一度きり、しかも「その後、行方不明となった。もしかするとドイツ軍に殺されたかもしれない」として言及されただけであったが、日本の公衆は、その四年後の『朝日新聞』紙上で、杉原千畝のフルネームと、彼の過去に関する活字情報に初めて接することとなったわけである。

以下の引用中、依然として、一九四〇年夏、リトアニアという〈あの時、あの場〉の現実とのあいだの食い違いを指摘せざるを得ない個所に傍点を付すが、もはやすべての点について食い違いの内容まで説明するには及ばず、解説は、アルファベットの記号を付したものに限定する。

**▼ユダヤ難民四〇〇〇人の恩人　イスラエル、息子を留学に招待**
**ナチの迫害から守る　杉原さん　大戦中、ビザ交付**

第二次世界大戦のさなか、約四千人〔A〕のユダヤ人難民をナチス・ドイツの迫害から守った元日本外交官の息子が、駐日イスラエル大使館などの呼びかけで近く同国に留学する。ユダヤ人たちから命の恩人と感謝されているのは、当時ヨーロッパの小国リトアニア（現在ソ連領）のカウナスにあった日本領事館の領事代理杉原千畝（ちうね）さん（六八）。いま商社の駐在員としてモスクワにおり「二十八年前の恩に報いたい」というイスラエル官民の申出で、四男の伸生（のぶき）君（一九）＝神奈川県藤沢市〔以下住所、略〕＝がエルサレムのヘブライ大学に給費生として学ぶことになった。

いまだ言葉以前ながら、「命のヴィザ」誕生の記念すべき瞬間である。

〔A〕につき、前年のロシア語覚書のなかで、杉原は、三五〇〇人ほどの「ポーランド人」にヴィザを発給し、そのうち五〇〇名ほどが「ユダヤ人」だったと思う、と述べていた。一年後、彼が『朝日新聞』の取材に対し、このように「約四千人のユダヤ難民」という数値的指標をもって応じたとすれば、その間、彼が、駐日イスラエル国大使館におけるニシュリとの再会の際、「あのとき、あなたからヴィザを受け取った人々は、ほぼ全員ユダヤ人だったのですよ」と教え諭された、という経緯が浮かび上がる。

ここでも、所詮推定の域を出ない数値の正否はさほど問題ではない。重要なのは――そして、それこそは「命のヴィザ」言説の誕生を画する決定的要素なのだが――、前年の覚書中の「ポーランド人、一部ユダヤ人」が、この記事では全面的に「ユダヤ人」に置き換わっていること、そして、ヴィザ発給の人道的動機が、「ソヴィエト体制から外に出られるようにしてやるため」という、前年の覚書中では自明すぎて言及さえされていなかったところから、記事中、もっぱら「ナチス・ドイツの迫害から守るため」にという文脈に付け替えられていることだ。

本書ですでに何度も指摘してきた「ボタンの掛け違え」が、以後しばらく、誰の目にも気づかれないものとして定着した瞬間と言うこともできるであろう。

続けて『朝日新聞』の記事より。

> 一九四〇年（昭和十五年）七月、カウナスにはポーランドなどから逃げてきた二万人余〔B〕のユダヤ人が不安な毎日を送っていた。ドイツ軍はヨーロッパ戦線でイギリス、フランス軍などを破り、進撃を続けるとともに、過酷なユダヤ人狩〔C〕をしていた。リトアニアもいつ戦争に巻きこまれるかわからない緊迫した情勢だった。「早く逃げなければ」――ユダヤ人たちはあせった。だが、脱出に必要な外国ビザ（査証）は容易に手にはいらなかった。戦火の拡大〔D〕で、カウナスの外国領事館は次々と閉鎖し、残った領事館もドイツに対する思惑〔E〕からユダヤ人にはビザをくれなかったという。

〔B〕につき、資料研究からは一万から一万五千という数字が確認されている（『虚構』八三～八四頁）。

〔C〕については、最終的に「狩」の一字をもって何が意味されているのか、時間軸の上で斟酌しなくてはならない。ユダヤ人を「狩る」「狩り出す」という表現は、「ユダヤ人」なる法的身分の制定から始まり、個々人の身元の同定、弁別指標の強制、身体的拘束、労働させながらの緩慢なる死、さらには瞬時の殺害まで、さまざまな段階について適用され得る。さらに場所ごとに、ドイツならびにドイツ占領地域（オーストリア、チェコ、ポーランド、オランダ、ベルギー、フランス）のそれぞれにおいて、いかなる「狩」がいつ始まったか、ナチスによるユダヤ政策が辿った三段階――（一）域外追放、（二）域内隔離（ゲットー化）、（三）絶滅――に照らして、慎重に見極めなければならないのだ。

〔D〕につき、カウナスの外国公館が「次々と閉鎖」していったのは、「戦火の拡大」によるものではなく、一九四〇年七月、リトアニア・ソヴィエト社会主義共和国の成立にともない、外交権がすべてモスクワに集中させられたためである。

〔E〕については、国の別を問わず、リトアニアの在外公館が「ドイツに対する思惑」からユダヤ人に対するヴィザの発給を手控えた、という事実はいずこにも確認されていない。

　こうしたユダヤ人たちの苦境に同情した杉原さんは「助けてあげよう」と決意した。「日本のビザがもらえる」と聞いて難民たちはたちまち領事館に殺到した。ただ一人で領事館を守っていた杉原さんは、黒山のように押しかけるユダヤ人たちを前に、早朝から深夜までイスにすわったまま数日間、約四千枚〔F〕のビザを書き続けた。

〔F〕につき、「カウナス・リスト」として記録に残されているのは、のべ二一四〇通であり、うち手書きされたことが判明しているのは、主に八月一日発給分までの八〇〇通強と推定される。

だが、杉原さんのとった人道的措置は、日本外務省の怒りを買ったという。日独伊三国同盟調印の直前で、ナチス・ドイツに対する遠慮からだった。杉原さんは終戦後、ソ連で抑留生活を送ったのち、二十三年帰国したが、間もなく外務省をやめなければならなかった。カウナスでの行動がその原因だったという。

杉原さんに救われたユダヤ人たちは日本へ逃げたり、途中で他の国へコースを変えたりして、苦難の道をたどったが、一九四八年（昭和二十三年）ユダヤ人の国、イスラエルの誕生で、放浪生活から解放された〔G〕。

〔G〕の表現からは、杉原からヴィザを得た多くのユダヤ難民たちが、一九四〇〜四八年、日本を含め世界じゅうの国々を「放浪」した末、大方、新たに建国されたイスラエル国に「アリヤー」を果たし、ようやく安住の地を手に入れたという含意が生じる。記事の主題そのものが、東京のイスラエル国大使館で実現した歴史的再会である以上、やむを得ない面もあろうが、元難民たちの再定住先の国別の割合は、今後、「カウナス・リスト」の分析をつうじて慎重に見極めていく必要がある。少なくとも、私自身が「カウナス・リスト」とその他の資料との照合から得られている感触では、元難民たちが再定住先として選んだ場所として、英領パレスティナ／イスラエル国が必ずしも突出しているようには思われない（移住先として最多は、やはりアメリカ合衆国である）。

ともあれ、前年一九六七年に杉原からコラブ゠ジェブリクになされた愛息のための学資支援要請は、当初、杉原が望みをかけたようにアメリカ在住の元ポーランド難民たちではなく、駐日イスラエル国大使館のとりなしにより、イスラエル国政府によって叶えられることとなったわけである。それ自体は喜ばしいことであり、イスラエル国民による「恩返し」の逸話として心温まるものである。

問題はあくまでも、その「恩」の中身にかかわる歴史の真相だ。

## 一度目の「諸国民のなかの義人」認定審査　１９６８‐１９６９

イスラエル国政府は、大戦終結から八年後、建国から五年後の一九五三年、「ショアーならびに英雄主義記念法」を制定するとともに「ヤド・ヴァシェム゠ショアーならびに英雄主義記念庁」の設置を命じ、その任務として、第二次大戦中、ユダヤ教徒・ユダヤ人をナチ・ドイツによる迫害・絶滅から救うため、みずからの命や立場を危険にさらした人々を「諸国民のなかの義人」と認定し、顕彰することを定めた[10]。ヤド・ヴァシェム記念館は、一九五四年七月二十九日に起工し、一九五七年に開館に漕ぎつける。一九六二年には、ヤド・ヴァシェムの内部に「義人認定委員会」が設置され、最高裁判所の権限の下に置かれることとなった。その間、記念館の立ち上げと「義人」認定制度の構築に大きな役割を果たしたのは、ベン＝グリオン政権で宗教副大臣として起用されたゾラフ・ヴァルハフティグであった（一九六一〜一九七四年、宗教大臣）。

コヴネル論文によると、ニシュリが藤沢市に杉原の所在を突き止めたのは「一九六八年の初め」のことであったという。そして、これも既述のとおり、杉原と駐日イスラエル大使館の面々との面会に関する報告が、杉原によるロシア語の覚書を添えて、同年七月、イスラエル国外務省アジア・オセアニア局からヤド・ヴァシェムになされた、というのだ。このとき、イスラエル外務省からヤド・ヴァシェムに宛てられた手紙には、杉原が、その誠実さをもって居合わせた人々に深い印象を与え、ポーランド生まれのバルトゥル大使も、彼の語りを説得力十分のものとして受け止めたことが記されていた[11]。つまり、この時点で、「諸国民のなかの義人」を含め、イスラエル国が杉原に対して何らかの称号を贈るに値するかどうか、ヤド・ヴァシェムの担当部局に打診がなされたことになる。

このときの打診の結果がいかなるものであったか、については、目下、コヴネル論文が唯一の情報源である。

だが、最高裁判事モシェ・ランダウ（一九一二〜二〇一一年）を委員長として杉原ファイルを検討した委員会が印象づけられることはなかった。その日本人外交官が実際にヴィザを与え、その行為が、他の多くの要因とともに、大人数のポーランド・ユダヤ難民の命を救うプロセスを最終的に容易にしたことには疑いの余地はなかった。しかしながら、委員会が受けた情報によると、杉原は、前述の行動を遂行しながら、みずからの生命ないし地位を危険にさらしたわけではなかった。このことは、本質的に、彼が、他の多くの領事たちとあまり変わらなかったことを意味する。「最終的解決」の施行（一九四二年一月）以前にユダヤ人たちにヴィザを与え、それにより間接的に、またみずからそうと知らないままに、彼らの命を救うのに助力した領事たちは数多く存在し、そのなかには、何人かナチ・ドイツを代表する人々さえ含まれていた。こうした理由をもって、委員会は、杉原に「諸国民のなかの義人」の称号を与えないことを決議したが、それでもやはり、彼をエルサレムに招待することとした。実際、一九六九年十二月十八日、杉原はヤド・ヴァシェムを訪れ、認定証を授与された。加えて、彼の末の息子で当時十九歳だった伸生は、エルサレムで学ぶための奨学金を受け取り、一九六八年八月末、イスラエルにやって来たのだった。

杉原ファイルは、そこからさらに十五年間、待機せねばならなかった(12)。

今後、コヴネルが執筆中の書物などをつうじて、このときの認定委員会の審議の内容を記した公文書が開示されることを期待しながら、一九六八〜六九年時点におけるイスラエル国——より具体的にはヤド・ヴァシェムの「諸国民のなかの義人」審査を担当する委員たち——による杉原の事例の受け止め方に十分目を凝らしておきたい。この段階で、杉原本人が駐日イスラエル大使館の面々に述べた話の内容報告と、前年、コラブ＝ジェブリクのために杉原が作成したロシア語の覚書をもとに審査委員会が検討した結果、

(一)「義人」として認定されるためのいくつかの条件のうち、ユダヤ人を救おうとする行為によってみずからの生命ないし地位を危険にさらした、という点で、杉原の事例は該当しない。

(二)ナチ・ドイツが「最終的解決」に乗り出す前の段階で(一九四二年一月の「ヴァンゼー会議」を待たず、時期を早く見るとしても一九四一年の秋以前)、ユダヤ人たちにヴィザを発給するなどして、間接的に、みずからそうと知らないまま、事後、結果的に彼らの命を救うこととなる方向へ行動を起こした人々は多数存在しており、杉原もまた、そのうちの一人と位置づけられる。

との判断に達していた、ということである。

この一九六八〜六九年段階でのヤド・ヴァシェム専門委員会による、賢明、かつ歴史的にきわめて妥当な判断を覆して、一九八五年、最晩年の杉原に「諸国民のなかの義人」の称号が贈られることとなった経緯について、この先、限られた資料をもとに、厳密な跡づけ作業を行なっていかなければならない。

私自身は、コヴネル論文中の「間接的に、またみずからそうと知らないまま（indirectly and unknowingly）」という副詞表現を非常に重視している。なぜといって、この表現は、私が『虚構』のちょうど中間あたりで述べた、この主題をめぐる結論とも言える考察をそのまま代弁してくれているからだ。

たしかに、そこ〔ヴィザ発給〕から十カ月後、翌一九四一年六月の独ソ戦開始以降にユダヤ・ジェノサイドがリトアニアで猛威をふるった事実は動かず、同年春までに出国しおおせていたポーランド・ユダヤ難民たちは、図らずも、その大災厄を免れることになった。ただ、これをもって、ド・デッカー、ツヴァルテンダイク、千畝、その他、ユダヤ難民たちの極東への逃避行を「助けた」とされる人々を「〈ホロコースト〉からユダヤ難民を救った義人、人道の人」として称揚し続けたいという場合でも、その〈救い〉は、当人たちの意図や予見をこえたところで事後的にももたらされたものであったという、この非情な時間差を、そろそろ史実として正しく

認識し、共有すべき時が訪れたと強く感じられる。（『虚構』二七六頁）

## マーヴィン・トケイヤーと杉原千畝　1968？

のちに「命のヴィザ」の主題形成に決定的な役割を果たすこととなる『河豚計画』（一九七九年）の共著者のひとり、マーヴィン・トケイヤーは、一九三六年、ニューヨークにて、ハンガリー系ユダヤ人の家庭に生まれた（その姓も、貴腐ワインで名高いハンガリーの地方名トカイ（Tokai）に由来するか）。[13] 両親のアメリカ移住の時期などに関する情報は、目下、得られていないが、のちに彼が犬塚きよ子宛の書簡のなかで述べたところによると、彼の家族のなかからはアウシュヴィッツの犠牲者が出ているという。[14] 一九五八年、ニューヨークのイェシヴァー大学を卒業。一九六二年、ラビの資格を得、同年、アメリカ空軍の従軍ラビとして初来日し、一九六四年まで日本で過ごす。一九六八年にふたたび来日し、ラビとして東京都渋谷区の日本ユダヤ教団に勤務した。その後、一九七六年まで日本に滞在し、ユダヤ人と日本人の比較文化論を発表。多くの著書や対談のなかで「日猶同祖論」的な議論を展開し、早稲田大学で古代ヘブライ文化を講じるなどした。

アメリカに帰国後、ユダヤ人学校の校長を歴任し、ニューヨーク州グレート・ネックでラビをつとめた。二〇一六年には日本政府から旭日双光章を贈られている。

一九六八年の初夏、駐日イスラエル国大使館の面々（モシェ・バルトゥル大使、イェホシュア・ニシュリ参事官、赤池大使秘書）と杉原の面会が実現したとき、トケイヤーもすでに二度目の日本滞在を始めており、杉原伸生が記憶するとおり、彼がその場に居合わせた可能性が高い。ところが不可思議なことに、トケイヤーがのちの自著『胡椒、絹、象牙』（二〇一四年）に記したところでは、彼が初めて杉原に会ったのは「一九七五年頃」、つまり彼の二度目の日本滞在の終わり頃のことだった、とされる。

私は杉原に、東京で一九七五年頃に会ったが、今にすれば、われわれが会ったとき、私がもっと年齢を重ね、より賢くなっていればよかった、と思う。そうしたら、私はもっと多くの、より賢明な質問をすることができたであろうに。私が杉原に、一九四〇年のリトアニアに日本人はいたか、と尋ねると、彼は「いや」と答えた。日本とリトアニアのあいだに通商があったか、と尋ねると、彼は「いや」と答え、そして、リトアニアとのあいだに何か文化交流があったか、と尋ねても、彼は、やはり「いや」と答えるのだった。

では、なぜ彼がリトアニアに任ぜられたのか、と私は尋ねた。すると彼は、自分はスパイだった、と語った。彼の説明によると、日本はナチ・ドイツの緊密な同盟国であったものの、ベルリンの日本大使館員らは、国内を移動する権利を完全には認めてもらえなかった。他方、日本政府はドイツの軍事的意図と軍隊の動きを知りたがっていた。杉原やほかの領事たちは、それぞれの受け入れ国の内部をお咎めなしで移動でき、軍事行動や軍隊の動きを観察することができたので、日本は東ヨーロッパのいたるところに多くの領事館を開設し、領事たちに対し、見聞きしたことを東京の当局に報告せよ、と命じたのだった。杉原も、家族でのピクニックを装って頻繁に国境地帯に出かけ、動きを観察していた(15)。

このあと、トケイヤーは、彼が『河豚計画』に描き出した杉原ヴィザ発給の経緯をおおまかに繰り返し、続けて杉原との面会の様子を次のように振り返る。

罠に陥った罪のないユダヤ人が脱出を試みようとしていながら、彼らの救助に動き出す人々がほとんどいなかった時代、なぜ、あのようなヴィザを書いたのか、と私が杉原に尋ねると、彼は答えた。「人生においては、誰にでも、善い行ないをする機会がある。それを行ない、あとはそのままにする。それについて文章を書いたり、言い触らしたりはしない。そこから金銭を得ようともしない。正しいことを、単にそれが正しいことだから行なうまでだ」

杉原は、彼がヴィザを発給した難民たちのいずれかの消息を耳にしたことは絶えてないし、彼の行動が合衆国のユダヤ人のある世代全体に教師やラビをもたらすことになった、という認識も持ったことがない、と私に語った。杉原千畝（ちうね・せんぽ）がもたらした日本ヴィザは、何千人ものユダヤ人の命を救うこととなったのに、杉原はそのことを知らずにおり、杉原の息子、弘樹が私に語ったところによれば、彼の父親が自分の努力がいかに大きな成功を収めたか、この私〔トケイヤー〕から聞いた時、彼は「今日が、私の人生で最良の日だ」と述べたという。今日、杉原ヴィザによって救われた人々の子孫として、およそ十万人のユダヤ人がいる。(16)

ことさら年号に拘泥するようであるが、トケイヤーが一九六八年の東京で、杉原とニシュリの再会の場に居合わせた可能性の高さと、のちのトケイヤーが掲げる「一九七五年頃」という時間的指標とのあいだの不整合を正しておく必要がある。トケイヤーがここで「一九七五年頃」のことと位置づけている杉原とのやり取りは、やはり一九六八年、東京のイスラエル国大使館か、あるいは、その直後に場を改めて行なわれた、と見るのが合理的なのだ。

その第一の理由は、一九七三年のおそらく年末近く、トケイヤーがヤド・ヴァシェムの館員ドニア・ローゼンに宛てた手紙である（『資料集』四〇四〜四〇五頁）。そのなかでトケイヤーは、「以前、東京に彼〔杉原〕がいた時、私も彼のもとを訪れました」と述べており、両者の面会が行なわれたのが一九七三年以前であったことをはっきりと示しているのだ。

第二の理由は、杉原がトケイヤーに述べたとされる内容そのものである。トケイヤーによれば、杉原は彼に対し、「それ〔過去のヴィザ発給〕について文章を書いたり、言い触らしたりはしない」」、あるいは「ヴィザを発給した難民たちのいずれかの消息を耳にしたことは絶えてないし、彼の行動が合衆国のユダヤ人のある世代全体に教師やラビをもたらすことになった、という認識も持ったことがない」と語った。そしてトケイヤーの側から、「あなたの日本ヴィザが何千人ものユダヤ人の命を救うこととなったのに、あなたは、単にそのことを今日まで知らずにいたのですよ」と諭され、その日、帰宅した杉原が息子・弘樹に「今日が、私の人生で最良の日だ」と述べた、ということを、トケイヤーは後日、弘樹から伝え聞いたというのである。

しかし、杉原は、一九六八年、実際に元難民のニシュリ（オルランスキ）と面会した後、『朝日新聞』の取材を受けて過去のヴィザ発給について語っており、翌六九年には、イスラエル国の招待によりエルサレム留学中の伸生を訪ね、ヴァルハフティグとも面会している。すべてそれらを経たうえで、七年ほど経った「一九七五年頃」に、彼が「何も語ってこなかったし、認識すらしていなかった」とそれまでの経緯を振り返っていたとするのは、いかに見ても辻褄が合わないのである。

よって、トケイヤーの『胡椒、絹、象牙』のなかで回顧されている杉原とのやり取りは、「一九七五年頃」ではなく、一九六八年、杉原の一時帰国中になされたものの追想と位置づけて、以下、トケイヤーによる『河豚計画』執筆の経緯を再構成することとする。

## 加瀬英明「日本のなかのユダヤ人」1971

私の調査が及んでいる限り、一九六八年八月二日の『朝日新聞』夕刊に続いて杉原千畝に言及した日本語文献は、一九七一年、『中央公論』五月号に掲載された、国際関係評論家、加瀬英明による一文「日本のなかのユダヤ人」である。

昭和一五年一月六日は、敦賀でもとくに寒い日だった。日本海から冷たい風が、敦賀駅になぐりつけるように吹いていた。

駅には、百人近い異様な風体の西洋人が集まっていた。彼らはちょうど、関東州の大連から連絡船に乗って、日本に着いたヨーロッパからの避難民であった。それは長い旅だった。昭和一三年にナチ・ドイツがソビエトとポーランドを分割してから、ドイツ占領地区ではすでにユダヤ人の虐殺が始まっていた。この避難民のグループは、ヨーロッパからナチの魔手を逃れて日本に着いた第一陣であった。

彼らはポーランドにある小さな町を出発してから、リトアニアの日本領事館で日本の入国査証を手に入れ、シベリア鉄道で満州までたどりついたのだった。全員が膝まで隠れる長い外套を着て、故郷の小さな町ではユダヤ教の戒律を厳しく守って、髭を剃らないので、黒い山羊髭を垂らしていた。敦賀駅から、神戸に向おうとしていたのである。

（二三四頁、傍点は引用者による）

紙幅の制約もあり、傍点を付した加瀬の記述に、本来、ほどこさねばならない歴史的修正（かなりの量におよぶ）は、すべて『資料集』（四〇一〜四〇三頁）に譲る。

このように戦時期日本へのユダヤ難民到来の模様を具体的に描き出した文章は、私の知る限り、この加瀬の記事が初めてなのだが、学術論文ではないため註のたぐいが皆無なのはやむを得ないとしても、加瀬自身、これら具体的であることこの上ない情報を一体どこから入手したのか、文中にも一切断り書きがない。

しかし、日本現代史の興味深く、謎深いひとコマを抉り出してみせた一文として読み流してください、というにしては、あまりに重要な、しかも、ほかのどの文献にも未出の情報が、まさに「てんこ盛り」なのである。

ヨーロッパからユダヤ人避難民が、満州に初めて着いたのは、この二年前〔一九三八年〕の一一月であった。ドイツを逃れた約三〇人のユダヤ人家族が入国査証なしに満州里に着き、満州里の日本領事館を困らせた。難民が提示したドイツ旅券には、赤い字でユダヤ人のJというゴム印が大きく押されていた。〔……〕

もっとも、ナチの死の手を逃れたユダヤ人難民が日本支配下の中国大陸や日本へ向うことは、かなりまえから判っていた。一一月一九日にはウィーンの山路章総領事から「当国国籍ヲ有スル猶太人グスタフ・フォーゲルフード」が宝塚音楽学校の教師として日本へ招聘されたという手紙をもって、「本邦行査証（妻同伴）ヲ求メ来リタルモ〔……〕日独国交ニモ面白カラザル影響ヲ与フル惧モアルニ付渡航阻止方然ルベシト存スル」意見を具申している。〔……〕

一一月二二日には、青島の大鷹正二郎[17]総領事が本省へ「猶太人避難民入国ニ関スル件」と題して、「本官トシテモ渡航猶太人ノ殆ド全部無資力ナルヤニ鑑ミ当地移住ハ少クトモ益ナク、殊ニ共産関係等有害ナルヲ以テ出来ルナラバ拒否スルコト機宜ノ措置ト思考ス」といってきている。それでも上海の日高信太郎総領事のようにユダヤ人難民の扱いにあたっては「貧困等ノ理由ニヨリ手心ヲ加フルコト然ルベシ」（一二月七日外相宛電文）といった意見もあった。このころ、リトアニアのコブノにあった日本領事館では、杉原千畝領事がやってくるユダヤ人に対して本省にきかずに日本の入国査証を濫発していた。このために杉原は譴責されることになる。

（二三六～二三七頁）

一見、史資料の広範かつ緻密な踏査のうえでなされた著述に見えるかもしれない。しかし、よくよく注意して読み直してみると、史資料の援用が、本来、まったく別々である二つの事象の境界線をぼかす「目くらまし」としてなされていることがわかる。ほかでもない、一九三八年十一～十二月の時期、「クリスタルナハト」事件の余波により、ドイツ・ユダヤ移民たちが、大多数はインド洋航路で上海へ、少数は陸路シベリア経由で満州国へ、移動を開始した時期を「このころ」と呼び、それを一年八ヵ月後、一九四〇年七〜八月のリトアニア、カウナスでの杉原による日本通過ヴィザ発給の事跡に関連づけることは明らかに無理なのだ。このように、一九三八年末と一九四〇年夏という時期的な違いと、ドイツ・ユダヤ移民とポーランド・ユダヤ難民の境目を曖昧にされることによって、読む側では、杉原領事が譴責を受けることとなった事実や経緯も、すべて直前まで引用されている外交文書と同様、一点一点、立証済みに違いない、と受け止めてしまいかねないのだ。

加瀬英明の「日本のなかのユダヤ人」をめぐっては、のちに犬塚きよ子（旧姓・新明、一九〇九〜九二年）が『ユダヤ問題と日本の工作——海軍・犬塚機関の記録』（一九八二年、以下「きよ子」と記す）のなかに以下のような回想を残している。


昭和四十六（一九七一）年の初め、電話で、

「加瀬俊一の息子英明の秘書ですが、ご主人はいつお亡くなりになりましたか？」

との問い合わせがあった。亡夫惟重と加瀬俊一さんとは旧知の仲だったので、今ごろその訃を知っての問い合わせと、好意的に解釈して、

「四十年の二月十九日ですが、何かご用ですか？」と答えたが、

「いいえ、別に」で、おしまいだった。

ところが驚いたことに、その年「中央公論」五月号に、「日本のなかのユダヤ

人」〔……〕の一文が載った。書き出しは戦前神戸に滞在したユダヤ避難民の状態で、次いで外務当局などのユダヤ対策、次に「日本海軍の反ユダヤ主義者」として、犬塚惟重を俎上に上げている。

「犬塚は大陸でユダヤ人工作を行なったので、表面ではユダヤ人の友人のように装って振舞った。ところが㊙扱いになっている文書や……講演でユダヤ主義の禍害を攻撃し続けている。……やがて上海では無国籍ユダヤ人避難民を収容する『居住地区』が設けられ……鉄条網で固まれていた……」

四年間、犬塚機関長秘書として上海でのユダヤ工作に密着していた私の存在を知りながら、全然取材をしないで、「海軍の反ユダヤ主義者」ときめつけたり、在任中はユダヤ居住地区に鉄条網を張るなどの非人間的なことをしたことのない、むしろ三万のユダヤ人たちから庇護者と思われていたはずの犬塚を色眼鏡で見た記事であった。

当然、犬塚を知る人々から「自ら、何も発言できなくなった故人を傷つけることは卑怯だ」とか「抗議を申し込むべきだ」との声があがったが、まだ故人の人権擁護の判例もなかった時であったし、私は法廷で争うのも嫌だったので、とにかくいつかは文筆で誤解を訂正したいと思っていた。

（きよ子、五～六頁）

犬塚惟重（一八九〇～一九六五年）は、日本海軍内のいわゆる「ユダヤ通」として、一九三九年四月から支那方面派遣軍艦隊付の嘱託として上海に拠点を置いた。太平洋戦争開戦を経た一九四二年三月、洋上勤務に戻るまで、彼が、私設秘書の新明（当時）きよ子、その他、数名の部下とともに上海の「ユダヤ対策」をいかに取り仕切ったかについては、私自身、JDC文書と、当時、現地で出ていた邦字新聞『大陸新報』の記事を主たる情報源としながら、目下、再検証を急いでいるところである。(18)

加瀬が犬塚惟重を「海軍の反ユダヤ主義者」と「きめつけた」という、きよ子の憤慨が当を得ていたか否かを含め、ここで話題を上海のユダヤ難民の物語に切り替えるわけにはいかない。ただ、杉原千畝の「命のヴィザ」に関心があり、なおかつ日本軍政下の中国・上海のユダヤ難民についても、いくばくかの予備知識をお持ちの読者諸氏には、ここで、加瀬英明の右の一文と、それに対する犬塚きよ子の反発、言い換えるならリトアニアの文脈と上海の文脈を関連づけねばならなくなった私の、「話がこじれるのは、ここから先なのだ……」という ため息を共有していただけるのではないか、と思う。リトアニアに避難したポーランド・ユダヤ難民の逸話と、ドイツ＝オーストリア出自を中心とするユダヤ移民が上海に築いた居留地の逸話は、それぞれ複雑きわまりない物語群を構成しており、同じユダヤ、同じ戦時期日本に関わるものとはいえ、できることなら個々に論じ分けたい二項目なのだ。ところが、一九七〇年代以降、右の加瀬の記事を筆頭に、戦時期日本のユダヤ難民をめぐる語りは、これら二つの文脈を実に隠微に寄りかからせながら互いに根拠として利用し合わせるような構造を見せており、その歴史に立ち向かうわれわれも、一方から他方へ、またその逆へ、絶えず視線を行き来させねばならない仕組みになっているのである。

## 小辻節三の死 1973

東京、渋谷区の日本ユダヤ教団のラビ、マーヴィン・トケイヤーは、二度目の日本滞在も三年目を迎えた一九七一年、加瀬英明の訳より、日本で初めての著書となる『ユダヤ五〇〇〇年の知恵――聖典タルムード発想の秘密』を上梓した。右の加瀬の記事「日本のなかのユダヤ人」も同年に発表されていることから、加瀬は、トケイヤーの英語原稿を日本語に訳しながら、同時に、戦時期のユダヤ難民についてトケイヤーから得られた情報――杉原がユダヤ難民を優遇したことにより「譴責」を受けた、という点も含めて――をもとに、トケイヤーがのちに『河豚計画』の基礎資料として漠然と言及することとなる「コーガン文書」[19]も一部参照させてもらいながら、右のように典拠を一切抜きにした『中央公論』の記事を書き上げたものと推測される。

そこから二年を経た一九七三年四月初旬、トケイヤーは、オータム・プレス社のナフム・スティスキンを日本語通訳として伴い、犬塚きよ子のもとを訪ねた。その年の一月、『自由』誌に掲載された故・犬塚惟重の「日本の〝アウシュビッツ〟は楽園だった」(一九六一年五月、『世界と日本』に掲載されたものの再録)と、それに併せて掲載された、きよ子自身による「ユダヤ人を保護した帝国海軍」の内容にトケイヤーが関心を抱き、「資料を見せてもらいたい」と申し入れたのだ（きよ子、三〜四頁）。きよ子によれば、「私の保管している資料の大部分は『極秘』とか『部外秘』の朱印のあるものであるし、当時の事情を理解しない日本人が英訳すれば、どんな誤解を生じないとも限らないので、当たり障りのない英文の往復書簡などを貸しておいた」という。ただ、ユダヤ教暦五七〇一年のプーリム祭（一九四一年三月）に際し、犬塚による日頃からのユダヤ人に対する奉仕に感謝の意を込めてアメリカ正統派ラビ連合のフランク・ニューマンから彼に贈られた銀のシガレット・ケースを見せたところ、トケイヤーは非常に興味を示し、食い入るようにそれを見つめた。その後、きよ子から借りた資料をもって、上海、香港、厦門など、戦時期の上海を知るユダヤ人たちのもとを訪ね歩いたトケイヤーは、定期的に、犬塚惟重ときよ子の旧知のユダヤ人たちの消息を伝えてきたという。ここから、トケイヤーが『河豚計画』の執筆に向けて手応えを感じ、その素材収集に本格的に乗り出したのが一九七三年のことであった、という推測が成り立つ。

他方、一九七三年五月、トケイヤーは、ニューヨークの小辻節三から「杉原に会いたい」という主旨の手紙を受け取っている(20)。

一九六四年の自叙伝のなかで杉原死亡説を仄めかした小辻が、実のところ杉原は存命中であると知ったのがいつのことだったのか、判然としない。

正確な時期は不明ながら、一九六〇年代の後半、小辻は仕事と生活の場をアメリカに移す決断を下したが、妻や娘が病気がちであったことから、当面、一人でニューヨークに住み、生活の基盤ができてから家族を呼び寄せることとした[21]。一九六八年八月、『朝日新聞』の記事をつうじて杉原の名が公論の場に躍り出たときも、小辻はすでにアメリカに居を移したあとだったかもしれない。

日本人として初めてユダヤ教徒となった人物に、日本ユダヤ教団のラビが接触を図らない方が不自然であり、トケイヤーは、おそらく一九六二〜六四年の一度目の日本滞在中にすでに小辻と懇意になっていたと思われる。そのトケイヤーが、のちに小辻の評伝の著者、山田純大に語ったところによると、ニューヨークでの小辻の生活は決して恵まれたものではなかった。小辻は、教鞭を執ることを希望しながらもそれが叶わず、アルバイトをしながら講演活動や執筆を行なっていた。それでも、周囲に多くのユダヤ人の友人がいたため、心の平静を保ちながら暮らすことができた、という[22]。

一九七三年五月、小辻は、東京のトケイヤーに宛てた手紙のなかで、杉原と自分の境遇を重ね合わせながら、「彼（杉原）に会いたい」旨を伝えた[23]。その直後、ニューヨークから日本の家族のもとへ、小辻重篤の報が届く。彼は胃癌に冒されており、すでに末期の状態にあった。日本から駆け付けた娘に付き添われて帰国した小辻は、最後の数カ月を妻と二人の娘の介抱を受けながら過ごした。

一九七三年十月三十一日、永眠。

「エルサレムで眠りたい」という遺言を小辻から託されていたトケイヤーは、遺体を引き取って聖路加病院でエンバーミング処置をほどこし、イスラエル国への空輸の準備にかかった。しかし、時は第四次中東戦争の停戦直後で、手続きは難航を極めた。そのような折、トケイヤーから連絡を受けた宗教大臣ヴァルハフティグが特別措置を講じ、遺体をロンドン経由でイスラエル国に運び入れる段取りを整えた。数日後、停戦監視下の厳戒態勢のなか、小辻の遺骸は、ヴァルハフティグや元ミール・イェシヴァーの神学生たちに付き添われてエルサレムの墓地に運ばれ、埋葬された[24]。

推測の域を出るものではないが、生前の小辻とトケイヤーのあいだでは、一九六八年、杉原の所在が突き止められて以来、一九四〇年夏、カウナスでの杉原の行為をユダヤ教徒・ユダヤ人にとっての〈救い〉として顕彰すべきである、との認識が共有されていたと考えられる。

他方、すでに一度言及した、トケイヤーからヤド・ヴァシェムの「諸国民のなかの義人」局局長ドニア・ローゼン宛の手紙（『資料集』四〇四〜四〇五頁）からは、一九七三年のいずれかの時期に、トケイヤーがヤド・ヴァシェム所蔵の杉原関係文書——つまり一九六八〜六九年、一度目の「義人」認定審査にかけられた書類——を入手し、一九六七年のロシア語覚書のなかで杉原がコラブ＝ジェブリクに提供を申し出ていた、カウナスの領事館の外に集まった難民たちの写真の所在をローゼンに尋ねた経緯が確認される。

このとき、ヤド・ヴァシェムのローゼンがトケイヤーからの照会にどう応じたのか、目下、不明である。のちの一九七九年、『河豚計画』の口絵に初めて掲載されることとなる有名なカウナスの領事館前のヴィザ申請者たちの写真が、一九六七年、追って杉原からコラブ＝ジェブリクに提供され、それが杉原の「覚書」とともにヤド・ヴァシェムに納められていたのならば、ローゼンはその写しをトケイヤーに送ったことであろう。もしも、その写真がヤド・ヴァシェムに納められていなかったとすれば、トケイヤーは、別途、杉原本人や藤沢の家族たちに申し入れ、写真を入手したことになる。

## 犬塚惟重のシガレット・ケース（その一）１９７５-１９７９

このように一九七三年、小辻節三の死をひとつの契機として、犬塚惟重と杉原千畝の両面で資料収集や聞き取り調査を開始したトケイヤーは、一九七五年夏、ふたたび犬塚きよ子に面会を申し入れた。その際、彼は、在日も七年になるが、一度アメリカに立ち寄ってからイスラエル国へ移り住むことを決意した、ときよ子に告げ、先に見せてもらった銀のシガレット・ケースをイスラエル国の博物館に寄贈してもらえないか、ともちかけた。

イスラエルの博物館に展示され、あのホロコーストの時代、世界中の国がユダヤ人の入国を拒否した時に、あなたのご主人が、上海で三万人のユダヤ人を迎え入れ、一人も失わず保護してくれたということの証拠として、永久にユダヤ人の宝物になるのですから、ぜひ実現させてください。（きよ子、一二一頁）

つまり、このとき、トケイヤーは、ナチスによる絶滅政策からユダヤ人を「救った」と評価し得る人物として、日本から少なくとも犬塚を推し、同時に二度目の挑戦ながら杉原をヤド・ヴァシェムに再推薦しようと考えて、その物証となり得る品々——銀のシガレット・ケースであれ、カウナスのユダヤ難民たちが写った写真であれ——の追跡にさかんに動き出したのだ。

きよ子は、しばし熟考の末、一九七六年六月、離日間際のトケイヤーにシガレット・ケースを預けた。すると九月末、トケイヤーから、結局、イスラエル国ではなく母と兄弟が住むフロリダ州のマイアミに居を構えることにしたが、シガレット・ケースはしっかり自分の手元にあるので心配しないでほしい、との連絡がきよ子にあった（きよ子、一一五頁）。

これに先立ち、日本を発つ前のトケイヤーは、かつて上海で犬塚が率いる特別調査部の一員としてユダヤ対策に携わった柴田貢《みつぎ》（一九一〇～七七年）の所在を突き止め、二、三日にわたり、東京都内某所でインタヴューを行なっていた。柴田夫人の記憶によれば、このときトケイヤーは、柴田が上海時代に親しくしていたユダヤ人たちに次々と国際電話をつないで話をさせてくれ、柴田はこれを大いに喜び、また、トケイヤーの連絡網の精度に驚いていたという。[25] 柴田貢は、翌一九七七年十二月に他界するが、のちに『河豚計画』に盛り込まれることとなる柴田の逸話――SS将校ヨーゼフ・マイジンガーの肝煎りで上海の日本軍政当局により極秘裏に進められようとしていたユダヤ絶滅計画が、柴田の果敢なリークのおかげで、すんでのところで食い止められた、というもの――は、この時期にトケイヤーの手でまとめられたものと見られる。

続けて、きよ子の回想によれば、一九七七年一月末、人を介してトケイヤーから電話連絡があり、シガレット・ケースの贈呈式のことでイスラエル国から手紙が届いているはずだが、式に出席してもらえるだろうか、と打診された。そのような連絡など受けた覚えのないきよ子が不審に思っていると、翌一九七八年十一月になって、ヘブライ大学のシャローム・パウルから、長らく手紙の行き違いがあったことを詫びつつ、シガレット・ケースを寄贈する場合、建設中の博物館（ヤド・ヴァシェムの新館を意味するか？）とヘブライ大学の図書館のどちらを希望するか、返事を請う手紙が届いた。

これに対し、きよ子は、健康上の理由からイスラエル国での贈呈式には出向けないこと、寄贈先としては「ホロコーストのための博物館」を希望することを伝えた。すると、翌七九年一月、ふたたびパウルから、トケイヤーが七月にイスラエル国に来る予定となっているため、その際、在イスラエル国日本大使館でシガレット・ケースの贈呈式を執り行ない、その模様をきよ子にも過たずに報告する、と約束する返信があった。

きよ子が、これで懸案のシガレット・ケース寄贈の件も目途が立った、と安堵した矢先、『週刊文春』と『文藝春秋』の誌上で、一九七九年一月、トケイヤー、スウォーツ共著の『河豚計画』なる英語の書物が刊行されたことが報じられ、一部、その内容も紹介された。その紹介文だけからも、内容の調査不足、誤認識が危惧されたきよ子は、同書の日本語訳を出すこととなっている日本ブリタニカ社に対し、かつて、きよ子がトケイヤーに提供した写真資料がどのように使用されているか、ゲラ上での確認を求めた。日本ブリタニカ社の編集者が持参した写真版ゲラ刷りを見ると、「案の定それは孫引きのような写真で、しかも二、三説明に間違いもあった」。そこで、きよ子は、『河豚計画』の日本語版が出来上がるのを待って、「はっきり認識不足、間違いとわかる部分には、なんらかの形で将来私として訂正してゆく腹を固めた」(きよ子、一七頁)。

同年九月に刊行された日本語版『河豚計画』の本文を一読して、きよ子を「驚かせるというより怒らせた」のは、トケイヤーがあれほどイスラエル国への寄贈に執着した銀のシガレット・ケースが、まったく権威のないもののように扱われていることであった。そこで、きよ子は『河豚計画』の記述の一部に訂正を求める手紙をトケイヤーに書き送り、併せて、日本語版の版元、日本ブリタニカ社にも訂正を求めたところ、同社からは「トケイヤー氏からの訂正文がきたうえで、再版の際考慮します」との返事があった(同、二三頁)。

『河豚計画』の記述をめぐって犬塚きよ子からトケイヤーに訂正の申し入れがあったという、この逸話を今日の目から振り返る際に、決して見失ってはならない文脈がある。実のところ、『河豚計画』における上海ユダヤ関連の記述の問題点は、犬塚きよ子が亡夫・惟重の名誉にかけて懸命に是正を求めているシガレット・ケースの扱い方などよりも、戦時期の上海に、『河豚計画』に描かれているような日独共謀のユダヤ絶滅計画が本当に存在したか否か、その史実性如何の方なのだ。ただ、この後者の点について、日米開戦を経た一九四二年三月、洋上勤務に戻った犬塚惟重と、佐世保経由で日本に戻ったきよ子は、時期的に何も知り得ず、上海ユダヤ絶滅計画や「無国籍避難民指定居住区」（いわゆる「上海ゲットー」）に関するトケイヤー、スウォーツの記述について、その正否を判ずる立場にもなかった。端的に、犬塚惟重が一九六一年五月号の『世界と日本』誌に掲載した「日本の〝アウシュビッツ〟は楽園だった」という一文は、彼が上海に常駐するようになった一九三九年四月から、洋上勤務に戻る一九四二年三月までの三年間を評価するための材料にこそなりこそすれ、続いて、實吉敏郎（一九四二年四月〜一九四三年六月）と久保田勤（一九四三年七月〜終戦）が上海のユダヤ関連業務を取り仕切った時期については、証言や記録として、何ら有効性をもつものではない。日本軍政下の上海におけるユダヤ難民たちの居住地を、戦後になって「アウシュビッツ」になぞらえるのは、書き手、犬塚の自由であるとしても、それが「楽園」だったか否かを論じたり、判じたりすることは、一九四二年四月以降の上海を知らない犬塚の力量を超え出る業であったはずなのだ。

同様に、きよ子による『河豚計画』批判も、あくまで犬塚惟重が上海ユダヤ問題を取り仕切った時期に関する諸点につき、トケイヤーの誤謬や不正確をあぶり出す意味に留まり、『河豚計画』全体を貫く、それらをはるかに超えた問題点については、本来あるべき批判の体をなしていない。むしろ、きよ子の著書『ユダヤ問題と日本の工作』は、トケイヤー、スウォーツ『河豚計画』の全体的な問題点を不問に付すことにより、犬塚離任後の上海に関する『河豚計画』の筋書き、なかんずくユダヤ絶滅計画を、「親ユダヤ」の犬塚が去ったあとならば実在しても不思議はないものとして、暗に是認することにさえなっている。犬塚きよ子が、犬塚惟重の元私設秘書にして寡婦としてのみならず、日本の一言論人としても『河豚計画』の歴史的読み物としての価値を検証に付していたならば、たとえ犬塚と自身が上海を離れたあとの時期に関する記述であっても、疑問視、問題視しなければならない要点は、シガレット・ケースの扱いといった次元を超えて、多々、浮かび上がってきたはずなのだ。

## 犬塚惟重のシガレット・ケース（その二）1979-1982

一九七九年、『河豚計画』の刊行後も、犬塚惟重のシガレット・ケースをめぐってトケイヤーと犬塚きよ子のあいだで交わされた往復書簡の詳細は煩瑣を極めるが、一九八〇年代初め、イスラエル国、とりわけヤド・ヴァシェムが、〈ホロコースト〉の惨禍からユダヤ人を救った非ユダヤ人たちの顕彰にどう取り組もうとしていたか、歴史の一端を垣間見せてくれる逸話として、以下、きよ子の回想（二三〜四四頁）をもとに要約しておく。

一九七九年十月、イスラエル国滞在中のトケイヤーは、きよ子への手紙のなかで、『河豚計画』の内容訂正の件にはまったく言及しないまま、シガレット・ケース贈呈式の件で在イスラエル日本大使館との調整がうまく進んでいない旨を報告した。これに対して、きよ子は、トケイヤーが『河豚計画』の記述に対する疑義に正面から応じない限り、シガレット・ケースの寄贈そのものの意味が失われる、と釘を刺した。

十一月末、トケイヤーは、きよ子に宛てて、シガレット・ケースに関する細部は重要なことではなく、犬塚がナチ時代に三万人のユダヤ人を保護した事実こそが重要である、と反論。著書の訂正については、希望の個所を知らせてもらえれば、訂正文を日本ブリタニカ社に送付する、と約束した。

これに対し、十二月末、きよ子は、トケイヤーの犬塚に対する評価、感謝の気持ちが

『河豚計画』に反映されているとは思えず、むしろ、犬塚に対して反感を持っているようにさえ感じられる、と批判の手紙を書いた。すると、一九八〇年一月、トケイヤーからきよ子へ、犬塚の経歴について自身の困惑を伝える手紙が届いた。

トケイヤーいわく、日本の親ユダヤ派として知られている安江仙弘が「包荒子」の名で、さらには小辻節三が「朝比奈四郎」「朝比奈克彰」の名で反ユダヤ論を書いていたように、犬塚もが「宇都宮希洋」の名で反ユダヤ論をものしていたことを、あるとき知らされ、非常に驚いた。それが、犬塚の人間性を本に描く際に、一種の混乱を生じさせたことは否めない。それでもなお、犬塚に対する感謝の念には変わりがなく、ユダヤ世界の側から彼に名誉ある称号を捧げさせるようにしたいし、これからもあらゆる機会をとらえて、犬塚の功績を世に知らしめていきたい、というのだった。

これに対して、きよ子がいかに応じたのか、彼女の回想録からは必ずしも判然としない。

三月末、依然、イスラエル国滞在中のトケイヤーは、きよ子宛の手紙で以下を報告した。在テル・アヴィヴ日本大使、吉田長吉と三十分にわたる面会を許され、その際、大使には「ホロコースト」時代、いかに多くのユダヤ人が日本人に親切にされたか、力説しておいた。吉田大使はシガレット・ケースの贈呈式への参列を承諾し、イスラエル国側からもベギン首相の出席が決まって、外務筋ではすでに準備が始まっている。

しかし、その後、ベギン首相の心臓病、中東情勢、その他の理由により、贈呈式の計画が頓挫している旨を知らせるトケイヤーからの手紙が相次いだ。

一九八〇年十一月になって、しびれを切らしたきよ子が、次のプーリム祭（一九八一年三月）までに贈呈式の実施に目途が立たないようならば、シガレット・ケースをいったん自分の手元に戻してもらえないか、とトケイヤーに訴えると、翌八一年二月、ヤド・ヴァシェム館長イツハク・アラドから、きよ子へ、トケイヤーからシガレット・ケースの寄贈を受けたので、なるべく早い時期にこれを公開したい、という主旨の手紙が届いた。

それでもなお、シガレット・ケース贈呈式の段取りは進まず、一九八一年十月には、トケイヤーからきよ子へ、ヤド・ヴァシェム副館長モシェ・ユヴァルに直接手紙を書いて、イスラエル国外務省との交渉を急ぐよう、せっついて欲しい、との協力要請があった。きよ子は、そのとおりの手紙をユヴァルへ書き送る一方、この件につき、ヘブライ大学教授ベン・アミ・シロニー、小樽商科大学教授・丸山直起にも、ヤド・ヴァシェムとの連絡について協力を依頼した。

すると、ようやく一九八二年二月になって、去る一月二十七日、ヤド・ヴァシェム館長室にて、アラド館長、シロニー教授、丸山教授、その他の立ち会いのもと、贈呈式が執り行われた旨、報告の手紙がきよ子に届いた。同三月十二日、『エルサレム・ポスト』紙には、犬塚の人となりと、彼のシガレット・ケースがヤド・ヴァシェムに寄贈された経緯を記すタブロイド版一頁を埋め尽くす大きな記事が掲載された。記事には、犬塚の傍らに立つきよ子の肖像写真も添えられている（きよ子、四三頁に転載）。ただし、文中には、犬塚も安江も筆名で反ユダヤ的文書を書いていたことが判明しており、彼らを反ユダヤ主義者と見る向きも依然としてある、と書き添えられていた。
一九八二年九月、きよ子は、右の経緯をすべて記した『ユダヤ問題と日本の工作』を刊行した。

## 小辻節三の「反ユダヤ論」について

ここで時系列をいったん離れ、トケイヤーと犬塚きよ子のあいだの右のやり取りをつうじて補足的ながら明かされている、小辻節三による「反ユダヤ論」について短くも触れずに済ませることはできない。正確を期し、犬塚きよ子が、一九八〇年一月九日付のトケイヤーからの手紙として自著に引用している部分をここに再録する。

ユダヤ人と日本人との大きな相違点の一つは、言行一致、終始一貫性の概念です。もちろん、日本人は仏教徒であることは知っていますが、重要事の変換の思考についてです。ご主人は宇都宮の名で多くの反ユダヤ論を書き、安江大佐が包荒子の名で、小辻教授が朝比奈の名で反ユダヤ論を発表しているのは驚くべきことでした。（中略）これらの疑問は犬塚大佐の人間性を描くときに、一種の混乱を生じさせま

した。（きよ子、二一七頁）

『河豚計画』からは犬塚惟重に対する評価や感謝の気持ちが感じられず、むしろ、犬塚に対する反感が透けて見える。ときよ子に詰め寄られたトケイヤーは、こうして、かつて犬塚が「宇都宮希洋」の筆名で多くの反ユダヤ論をものしていたという事実が、自著『河豚計画』における犬塚の人物描写に微妙な影を落とした可能性を認め、併せて、それは「包荒子」の筆名で安江仙弘が、さらには「朝比奈四郎／克彰」の筆名で小辻節三までもが、ある時期、さかんに反ユダヤ論を発表していた事実を知ったときと同様、大きな驚きをもたらすものであった、と打ち明けているのだ。

一九三〇年代、『日本及日本人』『国際秘密力の研究』といった反ユダヤ主義を基調とする刊行物に筆名で寄稿していた論客たちを同定し、その調査結果を初めて公にしたのは、早稲田大学の小林正之（一九〇六〜二〇〇四年）であり、トケイヤーも、二度目の日本滞在中、懇意だった小林からその事実を知らされたのだろう。

小林は、自著『ユダヤ人、その歴史像を求めて』（一九七七年）のなかで次のように述べている。

宇都宮希洋が犬塚惟重であることは、この二つの名でおこなわれている無数ともいうべきヒステリックな反ユダヤ雑文献の重ね読みによって推察がつく。筆者にとって懸案だったのは北上梅石と包荒子だが、それがそれぞれ樋口艶之助、安江仙弘の匿名であることを、筆者は四王天〔延孝〕将軍から聞いた（昭和三三・三）。〔……〕犬塚や安江がそれぞれ宇都宮であり包荒子であること（つまり猛烈な反ユダヤの旗手であったこと）は文献学的にも論証できることだが、ラビトケイヤーをふくむ内外の人々から具体的「証拠」を求められることが多いので、念のため筆者の拠りどころを明らかにしておく。(26)

ここで小林は、「朝比奈四郎／克彰」が小辻節三の筆名であったことまでは言及していないが、その事実は過たず小林の確認するところとなっていたであろうし、「トケイヤーを含む内外の人々」からの照会に対しても、小辻が『国際秘密力の研究』の寄稿者であったことに間違いはないと、はっきり応じていたことであろう。右の小林の言葉からは、そうした事実を伝えられても、にわかには信じることができないトケイヤーから、「それは本当か」「証拠はあるか」と何度も問い返された形跡がうかがわれる。

「朝比奈四郎／克彰」が小辻節三の筆名であった事実は、私が見た限り、先の一九八〇年一月九日のトケイヤーからの手紙を日本語に訳した犬塚きよ子によって初めて公にされたものである。犬塚が上海海軍武官府に着任する前、「宇都宮希洋」のペンネームを用いていたことを『ユダヤ問題と日本の工作』のなかで一向に包み隠そうとする様子もないきよ子は、「国際政経学会」と小辻との関係をも、以下のように明け透けに開陳しているのだ。

川守田〔英二〕博士、左近〔義慈〕教授のほかヘブライ語学者がほとんご皆無だった当時、〔小辻の〕ユダヤ教研究の力を認めた犬塚が、設立間もない国際政経学会の『秘密力の研究』誌編集部に推薦したものだった。

小辻は同誌上に朝比奈四郎または克彰のペンネームで欧米のユダヤ問題解説などを執筆していたが、安江大佐の大連赴任の際満鉄調査部嘱託となり、得意のヘブライ語でユダヤ大会で演説したのである。（きよ子、一三八頁）

後年、きよ子が組み上げた言説によれば、当初、犬塚が純粋にユダヤ問題研究のために指導していた団体が、ある時期以降、もっぱら四王天延孝のようなユダヤ排斥論者たちの介入によって反ユダヤの宣伝団体に作り替えられてしまったのであり、犬塚自身は、四王天らのユダヤ排斥論を端から頑として受けつけなかったのであるから（同、三七二～三七三頁）、犬塚が「国際政経学会」の中心人物であった事実は、彼の親ユダヤ主義者としての名声を損ねたり、それと相矛盾したりするものではまったくない、ということになるのだろう。しかし、小林正之は、『ユダヤ人、その歴史像を求めて』のなかで、きよ子が「ユダヤ人を保護した帝国海軍」（『自由』一九七三年一月号）のなかで繰り広げた理屈を厳しく批判し、以下のように、ほぼ「叱責」に近い語調でそれを退けている。

彼女は、事実の正反対を信ずるほど思考能力を失っているか、正反対を他に信じこますことができると思うほど無邪気になっているかであるといわねばならない。なぜならその団体〔国際政経学会〕こそは、そもそもの第一歩からきわめて戦闘的にして全国的な、正真正銘の反猶（反ユダヤ）団体だった〔……〕のであり、〔……〕上記論文の筆者〔きよ子〕が、「国際政経学会」という団体の目的性格、そこにおける犬塚の地位、役割を知らぬはずはないだろう。本ページ、第四、五行のごとく〔すべては四王天の介入による、などと〕公言しうるとは、面皮鉄のごとしといわねばなるまい。[27]

他方、小辻自身は、一九六四年の自叙伝『東京からエルサレムへ』のなかで、たしかに「国際政経学会」に名を連ね、会の面々のために「国際問題に関する記事をいくつか英語から訳してやった」事実を認めながら、それが反ユダヤ主義組織であることが「ほどなく」明らかとなったため身を引いた、と述べている。[28] そして小辻の評伝の著者、山田純大も、この記述にもとづいて、

小辻は自分が何かユダヤ人のために力になれるならばとその申し出を受け入れ、会議に出席したり、英語で書かれた記事を翻訳した。

しかし、じきにその団体がナチスのプロパガンダと気付き、小辻は脱会した。(29)とまとめ上げる。

しかし事実に即するならば、小辻は単に「国際問題に関する記事をいくつか英語から訳」すに留まったとは言えない。彼が『国際秘密力の研究』に掲載した以下の記事中、

(一)朝比奈四郎「猶太人の恐るべき宣伝力と勢力　英国ファシスト党対猶太人の反目」、『国際秘密力の研究』第二冊、一九三七年

(二)朝比奈四郎「世界猶太人の教育統制」、同

(三)朝比奈四郎・訳「米国外交を左右する力」、『国際秘密力の研究』第三冊、一九三七年

(四)朝比奈克彰「パレスタイン分割問題」、『国際秘密力の研究』第四冊、一九三八年

(五)朝比奈克彰「独墺合邦裏面の猶太動向と其の国際的影響」、『国際秘密力の研究』第五冊、一九三八年

たしかに(三)は、あるアメリカの文献からの抄訳であるが、その前書きで、訳者・朝比奈みずからの文責において、「唯、米国外交を左右する力は新聞だと喝破しておきながら、その背後にある秘密力については米国に於けるユダヤ人の勢力を憚り著しく婉

曲に且つ片鱗的に論じてゐる憾がある。依って、本篇に於ては、之に加註しておいた」（九五頁）とし、実際にその註の個所に、「新聞の別名は何であるか。猶太勢力之である」（一〇〇頁）、あるいは「新聞記者出版業者、の多くは猶太人であるか然らざれば、猶太的勢力下にあることを牢記すべきである」（同）などと加筆して、原文に欠けているユダヤ国際秘密力への警鐘を補充することすら行なっている。また、（二）のユダヤ世界における教育のあり方を知らしめた一文でも、「斯の如くして、猶太人は、秘密機関による連絡の外に、公々然と、ヘブライ語によつて教育統制を着々と行つてゐるのである」（二〇二頁）など、いかにもユダヤ教徒・ユダヤ人のヘブライ語による世界的連絡網が、密やかに、おごろおごろしいものとして機能し続けているかのような文意を醸し出しているのだ。

いずれにせよ、トケイヤーとしては、かつてナチ・ドイツの同盟国だった日本において、数少ない「親ユダヤ派」として同定し得たと思った犬塚と安江が、筆名の下に反ユダヤ論客としての顔を隠し持っていた、という事実は衝撃的であった。かてて加えて、戦時期の日本に漂着したユダヤ難民たちの「慈父」として、イスラエル国とアメリカのユダヤ社会で名声と人気を揺るぎなきものにした小辻節三までもが、かつて一時期ながら『国際秘密力の研究』の寄稿者であったという事実は、エルサレムに眠りたいという当人の遺言を、粉骨砕身、叶えてやったトケイヤーの立場からして、大きな困惑の種であったに違いない。

しかしながら、ある時期以降、ユダヤ人の理解者、恩人、慈父などとして囃し立てられるようになった人物が、その前歴において、反ユダヤの言説を弄する論客であったという事実そのものは、いかに矛盾含みとはいえ、「ユダヤ」という言葉と概念に翻弄され続けた日本の二十世紀前半史——あるいは、その後もなお——において決して珍しいことではない。紙上や論壇において、一時、さかんに〝テオリア（理屈）〟としての「反ユダヤ」を展開していた人物こそが、実際に生身の「ユダヤ人」に接するとなった際、一転してきわめて「親ユダヤ」的な〝プラクシス（振る舞い）〟を見せること——先にトケイヤーが犬塚きよ子宛の手紙のなかで用いていた言葉を引き取るならば、ことユダヤに関する日本人の「言行不一致」——は、なにも小辻節三に限ったことではない。たとえば私自身、よく知られた犬塚、安江の事例以外に、「上海無国籍避難民居住区」、いわゆる「上海ゲットー」に関する研究の途上、同居住区の責任者の立場にあった「久保田通敦」こと久保田勤の実例にも遭遇している(30)。

問題は、そうした「言行不一致」の事実を隠したり、見ずに済ませようとしたりすることで、ある人物を、ことさら「反ユダヤ」「親ユダヤ」のどちらか一方へと強引に引き付けて後世に語り継ごうとする、非＝歴史的な評伝のあり方なのではあるまいか。

## 『河豚計画』執筆の背景への洞察

ここで、一九四一年三月、アメリカ正統派ラビ連合から上海の犬塚へ、感謝の気持ちを込めて贈られたシガレット・ケースや、一九三七～三八年、満鉄時代以前の小辻節三による「反ユダヤ論」そのものは、本書の主眼であるリトアニアのポーランド・ユダヤ難民や、杉原による日本通過ヴィザの発給には間接的な関係しか持たない。ただ、われわれにとって重要なのは、犬塚のシガレット・ケースをめぐってトケイヤーと犬塚きよ子のあいだでさかんなやり取りがあった一九七五～七九年、すなわち『河豚計画』が構成、執筆、刊行された時期に、トケイヤーが、きよ子が保管する記念の品をイスラエル国の公共機関に寄贈させ、それをもって、戦時期の日本のユダヤ政策が多くのユダヤ人の命を〈ホロコースト〉から救うことになったというナラティヴを、イスラエル国ならびに世界のユダヤ公論に受容させ、顕彰させる機縁にしようと懸命に立ち動く、その姿なのだ。

そうした受容、顕彰が、みずからの「日猶同祖論」流の比較文化論に適い、その糧になると考えたのか、あるいは、みずからラビとして長く勤務した日本から「義人」候補をイスラエル国のヤド・ヴァシェムに推挙することに義務ないし名誉の所在を見て取ったか、それとも、ほかの種々の動機が絡み合った結果でもあったのか、いずれにせよ、トケイヤーの脳裏には、犬塚の挙動、あるいは犬塚に代表される戦時期日本のある側面を「ユダヤ人にとっての恩義」として称揚する狙いが、まずすべてに先行して存在し、そして『河豚計画』という書物は、その称揚の必要性を史実に即して説き明かすというより、そのような称揚のムードへと公論を誘導し、さらにその公論の高まりをもってヤド・ヴァシェムの目を日本人の「功労者」たちに向けさせるためにこそ構想され、起稿されたのではないか、と私は推測する。

さらに、いまだ資料的根拠に裏打ちされたものではないことを断ったうえで、もう一歩、推測に踏み込んでみたい。

第二次大戦期、いわゆる〈ホロコースト〉からユダヤ人の命を「救った」功労者として、当初、トケイヤーの手持ちのリストには、犬塚惟重、安江仙弘、杉原千畝、小辻節三、柴田貢といった人々の名前があったに違いない。そのうち、トケイヤーが『河豚計画』のための取材を本格的に始めたとおぼしき一九七三年にいまだ存命中だったのは、小辻、杉原、柴田の三者である（小辻は、まさにその年に死去）。犬塚については、本人はすでに他界していたものの、上海時代を共に過ごした元秘書にして妻、きよ子は健在であり、彼女を代理人とする没後の顕彰も可能であった（実際、シガレット・ケース贈呈式のため、きよ子をイスラエル国に招こうとしたように）。

そうした折、取材の途上、おそらく小林正之をつうじて、犬塚、安江、小辻、三者の履歴には、一時期ながら「反ユダヤ論」に手を染めたという瑕疵があることを、トケイヤーは驚きとともに知ることとなった。その結果、『河豚計画』という書物をもって、「ユダヤの恩人」の名に値する日本人たちをヤド・ヴァシェムと世界のユダヤ公論にアピールする推進力にしたい、と考えるトケイヤーの目に、「反ユダヤ論」の瑕疵とは無縁の杉原と柴田が、急遽、候補者として一段高い地位を占めるにいたったのではないか。そして、その理想的な顕彰の仕方である「諸国民のなかの義人」の称号授与のため、一九六八〜六九年に杉原のファイルが審査にかけられた段階ではネックとなっていた「みずからの生命ないし地位を危険にさらしたか否か」という条件をクリアできるような方向で、柴田については、「さんざん体罰を受けたうえ二度と中国大陸を踏んではならぬと厳命つきで日本へ送還されてしまった」[31]というエピソードを『河豚計画』に盛り込み、杉原については、本人が一九六八年の『朝日新聞』の記者に語った「カウナスでの行動が原因で外務省を辞めなければならなかった」という文脈を引き取って、『河豚計画』のなかでも、「外務省をクビになるかもしれない。しかし、それがごうだというのだ」[32]という杉原の独白として強調することにしたのではないだろうか。

## 『河豚計画』におけるナラティヴの自壊　1979

『河豚計画』の英語原著は一九七九年一月、アメリカで刊行され、加藤明彦によるその日本語訳は同年九月に出版された。決して小冊とは言えないこの本を、わずか八カ月で日本の読者に届けるのはかなりの突貫作業であったに違いない。

そのせいもあってか、今日、加藤訳をあらためて英語原著と突き合わせてみると、日本の読者の読みやすさ、わかりやすさへの配慮がかえって徒となった結果とも受け取れる訳し落とし、あるいは、逆に余計な訳し込みが目につく。そもそもトケイヤー、スウォーツの原著にも、歴史考証の立場から疑義を呈さねばならない個所が山ほどあるのに加え、それを平易に訳し下そうとする加藤の訳にも二重の疑問符を付さねばならないため、このテクスト批判の作業は複雑のうえに複雑をきわめるのだ。

詳細は『資料集』（四一八頁以下）の対訳と註解に譲ることとし、ここでは、一九四〇年夏のリトアニアの状況と杉原ヴィザ発給の現場について、読者層に致命的な誤解を行き渡らせかねない個所を集中的に検討することにする（以下「／」は原文で改行が行なわれていることを示し、傍点は引用者による）。

〔原著〕リトアニアの町カウナスの日本領事、杉原千畝は、寝ぼけまなこで寝台に腰かけていた。早朝の寒さに身ぶるいする。五時十五分——まともな人々が起き出す時刻ではない。何が彼を目覚めさせたのか？　いつもなら子供たちの騒ぎにつられて起きた妻の声で目をさますのだが、きょうは妻も、子供たちも、まだ静かに眠っている。しかし、間違いなく何かの音がした……、そして、また聞こえた。家の外のすぐ近くから、「しーっ」という声が混じった、かさこそと、ほとんど囁くような人々の気配がするのだ。／杉原は、浴衣の帯を締め直し、そっと床を歩いて行って、窓から外をのぞいた。／「畜生！」彼はすぐに窓から飛びのいた。軍が出動している！　夜のうちに侵攻が行なわれたのだ！　（*Fugu Plan*, p.20、菅野訳、以下同）

〔加藤訳〕バルト海に面した国リトアニアの町コブノである。日本領事杉原千畝《せんぽ》は、寝ぼけまなこで寝台に腰かけながら、寒さに身ぶるいした。まだ五時十五分だ。いつもなら真っ先に子供が起き、それにつられて起きた妻の声で目をさますのに、きょうはまだみんな眠っている。だが何の音だ。無数の人間の足が土を踏む音。大勢の人の気配が窓のそとからして来るのだ。あれは、いったい……。／寝巻の帯を締め直し、窓ぎわまで行って、そとをのぞいた。／「畜生！　やりやがったな」／杉原は窓からとびのいた。ドイツ軍か？　いや、どこの軍隊かはともかく、大軍が一夜にして領事館の中庭まで入ってきたのだ。（『河豚計画』一〇頁）

のちに見るように、トケイヤーの原著には、杉原がロシアによる近々のバルト諸国併合を「確実視」していた、と書かれている。つまり、『河豚計画』の全体をつうじ、難民たちが杉原のもとに押し寄せた時点で、リトアニアはまだソ連の進駐を受けていないことが前提になっているのだ。たとえフィクションの要素を織り交ぜながらとはいえ、この主題で書物を一冊ものしておきながら、トケイヤー、スウォーツが赤軍のリトアニア入城の日付さえ確認しなかった、ということ自体、いまさらながら信じ難い思いがする。

右の個所では、その前提のうえで、当初、杉原が突然の群衆を夜陰に乗じた軍事侵攻と見間違えた、とのナラティヴを成立させるわけであるが、原著における時系列の誤謬が、加藤訳において、原文にはない「ドイツ軍か？」という二重の誤謬を誘発し、それにより、時代背景につうじていない読者のもとで、当時のリトアニアとは、いつ何時《なんどき》ナチスが雪崩れ込んで来ても不思議はない土地であった、という大きな誤解が生み落とされる結果となっている。

〔原著〕「彼らはここで何をしているのか？　私に何を求めているのか？」／そう自身に小声で問いかけながらも、彼には答えがわかっていた。兵士であるどころか、これら、やつれ切り、服装《なり》の貧しい男たちは、民間人の難民、ユダヤ人だった。もともとはナチスに追われ、ポーランドからやって来た彼らは、過去数か月間、リトアニア各地の大きめの町で、食うや食わずで慈善にすがって暮らしてきた。（*Fugu Plan*, p.20）

〔加藤訳〕「軍隊じゃないぞ。ありゃあ、なんだろう」／自問自答するまでもなく、杉原は窓外の大群衆がなんであるかを悟った。見るからに服装《なり》の貧しい連中――ナチスに追われてポーランドからリトアニアに逃げ込み、救援物資で食いつないでいるユダヤ人に違いない。（『河豚計画』一〇頁）

原著では、この前後、ヴィルニュスのユダヤ難民たちが、数カ月来、築いてきた人間関係などが興趣たっぷりに描かれるため、そういう叙述は見られないのだが、加藤訳においては、原著の「もともとは（originally）」といった副詞や「過去数カ月間」といった語句が省かれているため、これらの難民が、たった今、ナチ・ドイツからリトアニアに逃げ込んできた人々であるかのような印象が醸し出される。第一章で見たとおり、以後、制作される数々の映画作品のなかで、難民たちが、あたかもその日に国境を越えて来たかのごとく、大きなトランクを提げた姿で描かれることとなるのも、こうした描写に由来しているに違いない。

〔原著〕　ナータン・フートウィアトが、何か事を起こさねばならないという事実にようやく向き合うようになったのは、一九四〇年七月のことだった。〔……〕ナータン・フートウィアトは、学院の教師や長に相談してみた。彼の問題は、結局、彼に限ったことではなかった。テルシャイ・イェシヴァーは、ヨーロッパ各地から学生を集めており、いま、その全員が、徐々にリトアニアを締めつけてくる輪縄のなかに捕らえられてしまっているのだ。ラビたちは共感を示してくれ、悪化する一方の情勢を恐れていたが、何か事を起こす、という考えには反対の忠言を与えた。「われわれは、ただ希望をもって、この時代を生き抜くことができますように、と祈ることしかできないのだ。その間、われわれは、騒ぎを起こさず、問いを発せず、あらゆる手段を講じて、われわれ自身に注目が集まらないようにしなくてはならない。気づかれずに過ごすこと、それが生き残るための最善策なのだ」と。

(*Fugu Plan*, p.29)

〔加藤訳〕 ネイスン・ガットワースが覚悟のほぞを固めたのは一九四〇年七月のことだった。〔……〕学長や教授たちに相談してみると、同じような立場の者は他に何人もいることがわかった。／大学にはヨーロッパ各地から学生が来ている。それが、徐々に首のまわりに迫ってくるナチスの綱を感じながら、動きが取れないのだ。ラビたちもヒトラーのこわさを知っていたが、動かないほうがいいという意見だった。「とにかくじっとして、目立たないようにしていなさい。それ以外に方法がありませんよ」と言った。

(『河豚計画』二〇～二一頁)

ペスラ・レヴィンと並んで「キュラソー・ヴィザ」の起源に位置しているテルシェイ・イェシヴァーのオランダ人学生フートウィアトが「何か事を起こす」ことを考え始めた、と言うとき、それを現実に彼のイェシヴァーの周囲に迫りつつあったソ連共産主義（とりわけ反宗教政策）の脅威ではなく、ことさらナチスの脅威に結びつけて叙述する傾向は、少なくとも日本において、このように「ナチスの綱」「ヒトラーのこわさ」といった、原文には不在の表現をことさら掲げる加藤訳によって助長されてきた、と考えざるを得ない。

〔原著〕生家へ引き返すことは自殺行為——意味も目的もない自殺行為となる。だが、もし彼らがここに居座って、領事が確実にそうなると見なしていたようにロシア人がバルト諸国を併合したとしても、彼らは、せいぜいのところ、単に運命の日を先延ばしにしたことにしかなるまい。ロシア政府は、ユダヤ人をほかのすべての人間と対等な関係で受け入れる、と言っていた。しかし、ロシア人が〔ユダヤ人に対し〕どんな感情を持ち、どう対処してきたかについて、杉原は、また別の見解と物語を耳にしてきた。(*Fugu Plan*, p.42)

〔加藤訳〕ポーランドへ引き返すのは、淵に身を投げるようなものである。だが、もしこのリトアニアに居すわって、ソ連がバルト三国を併呑したら……?/杉原は、ソ連の三国併合を確実と見ていた。もしそうなれば、早晩ユダヤ人は殺されるのである。ソ連政府は、公式にはユダヤ人を迫害しないと言明している。しかし、ソ連の人間がユダヤ人にどんな感情を持ち、どう対処してきたかを、杉原はよく知っている。(『河豚計画』三六頁)

このように、一九四〇年夏、「キュラソー・ヴィザ」や「杉原ヴィザ」が発給された時点で、いまだバルト三国はソ連に併合されていなかった、という前提が、『河豚計画』のナラティヴの台座をなしている。少しく年譜を繰ってみれば明らかなはずのこうした齟齬が、なぜ生み出され、なぜ温存されてしまったのか、重ねて理解に苦しむ。一九四〇年当時の杉原が、いかなる仕方でユダヤ難民たちの命運に思いを馳せた（と考えられる）か、まさにそこを描き出そうとするナラティヴが、足元からガタガタと基盤を崩壊させているのだ。

〔原著〕日本が引き受けてやらなかったら、難民たちはどうなってしまうだろう？杉原には、彼らの破滅という答え以外に見当たらなかった。だが、もし日本が彼らにドアを開いてやったらどうなる？　そして、職業的外交官・杉原がそのドアマンになったとしたら、彼の身には何が起こるだろうか？／もう半日で九十回以上、杉原は、この件で受け取った二度目の電報を読み返していた。／「先ニ要請アリシ通過査証ノ件、日本ヨリノ保証サレタ出国ヲトモナフ確実ナ最終査証ヲ所持セヌ旅行者ニハ断ジテ発給セヌコト。例外ハ認メラレズ。以後、請訓ノ要ナキモノト信ズ。田中　東京外務省。」／たしかに、この外務省の言葉どおりであった。杉原からの三度目にして最後の電報には、単に返信すら戻って来なかったのである。

（*Fugu Plan*, p.42）

〔加藤訳〕 日本が引き受けてやらねば、あのユダヤ人たちは破滅あるのみだ。だが、もし日本が受け入れればどうなる？ そして、一外交官である杉原が、独断でその受け入れ役を買って出れば……？／もう百回以上も、杉原は机の上の訓令電報を読み返していた。／「請訓のあった通過査証の件、当該旅行者の日本出国が確実に保証されていない場合には、絶対に発行してはならない。例外は認めない。この件については以後、請訓の要なし。田中」／三度問い合わせた杉原の電報に、東京の外務省は三度とも、はっきりと「ノー」を通告してきている。

（『河豚計画』三七頁）

何度でも繰り返そう。外交文書として残された電信記録上、東京の本省が杉原に対してヴィザの発給自体を抑制しようとした形跡はない。同じく、本省から杉原に宛てられた電信は、すべて松岡外相名義であり（あくまでも「名義」であって松岡が打ったわけではない）、「田中」なる人物が回電した例はいずこにも見られない。

本書の読者はご記憶だろうか。第一章で検証したアメリカ映画『ビザと美徳』（一九九七年）のなかで、幸子（スーザン・フクダ）が千畝（クリス・タシマ）に代わって読み上げる東京の本省からの電報（本書六〇頁）の典拠は、『河豚計画』のこの個所なのであった。

「四度目で最後の警告だ。越権行為を慎みたまえ。ビザ発行の全面中止を命ず。渡航希望のユダヤ人急増により、シベリアに混乱が生じている。現ポストから君を解任する。領事館を閉め、ベルリンへ移れ。問答無用。外務大臣　田中　東京」

『河豚計画』に散りばめられている、この種の文面や発言の多くは、このノンフィクション仕立ての読み物を構成するためにトケイヤー、スウォーツが書き下した「創作」なのである。にもかかわらず、以後、こうした文面や発言が、どこかに厳然と実在している「資料」に裏打ちされたものでもあるがごとく、インターネット・サイト上、はたまた一部の学術的な書き物のなかでさえ、二次、三次使用されることとなったのだ。

時系列の上では、一九六八年の『朝日新聞』の記事、一九七一年の加瀬英明の一文に続き、日本の公衆が杉原千畝の名前に活字として触れたのは、現在わかっている限り、この『河豚計画』が三度目である。

その三度目の段階にして、言葉以前の「命のヴィザ」言説がほぼ完成の域に達していることにわれわれは気づく。と同時に、その言説が、ヴィザ発給時のリトアニアにソ連軍が入っていたか、いなかったか、という、基本中の基本ともいうべき歴史の舞台設定において、「ナラティヴの自壊」と呼ぶ以外にない現象を起こしていることに、いま、ひたすら唖然とするほかないのである。

### ▼フジテレビ番組『運命をわけた一枚のビザ』1983

一九八三年九月二十九日（木）の深夜、日付が変わった三十日（金）の午前零時十分から、フジテレビ系のチャンネルで一時間十分ほどの番組『ドキュメンタリー・スペシャル　運命をわけた一枚のビザ——四五〇〇のユダヤ人を救った日本人』が放映された。番組の末尾に流れるクレジットでは、以下のような制作陣が紹介されている。

企画　倉上正弘
構成　南川泰三
レポーター　木元教子
ナレーター　小林恭治
撮影　山下英治
編集　諏訪三千男
V・E　宮下正志
照明　煙草俊憲
効果・選曲　広川和靖
音声　渡辺博志
コーディネーター　原田忠幸

プロデューサー　北田親友
ディレクター　金子嘉高
制作著作　フジテレビ

ここでは、とくに番組の冒頭と末部を中心に、一九四〇年夏、リトアニアのカウナスで杉原千畝の日本通過ヴィザが発給された当時の状況に関する部分を引用する。

フジテレビといえば、一九七七年に、当時ＦＮＮモスクワ支局長だった萱場道之輔が、モスクワのホテルで杉原に行なったインタヴュー（当時は公開されず）が残されているが[33]、そのインタヴューがフジテレビ内で杉原を主題とする番組の企画に繋がったのかどうか、など、詳細は私もいまだ把握できていない。ただ、次節で見るように、もしもこのテレビ・ドキュメンタリーが、一九八五年、杉原の「諸国民のなかの義人」認定に向けて、東京のイスラエル国大使館と本国外務省、ならびに〈ホロコースト〉記念館ヤド・ヴァシェムの義人認定委員会を突き動かしたのであるとすれば、その功績——あるいは責任——の大きな部分は、日本のテレビ・メディア界に帰されることになろう。

以下、［　］は字幕、（　）は情景描写を示す。第一章と同様、疑義を呈したり、解説を要したりする個所に傍点を付すが、すでに幾度となく提起済みの疑義について、その内容を繰り返し述べることはしない。

＊

［タイトル］ドキュメンタリー・スペシャル　運命をわけた一枚のビザ
［一九三三年一月三十日　ヒットラー・ドイツ首相に就任（ナチ・ドイツの台頭）］
（背景に、激しい身振り手振りで議会演説を行なうヒトラーの姿）
ナレーター――一九三三年一月、ドイツ首相に就任したアドルフ・ヒトラーは、同年四月、ユダヤ企業のボイコットを開始。十月、全ドイツにおける社会・文化・教育機関からのユダヤ人追放を指示するなど、ヒトラーによるユダヤ人迫害は、急激に拡大しつつあった。
（ドイツ国防軍の行進の様子）
［まだ平和な頃のポーランド・ユダヤ人社会］
（平和な都市生活を映し出すモノクロ映像）
ナレーター――この頃、ポーランドでは、数万《ママ》人のユダヤ人たちが独自の社会を構成して、平和で幸せな日々を送っていた。だが、すでにナチズムの黒い影は、日一日とポーランドに迫っていた。このとき、ポーランドのユダヤ人たちの誰が、やがて彼らの身に降りかかる、あれほどまでに残酷な歴史的悲劇を予想し得たろうか？
［一九三九年九月一日　ドイツ軍・ポーランド進撃開始（第二次世界大戦勃発）］

（連隊をなして飛ぶ爆撃機）（ワルシャワ空爆とおぼしき映像）

ナレーター――一九三九年九月一日、ナチス・ドイツ、ポーランドに侵攻。第二次世界大戦が勃発した。ナチの迫害と戦禍を逃れるユダヤ人たちは、ヨーロッパ脱出を焦っていた。次第に高まるナチの包囲網の中で、彼らの残された道は東ルートのみであった。

（快哉を上げるドイツ軍兵士）（たなびくハーケンクロイツ）

（カウナスのヴィタウタス大橋の写真に、リトアニアを中心とする略地図が重なる）

ナレーター――一方、ポーランドに隣接する小国リトアニアには、当時、一人の日本人外交官が領事代理として赴任していた。杉原千畝、当時四十歳である。

（領事館前での杉原家の家族写真）

ナレーター――杉原さんは、大勢のユダヤ難民たちの窮状を見て、彼らに日本の通過ヴィザを発給した。それは本国の外務省の指令に反する行為であったが、この一人の日本人の勇断によって、数千人のユダヤ人の命が救われたのである。

［在・リトアニア領事代理（一九三九年）杉原千畝氏］

（有名な杉原の肖像写真の大写し）（杉原ヴィザの写真）

［再びタイトル］運命をわけた一枚のビザ――四五〇〇のユダヤ人を救った日本人――

↓番組全体をつうじて、この「数千人」「四五〇〇」（次のシーンでは「四千数百」）という数字の根拠は示されないままである。
↓第二次世界大戦勃発↓ナチの迫害・包囲網↓ユダヤ難民の「窮状」↓ヴィザ発給の勇断↓救い、という事の流れのなかで、端から不問に付されているのが、その「窮状」の中身とヴィザ取得の動機である。

［一九八二年二月］

（梅林のなかを歩く杉原千畝・幸子夫妻）

ナレーター――杉原さんは、今も鎌倉市に健在である。八十二歳。当時、リトアニアで苦楽を共にした夫人と静かな余生を送っている。リトアニアで、四千数百人にもなるというユダヤ人たちに、独断でヴィザを発給した杉原さんは、その後、ヨーロッパに留まり、終戦後、ルーマニアで収容所生活を経て、一九四七年、変わり果てた故国の土を踏んだ。だが、そんな杉原さんを待ち受けていたものは、外務省の退職勧告である。中央の指令に背いた杉原さんには、外交官としてのポストはないというのだ。以来、杉原さんは、担ぎ屋をやり、米軍PXの売り場支配人などを経て、貿易の仕事へと活路を見出していった。

（鎌倉の風景）（杉原の自宅にズーム）（「杉原千畝」の表札）

［神奈川県・鎌倉］

（応接間の杉原と幸子夫人に木元教子がインタヴューを始める）

［元・リトアニア領事代理　杉原千畝氏］

木元教子――で、その一九三九年二月〔正しくは八月二十八日〕に〔リトアニアに〕いらして、そして、まあいろいろなお仕事をなさってらしたあいだに、そのユダヤ人が追われて入って来た。その頃の状況をちょっとまた教えていただきたいんですけれども。

杉原千畝――うん。

［杉原幸子夫人］

杉原幸子――突然、朝ね、主人が私に「ちょっと窓開けて見てごらん」て言うもんですからね。カーテン開けてみましたら、もう、道が真っ黒なんです、人で。人群れで。それでびっくりしましてね。それからもう、だんだんだんだん、朝そんなでしたから、だんだんだんだん、お昼、夕方頃になると、人数が増えてくるわけですね。で、これはどういうことか、ていうので。あの、ポーランド人のボーイがいたんです、ちょうど。で、それが「何しに来たのか」と聞いたら、「こうこう、こういうわけで、日本を通過していくビザを欲しい」という。

木元――それは、発給していいかどうか、というのは、個人の権限ではできないから……。

千畝――できない。

木元――日本の外務省にお問い合わせになって。

千畝――うん。

木元――駄目だったんですか。

千畝――駄目ですね。

↓『虚構』（二五三頁以下）で確認したとおり、杉原は、一九四〇年七月二十八日（日）、日本通過ヴィザの申請者が急増しつつある現状について本省に第一報を打電し、翌二十九日（月）からヴィザの大量発給を始めており、本省への問い合わせの末、拒否に遭ったというナラティヴは、史資料から浮かび上がってくるところと明白な齟齬をきたしている。

木元――なぜ駄目だったんですか？

千畝――駄目っていうのは、二度目の電報にうたってきたんですが、その、内務省というのが、当時まだあってね。内務省が文句を言っている、と。そんないい加減な、たとえ外人にしろね、何千人って来られたら、困る。公安上、取り締まり上、困る、と。それから外務省は、陸軍の命令で、そういうナチに追われてくる者を拾って、丁重にしてやるなんていうのは、枢軸協定の手前できないことだ、と。そういう三か所からの文句が出てる、と。だから、残念ながら、やることはできない、と。まあ、こっちで拒絶すると、もう、ソ連のヴィザをもらったって何にもならんし。難民も困ったわけですね。行くところがない。

↓これも『虚構』(二九〇頁)で述べたように、その確認されていない外務省からの「制止」の背後に、内務省と陸軍の介入、圧力があった否かを論じること自体が、机上論、砂上の楼閣になってしまう。

［レポーター　木元教子］

木元――その、やってはいけない、発給してはいけない、と言われながら、杉原さんはヴィザを発給なさったわけでしょう？

千畝――要するに、ナチにひっ捕まって、そして要するに、ガス中毒……、ガ、、ガスの、い、い、い、い、い、部屋へ放り込まれるわけですね。

木元――それは、わかってらっしゃった。

千畝――それは、あの、連中から、い、い、い、喋るですからね。

木元――とすると、やはりどうしても、ご自分としては、東京サイドの反対はあるけれども、通過ヴィザは出さなくてはならない、とお思いになった。

千畝――そう。

↓『虚構』（二四三頁以降）に［乖離点①］［乖離点②］として示しておいたように、当時、リトアニアに身を置くユダヤ難民がナチスに捕縛される恐れや、彼らが「ガス室」に言い及びながら自分たちの身に迫る危険を訴える、という状況は、そこから一年を経た独ソ戦開戦後に現実となったところを先取りした時代錯誤《アナクロニズム》の感が否めず、みずからの数十年越しの記憶に、戦後になってナチスによるユダヤ人狩りとガス室について知ったことが覆いかぶせられる、「前後即因果の誤謬」の一種であった、と結論せざるを得ない。

次節で見るように、もしもこの番組がイスラエル国の「諸国民のなかの義人」認定委員会にあって、少なくとも一部の審査員の判断を左右する力を持ったのだとすれば、とくに大きなインパクトは、この「ナチにひっ捕まって、ガスの部屋へ放り込まれる」と難民たち自身が「喋る」のを聞いた、という発言が、杉原本人の口からなされている点だったのではないだろうか。

このように番組の冒頭六分ほどを費やして、歴史状況の概説と、物語のヒーロー、ヒロインの紹介を手際よく終えたあと、番組スタッフはイスラエル国へ飛び、かつて杉原ヴィザを受給したユダヤ難民たち（元・宗教大臣のヴァルハフティグ、国会議長メナヘム・サヴィドール、元テル・アヴィヴ副市長ツヴィ・クレメンティノフスキーを含む）にインタヴューを重ねる。

そこから日本へ視点を戻し、敦賀港の元・税関職員の話を聞き、ついで神戸では、熊内神社の宮司、難民たちに住居を貸していた家主たち、さらには難民たちもよく通って来たという銭湯の女主人の回想をも交える。

そして、五十分あたりではトケイヤー、スウォーツの著者『河豚計画』の内容を簡単に紹介し、戦時中、日本政府が採用しようとしたユダヤ政策の実態には、まだまだ謎に包まれている部分が大きいことを示唆したうえで、カメラはふたたび鎌倉の杉原宅に戻る。

千畝——そういうこと〔「河豚計画」と呼ばれるユダヤ資金利用計画〕、聞いていないですね、あの当時としては。あとは、ほかの人が作って、作り事をくっつけてるのかもしれないなあ。私としては、聞いておればねえ、助かったんだ。力の頼みになったわけ。責任上ね。責任が、少なくとも自分の意志でなくなるわけだから。誰かが持ってくれる。

幸子——それならね、もっと気安く〔ヴィザを〕出せたでしょうね。私たち、何も苦しまなくてよかったわけ。

その後、アメリカ在住の元難民が杉原に謝意を述べている映像を挿入したうえで、番組はラストシーンへと向かう。

（鎌倉の杉原宅）（杉原が机に座り、回想録の原稿を眺めている）

ナレーター――杉原さんは、今、当時の記録を手記にまとめている。イスラエルは、昭和四十七年、杉原さんに勲章を贈った。

（ゲアハルト・ダンプマン『孤立する大国ニッポン』の表紙ならびに巻頭の献辞）

ナレーター――『孤立する大国ニッポン』の著者、ドイツ人ダンプマンは、その本のなかで、戦後、日本の外務省は、なぜ杉原のような外交官を表彰もせずに追放してしまったのか、なぜ彼の物語は学校の教科書に採り上げられないのか、なぜ劇作家は彼の運命をドラマにしないのか、と訴えている。

［西ドイツテレビ協会文化・社会番組局長　ゲルハルト・ダンプマン氏］

（ダンプマンのインタヴュー、音声なしの映像）

（ふたたび机に向かう杉原の姿）

木元――（神戸、北野のゆかりの地を歩きながら）杉原さんが持っていた一枚の写真から始まった私たちの取材は、いくつかの謎を残したまま、終わろうとしています。しかし、その反面、杉原さんが発給したヴィザによって救われた多くのユダヤ人たちに会うことができました。彼らが、いまなお大切に保管している擦り切れたヴィザの一枚一枚に、私たちは、何ものにも代えがたい命の尊さを教えられたのです。たった一枚の紙切れによって左右された人の命。私たちは、歴史が犯したこのミステイクを決して許してはならない、と思います。

（砂浜を、幸子と連れ立って、杖を突いて歩く杉原の姿）（夕日）

ナレーター――流れていく、長い長い時間がある。時は、数多くのエピソードを塗りつぶして、また新しい歴史を作っていく。だが四十三年前、一人の日本人領事代理が数千人のユダヤ人たちの命を救ったという、この事実は、やがて忘れ去られていく小さな歴史のエピソードであっていいのだろうか？　単なる戦争秘話であって、隠された美談で終わっていいのだろうか？

杉原さんは、今年、八十三歳になった。

↓私（菅野）個人は、いま、この「歴史が犯したミステイク」という木元教子さんの言葉を、何重もの意味で受け止めている。

番組の末部にあって、手記の原稿をじっと見つめる、背中が曲がり始めた杉原の姿が、観る者の哀愁を誘う。そこへ、「いいのだろうか？」「いいのだろうか？」と畳みかけるナレーターの問い（詰め）が重くのしかかってくる。もしも、この映像が何かの賞や称号の認定審査に当たって根拠資料として提出されてきたならば、この私でも、ついつい賛成票へと傾いてしまうのではないか、と思う。

ゲアハルト・ダンプマン『孤立する大国ニッポン』１９８１

参考までに、右の番組の末部で紹介されていたダンプマンの著書からも、該当箇所を手短に引用しておこう。

一九三九年九月、第二次大戦が始まったとき、日本の外交官杉原千畝は勇気と人間性を示した。〔……〕当時、数千人のポーランド系ユダヤ人は、ドイツ軍が近づいてくるので、リトアニアに逃げ、死の不安のなかで、どこか受け入れてくれる国を探していた。というのは、ナチス・ドイツと国境画定友好条約を結んでいたソ連はすでに、リトアニアの併合を準備しており、彼らに保護を与えないことがわかっていたからである。毎朝、早朝の暗いうちから、何百人というユダヤ人の男、女、子供たちが、新しい日本の領事館の庭に押し寄せ、杉原をとり囲み、助けを求め、泣きながら彼らの愛用の品を差し出したり、そればかりか杉原の靴にキスをしようとするものさえいた。〔……〕

杉原はきちょうめんに、東京の外務省に電報で、この応急処置に対する許可を求めた。が、外務省はこれに拒否の返事をした。杉原はもう一度、電報を打って問い合わせた。しかし、外務省の返電は強硬だった。時間は刻々と切迫していた。杉原はすべての指令を無視して、パスポートにスタンプを押して、署名する仕事にとり

かかった。(34)

ダンプマンのドイツ語原著（原題は『日本、二十五回』）は、奇しくもトケイヤー、スウォーツ『河豚計画』と同年の一九七九年刊であるが、日本語訳は二年後の一九八一年に出版された。日本の公論の場においては、これが、一九六八年（『朝日新聞』）、一九七一年（加瀬の『中央公論』の一文）、一九七九年（『河豚計画』）に続いて、四番目に古い（言葉以前の）「命のヴィザ」言説という位置づけになる。

「愛用の品を差し出したり、杉原の靴にキスをしようと」といったナラティヴの要素は、この第四ヴァージョンで初めて目にしたように思うが、それよりも、重ねて驚愕を禁じ得ないのが、このダンプマンもまた、一九四〇年夏、杉原がヴィザを出した時点で、ソ連はまだリトアニア併合の準備段階にあった、という前提から出発している点である。同年刊の『河豚計画』との相似において、これはもはや単なる偶然とは思われない。もしかすると、「命のヴィザ」言説は、その成立のため、「ヴィザ発給の時点で、まだソ連はリトアニアに入っていなかった」という歴史上の完全なる見誤りを必要条件としていたのかもしれないのだ。

やっと一九四七年に故国に帰ってきた。そこには、思いがけない悪い知らせが彼を待ちうけていた。外務省の上司は彼に、中央の指令にそむいて行動するような外交官には、外務省でのポストはないと通告した。彼は責任をとり、辞職を申し出るべきだというのだ。杉原が四〇〇〇人のポーランド系ユダヤ人の生命を救ったことは、一九四七年においても日本の外務省を感動させなかったのである。杉原が、かつての困難な状況のなかで、自らの判断によって、ナチとの協力に尽力した彼の上司の電報に従わなかったことは、戦後の日本において、杉原を外務省から追い出すことを決定的にしてしまった。〔……〕

アメリカの占領下にあった戦後日本の外務省が、なぜ、杉原のような外交官を表彰せずに、追放してしまったのか、なぜ彼の物語は学校の教科書の中で手本にならないのか（このような例は決して他にないというのに）、なぜ劇作家は彼の運命をドラマにしないのか、なぜ新聞もテレビも、彼の人生をとりあげないのか、理解しがたい。一九四七年、日本の戦後の民主主義を築いた外交官たちが、杉原がかつてその指示に従わなかった人々と相変わらず同じメンバーだったことが、杉原の追放にあずかって力があったことはたしかである。(35)

傍点部は、この「命のヴィザ」言説のヴァージョンが西ドイツ人の手によるものである、という意味においてきわめて興味深い。ダンプマンの目からすれば、一九四〇年、カウナスの杉原によるヴィザ発給許可要請の電報に「否」をもって応じた外務省の責任者——が、もしいたとして——と、一九四七年、杉原に責任を取らせて辞職を迫った外務省の上司――が、もしいたとして――、そのいずれもが「ナチの協力者」にほかならないのだ。戦後、ナチズムの悪魔祓いをめぐって揉めに揉め、揺れに揺れた西ドイツの言論人らしいスタンスと言えるだろう。

『孤立する大国ニッポン』という著書そのものの主眼が、世界屈指の経済大国にのし上がりながら、歴史認識や人権擁護の水準で世界の手本となるごごろではない日本に対し、ナチズムの過去に苦しみながらもよく頑張ってきた西ドイツとの比較において喝を入れることにあり、著者ダンプマンのスタンスも、その面から十分に理解できる。ときに、みずから振り返ることの難しい負の側面に忠言を差し挟んでくれる友好国こそ、真の友好国なのかもしれない。

しかし、西ドイツ・テレビ協会の文化・社会番組局長という立場にあるダンプマンにしては、日本への忠言の材料として、この言葉以前の「命のヴィザ」の逸話を「使える」と考えたときの基本的資料調査、歴史的裏取りが、相当程度、甘かったようだ。なによりも、杉原ヴィザが発給された時点でリトアニアはすでにソ連の管轄下にあったという、この歴史主題における最重要のポイントを取り違えておいて、その誤解、誤謬から繰り出される言説を、他国の人間が自身の過去にきちんと向き合っているかどうか、検証のバロメーターとして用いようとする行為は、やはりきわめて危なっかしいものに見えてくる。

## 二度目の「諸国民のなかの義人」認定審査 1983-1984

先にも援用したローテム・コヴネルの研究によれば、右のフジテレビ番組『運命をわけた一枚のビザ』が、一九八三年から翌八四年にかけて、ヤド・ヴァシェムによる杉原千畝の「諸国民のなかの義人」認定審査のやり直しに向けて大きな推進力になったという。コヴネルの論文では「あるドキュメンタリー映画」とのみ記され、フジテレビの番組が名指しされているわけではないが、この時期、その種の映像作品がほかに見当たらないため、コヴネルのいう「映画」を右のフジテレビ番組と同定して、以下、論を進める。

彼〔杉原千畝〕の事例における突破口は、彼の行為に関するあるドキュメンタリー映画のコピーが東京のイスラエル大使館に手渡されたことによって開かれた。映画を観たあと、アムノン・ベン・ヨハナン大使とその助手たちは、杉原がユダヤ人たちを助けたことに間違いはなく、彼の行為に対する表敬は、その一年前、レバノン戦争とベイルートでのサブラ・シャティーラの虐殺の結果として日本にもたらされたイスラエルの芳しからぬイメージの改善に寄与し得るだろう、との見解に達した[36]。

「命のヴィザ」言説の発生源を突き止める作業が、単に歴史上の誤謬のあぶり出しにとごまらず、現代史のひとコマとしても意義を有していると私に確信させてくれた、コヴネルによるきわめて重要な指摘である。言い換えれば、あるテレビ番組や映画を鑑賞するとき、それを観る者がそこから何を受け取り、そして、観たあとにどのような行動に出るか、というところに、翻って、観る者の立場や日常の思考がそのまま映し出される、ということだ。

おそらく、われわれ日本人の視聴者が右のフジテレビ番組を観終えたとき、心に残るのは、杉原への同情と、「この人をもっと世の中に知ってもらって、皆で讃えなくては」という思いであろう。しかし、それを千代田区二番町のイスラエル国大使館で観る大使や館員たちは、基本的には同じ残響に身を委ねつつ、その次の瞬間には、レバノン侵攻（第一次レバノン戦争、一九八二年）とサブラ・シャティーラの虐殺事件（同年九月）に思いを馳せ、この番組は、それらによって日本にももたらされてしまったイスラエル国の負のイメージの改善に役立ち得るのではないか、との思索を巡らせ始めるのだ。

この点についても、今後、コヴネルが準備中の著書の刊行を待って、当時の大使の証言など、より具体的な側面が明るみに出されることを期待したい。

コヴネルによると、一九六八年以来、杉原との接触を保ち、彼の健康状態が悪化しつつあることも把握していた駐日イスラエル国大使館のスタッフは、ヤド・ヴァシェムにおける杉原の未決の事案に決着をつける手段を探し求めていたという。そして、経緯にはなお不明な点も多いが、東京のイスラエル国大使館員らは、一九八三年九月二十九日から三十日にかけての深夜にフジテレビ系のチャンネルで番組が放映される前に、何らかの手段によりそれを視聴済みだったようだ。当時、大使館からエルサレムの外務省に宛てられた手紙のなかでは、日本のテレビ局でこのドキュメンタリー映画が放映されるのと合わせて、イスラエル国大使館が杉原に「諸国民のなかの義人」の称号を与えることも考えられるのではないか、という提案がなされていた。そして、この事案における証人となり得る人物として、いずれも杉原ヴィザの受給者で、番組にも出演していたイスラエル国会議長サヴィドールと元宗教相ヴァルハフティグの名が挙げられていた(37)。

当初、ヤド・ヴァシェムの義人認定委員会は、これをもってしても一九六九年の決定に変更を迫るような新しい証拠が提出された、とは見なし得なかったため、東京からの提案に動かされることがなかった。ただ、この段階で、イスラエル国外務省内では、ポーランド生まれの〈ホロコースト〉生存者ギタ・アミパズが杉原の事案を担当し、それがヤド・ヴァシェムの審査にふたたびかけられるべきか否かを判ずる予備審査に当たることとなった。彼女が、まずヴァルハフティグに照会したところ、ヴァルハフティグは、彼がかつてカウナスで杉原に接触したのは、現地のユダヤ難民委員会議長の資格においてだったことなどを認めた。続けてアミパズがサヴィドールに打診すると、サヴィドールもかつて杉原に「救われた」事実を認めたが、あまりの多忙ゆえ個人的に対応することはできないとして、以後、ヴァルハフティグの意見を徴しながら事を進めていくよう示唆したという。

さらに専門家の証言を得るため、アミパズは、比較宗教学の分野で業績があり、日本についても造詣の深いヘブライ大学のR・J・ツヴィ・ヴェルブロンスキーに見解を求めた。

アミパズが書き記したところによれば、ヴェルブロンスキーも、ヴァルハフティグ同様、杉原がその行為をもって〔義人の〕認定に値するとし、たとえ杉原がみずからの生命を危険にさらしたわけではなくとも、自分の立場を危うくしたことに疑問の余地はない、との見解であったという。アミパズはまた、日本は一九三六年という早い時期にドイツと同盟〔正確には日独防共協定〕を結んでいることも忘れてはならない、とも書き添えている。つまり、杉原の行動はナチスの意に背くものであった、ということだ。アミパズはさらに、当時起こった類似の事件に関するヴェルブロンスキーの言葉も引用していた。ヴェルブロンスキーによれば、上海の日本領事が、同市のユダヤ人たちに対する陰謀計画につき、当人たちに警告を発したことがある、という。この〔機密情報を漏らした〕重罪により、領事は裁判にかけられ、禁固刑を言い渡された。この事例から、杉原が、自分の身、あるいは少なくともその立場を間違いなく危険にさらした、と確認することができる。しかも、フランス、ボルドーのポルトガル〔総〕領事に起こったことも、われわれ全員のよく知るところである。アミパズは、一九八四年一月二十六日、ヤド・ヴァシェム宛の手紙を、杉原の事案が義人認定委員会に諮られるべきであるという示唆と、仮にメダルと植林には値せずとも、少なくとも認定証書は彼に授けられるべきである、という要求をもって結んだ。(38)

こうして、フジテレビ番組に突き動かされた東京のイスラエル国大使館からエルサレムの本省に打診がなされた数カ月後に、その打診は、少なくとも杉原の事案がヤド・ヴァシェムでの再審査に値するという予備審査の判断として実を結んだわけである。

＊

この段階ですでに、コヴネルが言い及んでいる諸点はいずれも非常に込み入っているのだが、ここまで「命のヴィザ」言説の形成過程を仔細に究めようとしてきたからには、労を厭わず、ひとつひとつ縺れをほぐくようにして検討してみよう。

一九六八〜六九年、一回目の審査の際、杉原の事案が「義人」認定に値しない、とされた理由は以下の二点であった。

（一）ユダヤ人を救おうとする行為によってみずからの生命ないし地位を危険にさらした、とは言えない。

（二）ナチ・ドイツが「最終的解決」に乗り出す前の段階で、その時点では知る由もなく、結果的に人々の命を救うこととなる方向へ行動を起こした人々はほかにも多数存在する。

右にコヴネルが紹介しているアミパズからヤド・ヴァシェムへの再審査要請の書簡の骨子は、まず（一）の点につき、「日本が当時、ナチスの同盟国であり、杉原の行為はナチスの意に背くものであった」という理由をもって、杉原が、みずからの命とまでは言えないまでも、地位を危うくしたことは間違いない、と強調することであったように思われる。しかし、日本がナチス・ドイツとの協定国、同盟国であったことは、いまも昔も変わらぬ周知の事実であり、一九六八〜六九年、最初の審査委員会の結論に変更を迫る「新しい証拠」にはなり得なかったはずだ。

そこで、補強材料として、ヴェルブロンスキーが言及した「上海の日本領事」の逸話が援用されたのだろう。

ここで、上海の日本領事が、同市のユダヤ人たちに対して仕組まれている陰謀計画について時宜よく警告を発したため、ユダヤ人たちは難を免れ、逆に、当の領事が罪に問われ、禁固刑を言い渡された、という逸話としては、一九七九年、トケイヤー、スウォーツの『河豚計画』に盛られた「上海ユダヤ絶滅未遂事件」のナラティヴ以外に該当するものが見当たらない。本書のこの個所での詳述は避けるが、SS将校ヨーゼフ・マイジンガーの肝煎りで上海の日本軍政当局により極秘裏に進められようとしていたユダヤ絶滅計画が、柴田貢（一般に流布してしまったように「領事」や「副領事」ではなく、上海総領事館の嘱託職員）の果敢なリークのおかげで、すんでのところで食い止められた、ということの逸話は、私が新たに発見することができた實吉敏郎・海軍大佐（「事件」があったとされる頃、上海海軍武官府特別調査部部長としてユダヤ問題を担当）の日記やメモにもとづく再検証の結果、トケイヤー、スウォーツによる純粋なフィクションの産物との結論が得られている。(39)

私自身、当初、多少の誇張や粉飾は伴いながらも、マイジンガーによる上海ユダヤに対する「最終的解決」案や、その危険をユダヤ人の友人らに警告した柴田の行動を、おおむね実際にあったこととらえて調査に乗り出し、数年後、實吉文書という決定的な新資料の発掘により、それらすべてのフィクション性に気づかされて愕然としたのだった。いま、さらに、そのフィクションが、杉原千畝の二度目の「義人」認定審査において、「上海にもこういう事例があったくらいだから、杉原が、日本政府の反ユダヤないし親ドイツの基本綱領により地位を危うくしたことは明白である」と主張するための根拠として用いられているのを目にして、「愕然」の上を行く言葉を見つけかねている。

本書の読者には、先に私が書きつけた、「戦時期日本のユダヤ難民をめぐる語りは、これら〔「命のヴィザ」と「上海ゲットー」という〕二つの文脈を実に隠微に寄りかからせながら、互いに根拠として利用し合わせるような構造を見せており」（本書二五七頁）という一文の意味を、ここでよりよく理解していただけるのではないだろうか。

いまひとり、アミパズからヤド・ヴァシェムへの手紙のなかで言及されている「フランス、ボルドーのポルトガル〔総〕領事」とは、アリスティデス・デ・ソウザ・メンデス・ド・アマラル・エ・アブランチス（一八八五〜一九五四年）を指す。一九三八年以来、フランスのボルドーで総領事の地位にあった彼は、一九四〇年五月、ドイツ軍の大攻勢にともない、大勢の避難民が西へ向かい、スペイン、ポルトガルを経てアメリカ大陸に避難地を見出そうとしたとき、中立を謳うポルトガル政府の禁令に反して、ユダヤ人を含む多くの避難民にポルトガル通過ヴィザを発給した。ポルトガル政府は、一九四〇年六月二十三日、メンデスの発給したヴィザを無効とし、彼に懲戒免職の処分を言い渡した。死後の一九六六年、イスラエル国より「諸国民のなかの義人」の称号が授与され、ポルトガルの独裁政権崩壊を経た一九八七年、本国での名誉回復もなされた。一般に「ポルトガルのシンドラー」と称される。[40]

このメンデスの前例を杉原再審査の必要性の根拠として持ち出してくるアミパズないしヴェルブロンスキーの真意は、おそらく、一度目の審査でネックとなった二つ目の点、すなわち、ナチ・ドイツが「最終的解決」に乗り出す前の段階で、その時点では知る由もなく、結果的に人々の命を救うこととなる方向へ行動を起こした人々はほかにも多数存在する、という却下理由を掘り崩すことにあったと思われる。

たしかに、メンデス自身、一九四〇年五月、ナチ・ドイツによるフランス占領もいまだ成し遂げられていない段階で、ボルドーのポルトガル総領事館に詰めかけた避難民たちが、そのままフランスの地に留まり続けることでいかなる身の危険にさらされることになるか、必ずしも正確に見通したうえでポルトガル通過ヴィザの発給に及んだわけではなかったであろう。同じように、同年七〜八月、カウナスの杉原も、その後、リトアニアのユダヤ難民(のみならず、旧来のユダヤ住民)たちがどのような「地獄」に突き落とされることになるか、はっきり予見したうえで日本通過ヴィザを出したわけではなく、杉原による「救い」は、彼自身、その時点でそうとは知らないまま、結果的にもたらされたにすぎない。たとえそうであったとしても、メンデスが「義人」の称号に値すると判断された以上、杉原にも同じ基準を適用しなければ、一国家が国際的に授与する公の称号にはあるまじき、不整合、不公平が生じかねない、という判断なのだろう。

しかし、メンデスと杉原のあいだには、やはり、歴史的に厳密に画しておかなければならない一線がある。

というのも、一九四〇年五月のフランスは、ナチ・ドイツの占領を受ける直前であったが、いまだドイツとの交戦国たるフランス共和国であることに変わりはなく、ユダヤ系に限らず避難民たちがボルドーからポルトガルへ抜け出そうとする動機は、紛れもなく、ドイツ軍の追撃から逃れるためであった。それに対して、同年夏のリトアニアは、もはや旧来のリトアニア共和国ではなく、リトアニア・ソヴィエト社会主義共和国となっており(あるいは、なりつつあり)、避難民のみならず現地の住民たち(やはり、いずれもユダヤ系に限らず)が、でき得ることなら日本経由でどこかへ抜け出したいと思う動機は、私財没収、イデオロギー弾圧、信仰の自由喪失、そしてシベリア抑留という、目の前のソ連体制の脅威から逃れるためであったのだ。

それでもなおメンデスと杉原を同格に並べようとするのであれば、「義人」の称号は、以後、ナチ・ドイツの爪牙からユダヤ人を守るために身を挺した人々のみならず、ソ連の全体主義体制からもユダヤ人を、ひいては、あらゆる全体主義からあらゆる人間を守ろうとした人々への謝意と敬意を表するための制度として、広く、大きく昇華していかなくてはならないことになる（いっそ昇華していってはどうだろうか）。

いずれにせよ、『河豚計画』といったセミ・フィクションや『孤立する大国ニッポン』といった時事エッセーならいざ知らず、イスラエル国外務省における「義人」認定の予備審査においてすら、杉原ヴィザが発給されたのはソヴィエト体制下のことであったという歴史上の一点が、ほとんどご考慮の対象にされていないように思われて、私は、三たび、四たび、驚愕の念を禁じ得ないのである。

＊

コヴネル論文からの引用を続ける。

一週間後〔一九八四年二月初め〕、疲れ知らずのアミパズは、ヤド・ヴァシェムにもう一通手紙を送り、そのなかにヴェルブロンスキーからもたらされたいくつかの詳細情報を付け加えた。ヴェルブロンスキーによると、杉原は東京の上司たちに連絡し、ユダヤ人たちに通過ヴィザを発給する許可を願い出た。しかし、返答は否定的なものだった。杉原は二度目の電信を東京に送り、再度、否定的な返答を受け取ったばかりか、その決定は最終的なものであるので、二度と要求してこないように、という明白な訓令をも受けた。この返答にもかかわらず、日本外務省がそのことに気づかないことを期待して、彼は六千通以上の通過ヴィザをユダヤ人に発給した。ヴェルブロンスキーの結論によれば、外務省はこの行為に気づかなかったようである、という。アミパズ自身、ヴェルブロンスキーの所見は、杉原の事案が委員会に諮られるべきという彼女の提案を明らかに裏打ちするものである、と結論づけた。(41)

右はコヴネルによる要約にすぎず、いまだヴェルブロンスキーやアミパズが書き残したものがそのまま公開されているわけではないため、あくまでも推測の域に留めるが、右に傍点を付したヴェルブロンスキーによる追加の「詳細情報」は、私の目に、すべてトケイヤー、スウォーツの『河豚計画』に由来しているように見える。

続けてコヴネルによると、一九八四年二月半ば、最高裁判事として義人認定委員会の議長をも兼ねるモシェ・ベイスキが、アミパズからの手紙について、いくつかの見解を表明したという。有名なオスカー・シンドラーの「リスト」に記載されたポーランド生まれの〈ホロコースト〉生存者ベイスキは、杉原の事案が、みずから身の危険を冒したか否かを含め、いくつもの問題を抱えているとしながらも、全体としては好意的な姿勢を示した。結論として、ベイスキは、審査員を一人任命し、その審査員に、

（一）ヴァルハフティグとサヴィドールの意見聴取
（二）ヴァルハフティグの近刊書の通読
（三）映画の鑑賞

をさせたうえで、認定委員会に提出する意見書をとりまとめさせてはどうか、と提案した。(42)

このように、一九八四年二月、ヤド・ヴァシェムが杉原の事案の再審査に乗り出したとき、その判断材料として、ヴァルハフティグとサヴィドールという二名の「証人」からの意見聴取、近刊のヴァルハフティグ回想録に加えて、依然としてコヴネル論文では名が伏せられているものの、前年のフジテレビ番組『運命をわけた一枚のビザ――四五〇〇のユダヤ人を救った日本人』以外に考えられない映像作品が、「決定的」という以上の役割を果たしたことを銘記しておこう。

ここでも、まさに映画によって歴史が作られようとしていたのである。

---

**ゾラフ・ヴァルハフティグの回想録『ショアー期の難民と生存者』1984**

コヴネル論文では、杉原再審査のこの段階で、ヴァルハフティグが果たした重要な役割が以下のように強調されている。

舞台の背後にはゾラフ・ヴァルハフティグがいて、杉原のノミネートを推し進めるのに中心的な役割を果たしていた。「国民宗教党」の古参党員で、十三年間（一九六一～七四年）にわたって宗教大臣をつとめた経験をもつ七十八歳のヴァルハフティグは、なお影響力を保ち、精力的であった。彼は、その三年前にクネセト（国会）を引退し、一九八四年初め、自伝を刊行したところであった。その年の三月、ほかでもないヤド・ヴァシェムから出版されたその著書は、ヴァルハフティグの生涯にわたる活動を描き出し、リトアニアと日本における〔難民〕救助の奮闘の中心に彼を位置づけるものであった。リトアニアからの難民たちの出立に死活的な役割を果たしたとはいえ、杉原のヴィザは、カウナスにおけるヴァルハフティグの組織活動のなかで――ましてやポーランドにおける以前からのシオニストかつ公人としての彼の活動との兼ね合いにおいて――付随的な要素でしかなかった。それでもなお、同ヴィザは、リトアニアにおけるポーランド・ユダヤ難民たちの救い主たるヴァルハフティグの中心的地位を確かなものとし、妻と幼い息子とともにホロコーストの時代を生き抜いたこと、そして日本における彼の活動の証となるものであった。杉原の事案に対するヴァルハフティグの支持がヤド・ヴァシェム文書のなかに記録されているわけではないが、杉原のために彼が行なったロビー活動には疑いの

余地がない。(43)

続けてコヴネルは、「この支持の重要な部分が、彼の著書のなかにも見出される」として、ヴァルハフティグ回想録の概要説明に入っていくのだが、私自身の目には、ヴァルハフティグが杉原を「義人」候補として支持する意向が、必ずしもその回想録の文面に表われ出ているようには見えない。

一九八四年にヘブライ語で刊行されたヴァルハフティグ回想録『ショアー期の難民と生存者』は、四年後の一九八八年、アヴネル・トマショフにより英訳され、一九九二年には、滝川義人による日本語訳も刊行された(邦題『日本に来たユダヤ難民――ヒトラーの魔手を逃れて　約束の地への長い旅』)。ただ、まずもって英語訳が必ずしもヘブライ語原著の忠実な全訳ではなく、ときに章全体にわたる省略があったり、他の文献からの引用部分の簡略化が頻繁になされたりしている。さらに、ヘブライ語原著、英語訳と比較した限りにおいて、前者より後者に準拠してなされたように見える滝川訳でも、段落単位での省略や引用個所の割愛が目立つ。

よって以下、私が、研究協力者、保井啓志さんの助けを借りつつ、ヘブライ語原著から訳し直した杉原関連個所を抜粋することとする(より包括的な抜粋は『資料集』四八〇頁以下に掲載)。

キュラソー・ヴィザの発給は、日本通過ヴィザの発給によって完全なものとなった。当時、杉原千畝《スギハラ・センポ》氏が日本代表としてカウナスで勤務していた。彼が一九三九年末《ママ》にカウナスのポストに任じられたのは――それまで日本はリトアニアに代表部を持っていなかったにもかかわらず――、日本が、モロトフ＝リッベントロープ条約の調印後、当地に重要性を見出したからである。日本は、一九四〇年九月二十七日に調印されることとなるドイツ＝イタリア＝日本間の三国同盟の交渉に先立ち、ソ連とドイツの関係に目を光らせる必要に迫られていた。

杉原氏は、キュラソー、〈エレツ・イスラエル〉、その他、どんな行き先のヴィザを持っている人にもヴィザを与えた。彼によると一六〇〇通のヴィザを出し、一通につき二リタスの料金を課したという。（原著一〇七頁、滝川訳一〇一～一〇二頁に相当）

カウナスの日本領事、杉原にも、ヤド・ヴァシェム「諸国民のなかの義人」委員会により認定証が贈られた。杉原十畝《スギハラセンポ》氏は、一九六九年、ヤド・ヴァシェムから証書を受け取るために、また、当時エルサレムのヘブライ大学で学んでいた息子ブキ〔伸生〕に会うためにイスラエルに来たとき、私のところに訪ねてきた。私は当時、イスラエル政府で宗教大臣を務めていた。われわれは、杉原氏と、かつてリトアニアにいたポーランド難民のこと、そして、彼がキュラソー行きの架空のヴィザをもとに日本通過ヴィザを出すことでわれわれを助けてくれたことについて、長々と語らった。杉原氏が私に説明したところによると、彼もまた、あのヴィザの件全体があらぬ空想であることはわかっていたが、自分の法的権限の枠内で行動する限りにおいて、難民を助けてやる意志があった、ということだ。杉原は、リベラルな人間で、ナチ・ドイツが好きでなく、日独同盟の支持者ではなかった。私は、彼が「善くあることから、悪くなってはならない」[44]の言葉どおりに行動した、との印象を受けた。彼は、一九四〇年八月末に領事館を閉めなければならなかったことを悔やんでいた。

キュラソー・ヴィザには後日談があった。一九四〇年の終わりに日本に到着したナータン・フートウィアトが、神戸のオランダ領事フォークト氏(N・A・G・デ・フォークト)から、難民たちのため、キュラソー行きのヴィザ何十通かを取得する手伝いをしてくれたのだ。難民たちは、はるばるウラジオストクまでやって来ていながら、〔現地の〕日本領事が、行き先のヴィザを持たない者への通過ヴィザ発給を拒んだため、そこで足止めをくったのだ。

キュラソー＝スリナム許可証と日本通過ヴィザを受け取った何千人という難民たちの心には、三名のオランダ領事・大使らの名前と記憶、カウナスの日本領事の名前が、救いの善行の主として深く刻まれている。彼らの記憶に祝福あれ。

(原著一一一頁、滝川訳一〇五頁に相当)

ヴァルハフティグのかなり大部な回想録のなかで、杉原が話題となっているのは、わずかにこの二カ所のみである。

いかがだろう。

ここでヴァルハフティグが、一九六九年に一度面会の機会も得た杉原に有徳の士としての好印象を持っており、彼を含め、かつてリトアニアで窮地に立たされたときに渡航書類の面で理解ある態度を示してくれた、その他数名の外交官たちと並んで、杉原にも相応の謝意と賛辞を捧げなければならない、と感じていることは間違いない。しかし、回想録のこうした記述をもって、ヴァルハフティグが、杉原の「義人」再認定に向けての「支持」の姿勢を打ち出した、とまで果たして言えるだろうか。私の目に、右の引用個所は、コヴネル自身がいみじくも述べているとおり、「リトアニアからの難民たちの出立に死活的な役割を果たしたとはいえ、杉原のヴィザは、カウナスにおけるヴァルハフティグの組織活動のなかで〔……〕付随的な要素でしかなかった」ことを暗に表現したもの、としか読めないのだ。

少なくとも、ユダヤ難民たちが、そのままではナチスに捕らえられて殺されてしまうと、「杉原の靴にキスをしようと」さえしながら、ヴィザ発給を求めた、といったたぐいの悲壮なドラマ的要素は、先に見た一九六五年のドヴ・レヴィンによるインタヴューのなかにも、この一九八四年のヘブライ語回想録のなかにも一切見当たらない。資料研究の現段階では印象と憶測の域を出るものではないが、ヴァルハフティグは、みずからの回想録を執筆しながら、その真最中の一九七九年に刊行されたトケイヤー、スウォーツによる、まさに新情報満載と言うべき『河豚計画』をほとんど顧慮していなかったように見える。同じ主題に関して「先行書」と呼べるものがまだほとんどなかった時代、ヴァルハフティグは、自身が上海で犬塚惟重に相対した逸話が『河豚計画』にも収録されているとして、たった一度、トケイヤーの名に言及しているのみなのである（原著一六七頁）。

＊

そのヴァルハフティグが「舞台の背後」（コヴネルの表現）でいかに立ち回った結果なのか、ほとんど詳らかにしないまま（おそらく、いまだ学術論文のなかでさえ公にできない要素が多々残されているのだろう）、コヴネル論文は、審査委員会が一九八四年末、杉原の「義人」認定の結論にたどり着いた経緯を次のようにまとめる。

ヴァルハフティグ博士、サヴィドール国会議長、ヴェルブロンスキー博士、そして外務省からの揺るぎなき支持とともに、新しい要素をも加えた杉原の事案は、十六年前とはまた異なる光のもとに姿を現した。個人的危険を冒したか否かの問題がふいに解消を見たばかりでなく、通過ヴィザを与えるという行為そのものが、より大きな次元を獲得したのである。その決定的な時期にあって、高齢で病身の杉原は、ヤド・ヴァシェムが「諸国民のなかの義人」認定に定めた厳格な基準を破ることなく、冷え込んだイスラエル＝日本関係にポジティヴなパブリック・イメージの高揚をもたらし得るとも考えられた。こうして、一九八四年末、委員会は、満場一致でこそなかったものの、杉原に「諸国民のなかの義人」の称号を贈ることを決定した。[45]

コヴネルは、ここで事の経緯をありのままに述べているにすぎず、以下はコヴネル自身の論に対する疑義ではないが、私の目には、一九六八〜六九年の一回目の審査結果を覆すに足りる条件として、（一）新しい要素が加わった、（二）個人的危険を冒したか否かの問題が解消を見た、（三）ヴィザ発給の行為がより大きな次元を獲得した、という、そのいずれの論旨にも大きな疑問符を付さざるを得ない。たとえば、新しく加わったという要素の、その出所は本当に確かなのか？ 個人的危険に関する問題も、本当に解消したと言えるか？ ヴィザ発給の行為がより大きな次元を獲得した、とは一体どういう意味なのか？

ただ、コヴネルが、先に杉原再推薦に立ち上がった駐日イスラエル国大使館の動機に、一九八二年のレバノン侵攻とサブラ・シャティーラの虐殺事件が影響していた、と明かしてくれたのに続いて、翌一九八四年の認定決議にいたる過程で、ヤド・ヴァシェムの委員会の少なくとも一部の賛成派の心中に、やはり、中東情勢との兼ね合いにおいて日本でも決して芳しいものとは言えなくなっている国家イメージの改善という狙いがあった、というコヴネルの解説に触れて（その根拠資料が、今後、氏の著書をつうじて明らかにされることを期待しつつ）、「なるほど、そういうことか」と、四十年の時間を超えて、すべてがすとんと腑に落ちるような気がするのである。

## 「命のヴィザ」言説の確立　1985

健康状態のすぐれない杉原がヤド・ヴァシェムに赴くことは不可能だったため、代わって、一九八五年一月十八日、東京のイスラエル大使公邸で式典が催されることとなった。

メディア界で先鋒となったのは、前日十七日の『東京新聞』一四面の記事である。私が知る限り、「命のヴィザ」という表現自体の初出がこの記事の見出しである。

**ユダヤ難民五〇〇〇人に〝命のビザ〟**
**イスラエル政府　元日本外交官を表彰**
**日本経由脱出助ける　迫るナチ　リトアニアから　昭和十五年夏**

あす十八日、東京・千代田区の駐日イスラエル大使館で、年老いた元外交官が表彰される。日本が第二次世界大戦に参戦する直前、ナチスの手を逃れたユダヤ人難民がソ連邦の小国リトアニアに流れ込んでいた。リトアニアの領事代理だったこの人は、ユダヤ人たちがイスラエル帰国の道を断たれていることを知ると、日本経由で帰国できるよう本国の指示を無視してビザを発給し続けた。その数、ざっと五千人。終戦後、辞職を余儀なくされ駐留軍、商社などに職を得て、その後を送った元外交官の人間ドラマを知る人は少ない。〔……〕

ナチス・ドイツ軍はポーランドに侵攻、ユダヤ人がリトアニアに逃れてきていた。そんな夏の朝、杉原さんが起きると、領事館前の道路にユダヤ人があふれていた。「日本へのビザを出せ」口々に叫び、目は血走っている。一メートル以上はあるサクを越え事務所に入り込もうとする人もいた。混乱した状態では応じられないと、杉原さんが代表五人と話し合った。放っておけないと外務省に問い合わせること三度。しかし返電はいずれも「ノー」。

三日悩んだすえ杉原さんは「人道」を優先し、本国の指示を無視した。入国ビザでなく通過ビザなら領事に発給の権限があった。この日本通過ビザを得ようとするユダヤ人は後を絶たず、二十日間以上連日、発給事務に追われたという。〔……〕

無事逃れたユダヤ人の多くは、ビザをいまでも「宝物」として保管しているという。

また、テルアビブで日本人とわかると「あの領事は元気か」と尋ねる人が今も多い。

しかし終戦後、帰国した杉原さんを待っていたのは辞職勧告。それだけに、職をかけての難民救済だったわけだが、杉原さんは「決して後悔していない」という。もはや多言は要せず、傍点付けも不要だろう。「命のヴィザ」言説、確立の瞬間である。

式典の翌日、一月十九日の『神奈川新聞』三面より。

**人道的見地からビザ発給　命をかけユダヤ人救う**
**元日本領事　イスラエル政府が表彰**

第二次大戦中、ナチス・ドイツの迫害を逃れ、ポーランドからリトアニア（現在ソ連）に脱出してきた多くのユダヤ人に独自の判断で日本通過ビザを発給、その苦難を助けた元駐リトアニア日本領事に対し、十八日、イスラエル政府から勇気ある行動に感謝する「諸国民のなかの正義の人」のメダルと賞状が手渡された。このメダルはこれまで約八百人に授与されているが、日本人としては初めてで、この元領事は「自分のしたことが報われて大変うれしい」と改めて当時のことを思い出している。〔……〕

幸子さんによると、ナチス・ドイツのポーランド侵攻のため、リトアニアに来ていたユダヤ人が領事館にビザ発給を求めて押しかけてきたのは翌四〇年の八月のこと、「ある朝、起きたら家の周りに黒山の人だかり、事情を聴いたら、日本を通過して米国などに行きたいというユダヤ人ばかり」だった。

人数が多いため、杉原さんは代表五人を選んで詳しく事情を尋ねたうえ、本省に通過ビザ発給の許可を求める電報を打ったが、回答は不許可。当時は、日独伊三国同盟の調印前夜で、ナチス・ドイツの政策にあからさまに反する行動をとれる空気ではなかった。

しかし杉原さんは人道的見地から自分で通過ビザを出すことを決意したという。

杉原さんはその後、チェコスロバキア、ルーマニアなどでの勤務を終え、四九《ママ》年に帰国したが、待っていたのは本省の訓令に背いたための免官措置だった。

このため米軍や商社などで働く苦難の日々が続いたが、杉原さん本人は「本省の命令に反したときから（免官は）予期したこと。悔いはない」と語っている。


数日を経た二十四日『サンケイ新聞』夕刊七面の記事では、ヴィザ発給時の様子や、発給数の推定値をめぐる見解の相違、そして外務省の辞職勧告など、ナラティヴがかなり具体性を増している。

**ゆうかん特報八五　ユダヤ人六千人を救ったビザ**
**四五年前、東欧駐在の外交官だった杉原千畝さんをイスラエルが表彰**

## 本国訓令に背き発行　ナチスに殺される！　処分覚悟、手書きで

〔……〕

## 決断——二〇日間も書き続ける

〔……〕

杉原さんは〝決断のとき〟を思い出して語る。「二晩くらい寝られず、苦しみました。考えたあげく、入国ビザではなく通過ビザならば領事の権限で発行できる。死を目前にして、私を頼ってくる人を見殺しにはできない。たとえ自分がどんな処分を受けようとも、良心に従おう、とビザ発行に踏み切りました」

書いては渡す手書きのビザ発行作業は二〇日間にも及んだ。その数について杉原さんは「四五〇〇人くらいかな」といい、イスラエル大使館は「いや六〇〇〇だ」という。同年九月一日、ソ連側から退去を命じられた杉原さんは、家族とともに駅へ向かう車中だけでなく、汽車がプラットホームを離れる寸前まで、列車の窓越しに、ビザを書いてはユダヤ人たちに手渡し続けたという。〔……〕

## 〝辞職勧告〟を受け職業転々

〔……〕帰国した杉原さんを待っていたのは、訓令無視による外務省の「辞職勧告」だった。

このように、各紙一斉とまではいかずとも、日本人として最初の「諸国民のなかの義

人」認定のニュースは大々的に採り上げられ、駐日イスラエル国大使館から本国への報告のなかでも、出来事の反響は広範にわたった旨、強調されたという[46]。

十カ月後の十一月二十九日、『朝日新聞』三面では、十段目での小さな扱いだが、エルサレムで行なわれた植樹祭の模様も伝えられた。

### 元外交官に感謝の植樹祭

【エルサレム二十八日＝AFP時事】イスラエルの首都《ママ》エルサレム近郊のベイトシェメシュ丘で二十七日、第二次大戦中、リトアニア共和国（現在はソ連の構成共和国）でポーランド系ユダヤ人五千人の命を救った元外交官、杉原千畝（ちうね）氏（八五）＝鎌倉市在住＝に謝意を表するための植樹祭が行われた。

一九四〇年当時、リトアニア共和国のカウナス領事代理だった杉原氏は、東京からの指示に背いて、ドイツに占領されたポーランドを逃れてきたユダヤ人難民五千人にビザ（査証）を発給、脱出に力を貸した。

なお杉原氏は健康上の理由で式には出られなかったため、同氏の三男《ママ》が代理で出席した。

## 顕彰をつうじての贖罪——「命のヴィザ」の現象学に向けて　1986〜

ここから先、杉原千畝逝去（一九八六年七月三十一日）、日本語で初の「命のヴィザ」本となる篠輝久『約束の国への長い旅』の刊行（八八年十二月）、アメリカ最大のユダヤ人団体「名誉毀損防止同盟（ADL）」財団の「勇気ある人」賞受賞（八九年四月）、幸子の回想録『六千人の命のビザ』初版刊行（九〇年六月）、ラウル・ウォーレンバーグ賞受賞（同九月、幸子、弘樹が授賞式に出席）、日本テレビ『知ってるつもり』で杉原特集（九一年七月七日）、外務政務次官・鈴木宗男と幸子の面会（同十月四日）、テレビ朝日『徹子の部屋』に幸子出演（同十二月六日）、杉原ゆかりの地である岐阜県八百津町に「人道の丘公園」開園（九二年）、大正出版社長・渡辺勝正による「杉原千畝研究会」旗揚げ（同年）、三友社の英語リーダー教科書『The Story of Chine Sugihara 六〇〇〇人の命のビザ』刊（同七月）、本書第一章で最初に検証したフジテレビ四十周年記念『命のビザ』放送（同十二月十八日）、合衆国ホロコースト記念館に杉原千畝コーナー新設（九三年四月）等々へ[47]、これまでどおり、時間軸の上で出来事、人物、言説を追いかけていく作業は、もはや「考古学」の領分ではないような気がする。

むしろ、ここからは「命のヴィザ」の現象学の始まりではないだろうか。

その「現象学」をつうじて格闘せねばならない課題は、いまの段階で、私の目にほぼ明らかとなっている。重要なヒントを与えてくれたのが、一九八五年十一月末、右のようにエルサレムでの記念植樹祭を報じた『朝日新聞』が、続けて十二月十三日三面の「ひと」欄で採り上げた小橋靖氏の発言だ。

**ユダヤ人を救出した外交官に感動　イスラエルに記念の森を作った**
**小橋靖（こはし・やすし）さん**

「日本人すべてが好戦的で残虐だったのではない。身を殺して仁をなした人もいた！　この事を世界に知らせねば、と気づいたらもう顕彰会を作ってました」と苦笑する。退職後、余生を楽しむ人をここまで駆り立てたのは一年前の次のような新聞記事。

第二次大戦初めの一九四〇年、ナチスの迫害を逃れたユダヤ人五千人が〔……〕。この人類愛を歴史のなかに埋没させてはいけない、と民間会社の顧問をなげうって顕彰会をつくった。イスラエル側の協力で顕彰記念に緑化公園建設が決まり、知人、友人の会社をまわったが、「アラブ産油国を刺激しては」としり込みする所も。「イスラエル建国以前のことなのに」と憤慨した。また金もうけ主義とか、売名行為かと誤解されたことも。

ようやく先月末、顕彰碑建設費、植林費などのかなりを自弁してイスラエルへ。現地エルサレム近くの丘に記念の森をつくってこのほど帰国。式典には杉原さんに代わって三男《ママ》が出席した。エルサレム・ポスト紙も「職を捨ててユダヤ人の命を救った外交官」と社説でたたえた。

「これで顕彰会は解消しました。あとは森の成長が楽しみです」

「日本人すべてが好戦的で残虐だったのではない……」

そうなのだ、と、この記事を最初に目にしたとき、私は(本当に)膝を叩いた。

おそらくこれこそが、「命のヴィザ」をめぐる、われわれ日本人の「頭の後ろの思考(la pensée de derrière la tête)」(ブレーズ・パスカルの言)なのである。

東京のイスラエル国大使館が「レバノン戦争とベイルートでのサブラ・シャティーラの虐殺の結果として日本にもたらされたイスラエルの芳しからぬイメージの改善」を思い、エルサレムのヤド・ヴァシェム義人認定委員会が、杉原への称号授与は「冷え込んだイスラエル＝日本関係にポジティヴなパブリック・イメージの高揚をもたらし得る」と考え、西ドイツ人の日本通ダンプマンが、杉原の事例をいかにしてもナチズムの亡霊と結びつけずには済ませることができなかったように、われわれも、「命のヴィザ」言説を受容し受容させながら、心のなかで、大日本帝国の戦争犯罪に対する、否認とも、祓魔とも、贖罪ともつかない、何か非常に込み入った思考を昇華させようとしているのだ。

このことを、すでに一九八五年末、「命のヴィザ」言説が確立した直後の段階で、「ひと」欄の、しかも冒頭一行目から、ずばりと言葉にしてくれた小橋靖氏と『朝日新聞』

の担当記者に、私は率直に感謝の意を表したいと思う。

たとえば、笠原十九司『南京事件論争史』（二〇〇七年）の第四章「一九八〇年代――『論争』の本格化」だけでも一読してみるとよい。あるいは、吉見義明、川田文子『「従軍慰安婦」をめぐる三〇のウソと真実』（一九九七年）でも、中島みち『日中戦争いまだ終らず――マレー「虐殺」の謎』（一九九一年）でもいい。われわれ日本人が、とくに一九八〇～一九九〇年代、「日本人すべてが残虐だったのではない」言説にいかに渇いていたか、手に取るようにわかるはずだ。終戦から四十年を経た小橋氏と『朝日新聞』「ひと」欄の読者、あるいは、八十年を経ようとしているわれわれ自身も、日中戦争、第二次世界大戦、太平洋戦争の過去を、いまだ本当には生き終えていないのである。

本章の結びは、その心理的な「渇き」を縷々説き明かしてみせる場所ではない。むしろ、われわれ各人が、本でもいい、映画でもいい、テレビのワイドショーでもいい、あるいは学校の総合学習カリキュラムや英語リーダー教科書でもいい、「命のヴィザ」言説に最初に触れたとき、なぜ、「この話なら、もっと知りたい」「ほかの人、とくに外国の人々に知らせなくてはならない」と考えたか、一切の虚飾を排し、透き通った目で振り返ってみるだけでよい。そして、自国の戦争時代の過去が、必ずしも黒一色、悪一辺倒だったわけではない、近隣のアジア諸国からも責められっぱなしの道理はない、と思い、思わせることをつうじて、心理的に何を補い、償い、贖おうとしているのか、視線を二重にして観察し直してみるだけでよいのだ。

この「なぜ」と「何」が、そのまま、来るべき後続書『「命のヴィザ」の現象学』の主題を構成することであろう。

もちろん、私にその余力（とりわけ視力）が残っていれば、の話ではあるけれども。

終章 4

# 杉原幸子
# 『歌集 白夜』の謎

かつてフランス文学の徒だった頃、「異本研究《ヴァリアント》」が面白いと思った時期があった。ボードレールでも、プルーストでも、ヴァレリーでもいい、とにかく「大作家」と呼ばれる人々の遺稿や著作の異なる版《ヴェルシオン》のあいだに細かな異同を見つけては、その理由を問い質す、テクスト研究の一手法だ。単語の異同だけではない。コロン（ドゥー・ポワン）、セミコロン（ポワン＝ヴィルギュル）、コンマ（ヴィルギュル）といった記号までが、「初版ではこうだったのに、再版ではこうなっている。なにしろ大作家のことだ。そこには何かのっぴきならぬ理由があるに違いない」ということで、穿ちにも穿った意味解釈の対象になるのだった。その理由は断じて、ペン先の滑り、インクの撥ね、植字工の気まぐれなどではない。必ずや、テクスト全体の「構造」にかかわる深い意匠が込められているはず、と考えられたのだ。いまにして思えば、大作家テクスト絶対信仰の、長閑で良い時代だったと思う。

その癖が抜けなかったのかもしれない。いまや英語とフランス語に訳されて世界じゅうで読まれている杉原幸子の回想録『六千人の命のビザ』（大正出版、一九九三年）を私もまず手にし、それには先立つ初版〔朝日ソノラマ、一九九〇年〕があると知ったとき、私の手と目は、自然に「異本研究」の方へ動いていた。

その成果が、たとえば以下のような異同の発見である（〔　〕内が大正出版の再版で変わっている部分）。

一九四一年二月二十八日付で送った報告書には、七月二十九日から八月三十一日まで発行したビザの数が合計二〇九二枚と書かれていました。しかし、八月に入ってからはビザの発行に番号をつけることも止めてしまっていましたので、実際に発行した枚数はこれよりも多かったと思います〔多かったのです〕。子供たちを連れていたこともあり、実際に日本を通って各国に逃れたユダヤ人の数は、五千〜六千人〔六千人以上〕にものぼったと言われています。[1]

ここから、たとえば書き手・幸子は、一九九〇年の初版刊行後、実際のヴィザ発給数が報告されているよりも多く、ヴィザをもって移動した人々の実数も五千人台ではなく六千人台以上であった、という確信を深めたという結論が、テクスト論的に導き出されるのである。

次に、歌人であり、藤沢市民短歌会の会長もつとめた幸子のもう一冊の著書『歌集白夜』（大正出版、一九九五年）を手にし、それにも、三十年以上前に遡る初版〔新星書房、一九六一年）がある、と知ったとき、私の手と目が「異本研究」に動いてしまうのを如何ともし難かった。ほかでもない、詠まれた出来事や場面の年代順に整理されている歌集の見出しの「昭和十三年─同十五年」のなかに、「命のビザ」という小見出しでまとめられている以下の六首が、「てにをは」のほんの細部でもいい、何らかの異同を示していたなら、〈出来事〉から二十年後の作者と四十五年後の作者のあいだで、その〈出来事〉を振り返る眼差しの微妙な差異を、テクスト研究の実証の場で明らかにすることができるかもしれない、と目論んだのだ。

ご記憶のとおり、四番目の歌は、一九九二年の劇映画第一作『命のビザ』にも、幸子を演じる秋吉久美子の朗読で挿入されていたものである。

固き独逸語にて公園の柵に記《しる》しありユダヤ人入るを禁ず

ナチスに追われ逃れ来しユダヤ難民の幾百の眼がわれを凝視《みつ》むる

ビザを待つ人群に父親の手を握る幼子はいたく顔汚れをり

ビザ交付の決断に迷ひ眠れざる夫のベッドの軋むを聞けり

苦しみし二夜は明けぬ夫と我の命かけ救はむ心定まる

走り出づる列車の窓に縋《すが》りくる手に渡さるる命のビザは

こうして、数年前のある日、私は、『歌集 白夜』の一九九五年版を手に、一九六一年版が所蔵されている国立国会図書館へ向かった。そして、実際に後者を繙いて「異本研究」に取りかかろうとした私は、思わず「あっ」と大声を上げ、周囲の驚きと顰蹙の目にさらされてしまった。

ないのである。

歌集の本体部分の作りは、初版と再版のあいだでまったく同一で、ただ、「命のビザ」との小見出しで再版に収録されている右の六首だけが、一九六一年の初版から忽然と消えていたのだ。おもしろいもので、人は、こういうとき時間の前後関係を一瞬見失い、あとに出てきたものを見てから、前からあるはずのものの不在に気づくと、それが「消えた」と感じるものである。ひょっとして国会図書館所蔵本が落丁なのか、いや、杉原の熱狂的なファンがそのページだけを切り取って持ち去ったのかもしれぬ、などと訝ってみても、頁数に途切れはないし、そもそも目次にも「命のビザ」の小見出しが見当たらないのだから、それはあり得ない。

初版から再版へ、三十四年の歳月のあいだに、幸子の心のなかで、あの〈出来事〉が持つ意味に生じた変化を見て取ろうにも、再版につき合わせるべき初版が「ない」。こういうとき、異本研究者はどう対処すべき、と教わったのだったか。記憶を探ってみても、ちょっと思い出せない。

国会図書館閲覧ホールの高いコンクリート天井を見上げたまま、私は、しばらく動けなかった……。

心を静め、気を取り直して、二つの版の「序」と「あとがき」を比較考量してみる（ちなみに再版のどこを探しても、一部の詩歌が再版以降の増補であることなど、注記のたぐいは見当たらない）。

一九六一年の初版には、幸子が師事していた歌人、廣野三郎が「序」を寄せている。

杉原〔幸子〕さんは美しい人だが、身体はあまり頑丈ではない。結婚した翌々年即ち昭和十二年に生後十箇月の弘樹さんを抱いて、夫君の任地フィンランドのヘルシンキに赴かれ、フィンランド、リスアニア、独逸のケーニヒスベルグ、チェコスロバキア、ルーマニアと次々に移り住み、外交官夫人として活躍されたが、ルーマニアで終戦を迎へられた。〔……〕その間の苦難困厄は筆紙に尽くせぬものがあったであらう。（二〜三頁）

かろうじて「リスアニア」の地名は登場するが、言葉以前の「命のヴィザ」や、ナチスの反ユダヤ政策などへの言及はない。

では、幸子自身による初版の「あとがき」はどうか。

この歌集は「白夜」「海に降る雪」の二つに大別した。「白夜」の方は私が海外生活をしていた頃、まだ、作歌の力量もなく、短歌に興味を持っていて、異った風物に接する折々湧く感情を、稚拙な歌にしてノートに託していたもので、そのノートも失くしてしまい、帰国して作歌を始めるようになってから、昔の構想を改作したものであるから、その頃作歌した歌とは違っている。その中、戦場の歌は、終戦の前年、疎開していたルーマニアの田舎の町から、首都ブカレスト市にあった住居へ用件があって、単身車を走らせていた途上、ソ連軍進入によって独逸軍のルーマニア退去の渦中に巻き込まれた数日の、生々しく記憶に残っている、悪夢のような戦場の有様である。

（一五九〜一六〇頁）

こうして、われわれは、『歌集 白夜』の源泉に、初版を編んだときにはすでに失われていたけれども、幸子が海外生活中に折々の歌を書きつけていた「ノート」が存在したことを知る。

そのことを除けば、

フィンランドからリスアニア、独逸のケーニヒスベルグ、チェコスロバキア、

ルーマニアと次々に移り住んだ。ルーマニアで終戦を迎え、十年のヨーロッパ生活はみじめな終局に終わった。（一六二頁）

として、幸子自身、リトアニア、カウナスでのユダヤ難民救出譚に、この時点で言葉を費やそうとする気配をまったく見せていない。

ところが、三十四年後の再版の「あとがき」では、寄って立つ地層がすっかり入れ替わっている。

思いがけず、私の著書『六千人の命のビザ』をお読み下さいました方々より、文中に歌集『白夜』の短歌が挿入されておりますので、「歌集」をご希望の多数の方がいらっしゃいました。

この歌集は、私が短歌を始めましてから年月の浅い頃の歌を、昭和三十七《ママ》年に「処女歌集」として歌壇に発表しましたもので、その後絶版にしておりましたが、このたび、皆様のお言葉に応え、『白夜』を再刊致しました。

私は外交官の夫と共に、昭和十二年よりヨーロッパの各地、フィンランド、リトアニア、チェコスロバキア、ドイツ、ルーマニア等に、滞在しておりました。

その頃は第二次大戦の勃発した未曾有の混乱期にあり、リトアニア領事の夫と私の運命を、一変するようなことが起こり、ナチスに追われてポーランドから来たユダヤ難民を救出するため、ビザを命をかけて発行する決意、その後ドイツ軍の戦場に巻き込まれ、生死を共にする私の体験など、丁度十年の間、戦時下のヨーロッパでの私の二十代、三十代の齢は華やかな外交官生活もあり、人間の苦しみ、悲しみなど、身をもって経験してきた時代といえましょう。
（一五七〜一五八頁）

これは謎である。

幸子が回想録『六千人の命のビザ』に挿入した短歌を目にした読者から、歌集そのものを読みたい、という要望が多く寄せられたため、絶版・品切れとなって久しい初版を大正出版から再刊することにした、というのだが、肝心要のその初版に、「命のヴィザ」六首だけが収録されていないのである。

なぜか？

私が異本研究者としての慎重なスタンスから導き出している推測的結論は、現時点において、こうだ。

かつて一九四〇年夏のカウナスで、幸子は、ユダヤ難民へのヴィザ発給にともなう夫の苦悩を題材とする歌を数首、いまだ稚拙ながらもノートに書き留めた。そのノートは残念ながら失われてしまったが、帰国後、短歌の手ほどきを受けるようになってから、記憶を蘇らせつつ、それらを詠み直した。しかし、一九六一年、『歌集 白夜』を上梓する機会に恵まれたときには、何らかの理由により、「命のヴィザ」関連の歌は撰から外した。初版「あとがき」の文面からもうかがわれるとおり、当時はまだ、カウナスのユダヤ難民救出譚など、その後のルーマニアでの恐怖体験の陰にかすんで、公の場でとりたてて話題にするほどのことではない、と感じられたからかもしれない（たとえ「ユダヤ難民の幾百の眼」が、依然、「われを凝視《みつ》」めていたとしても）。しかし、その後、夫・千畝の功績が世界的に注目を集め、「諸国民のなかの義人」の認定もなされて、「あのときの歌は、公にする価値がある」と思い改め、そのうち数首を一九九〇年の回想録『六千人の命のビザ』に挿入した。当然、一九九五年、戦後五十周年の節目に向けて、大正出版社長、渡辺勝正から『歌集　白夜』再刊のオファーがあったときも、回想録の読者からの要望に応え、本来、収録されてあるべき場所にそれら六首を挿入して、増補（と、わざわざ断りを入れない）改定版を作ることにした……。

回想録『六千人の命のビザ』に挿入したのは「歌集『白夜』の短歌」である、と幸子本人が述べているからには、これ以外の解釈はあり得ないように思うのだ。

この推論を裏づけるためには、失われた「ノート」の発見は到底望めそうになくとも、少なくとも、一九六一年（エルサレムでアイヒマンが裁かれていた年）、「命のヴィザ」六首がたしかに書き上がって幸子の手元にあり、ただ、何らかの理由でそれらが初版には収録されなかっただけである、という事実を立証できなくてはならない。たとえば、幸子が、一九六〇年代、そのいずれかを歌会で詠み上げた、あるいは、友人宛の葉書の余白に書きつけた、はたまた、モスクワから一時帰国した千畝がそれを脇から覗き込み、「よく詠めているね」と褒めてくれたなど、そうした痕跡を、私はこれから懸命に追いかけていかなければならない。

そうしないと、「命のヴィザ（ビザ）」という表現の初出が、一九八五年一月十七日の『東京新聞』だったのか、はたまた、その時点では未公開だった幸子の歌、

走り出づる列車の窓に縋《すが》りくる手に渡さるる命のビザは

だったのかすら、決まってこない。これは文献研究において致命的な欠陥だ。

よって、杉原幸子『歌集 白夜』初版をめぐるこの謎が解けないうちは、「命のヴィザ」の考古学も本当に終わりを迎えることはないのである。

「命のヴィザ」の初出訊《たづ》ぬる資料室の窓の景色は今日《けふ》も暮れゆく

# 註

## 序章

（1）ＪＳＰＳ科研費「戦時期の日本ならびに上海に滞在したユダヤ難民のその後に関する越境的かつ多角的研究」（課題番号 18KK0031）、研究成果報告書『一九三九〜四一年リトアニアのユダヤ難民に関する基礎資料集』、二〇二三年三月。非売品であるが、歴史資料として一般の閲覧に供するため、国立国会図書館に寄贈済みである。

## 第一章

（1）Alain Besançon, *L'image interdite. Une histoire intellectuelle de l'iconoclasme*, Fayard, 1994.

（2）*Ibid.*, p.107.

（3）以下はその一部である。アンジェイ・ミウォシュ監督『命のヴィザ』（Andrzej Miłosz, 'Wizy Zycia'）、ポーランド、一九九七年／ロバート・カーク監督『杉原千畝の決断』（Robert Kirk, 'Sugihara: conspiracy of kindness'）、アメリカ、二〇〇〇年／畑祐一郎（福井テレビ）『扉開きしのち　敦賀に降り立ったユダヤ人の軌跡』（二〇〇六年）／畑祐一郎（福井テレビ）『私を覚えていてください 素敵な日本人へ』（二〇一五年）。なお、『命のヴィザ』を直接的な題材にせずに戦時期の日本と上海を経験したポーランド・ユダヤ難民を描く作品に、私自身が歴史考証・構成担当として関わった、大澤未来監督『海でなくてどこに Where but into the sea』（二〇二一年）がある。

（4）以下、「命のヴィザ」映画四本の分析は、駒澤大学GMSラボラトリ特別研究会、第七〜八回「イメージとリアリティ――「命のヴィサ」その〈史実〉と〈通説〉の乖離」（二〇二二年一月九日、二十三日）での発表原稿にもとづく。研究会を主宰する白水繁彦さん、また白水さんにご紹介くださった宮森敬子さんに深謝申し上げる。

（5）「猶太避難民ニ対スル通過査証取扱方注意ノ件」、アジア歴史資料センター所蔵『民族問題関係雑件 猶太人問題』第十巻、〇一八六番。

（6）外務省外交史料館所蔵「在カウナス帝国領事館 昭和十五年分 本邦通過査証発給表」（「昭和十五年外国人に対する在外公館旅券査証報告書一件 欧州の部」所収）のことを、以下、本書では「カウナス・リスト」と呼ぶこととする。

## 第二章

（1）「リトアニア・ポーランド・ロシア・ユダヤ人労働者総同盟」の略称。一八九七年、ヴィルニュスで結成された非（ときに反）共産主義のユダヤ人社会主義運動。同じユダヤ民族主義でも、現在の居住地における解放・自治を志向する点で、最終的にパレスティナ移住を目指すシオニズムとも鋭く対立した。

（2）三人目のセガロヴィチ、四人目のロトンベルグのイディッシュ語回想録の読解、訳出は、科研費の研究分担者、西村木綿さんの献身と丁寧な指導の賜物であることをここに明記しておく。

（3）一人目のシュテイン、五人目のエプシュテイン、六人目のエデルシュテインを含め、この主題に関わるヘブライ語文献の読解と訳出は、科研費の研究協力者、保井啓志さんの献身と丁寧な指導の賜物であることをここに明記しておく。

（4）七人目の証言者として紅一点、イディッシュ語演劇の俳優で、イディッシュ語回想録『火と炎のなかで』（*In Faier un flamen*, Buenos Aires, 1949）の著者、ルジェ・ショシャノ・カハン（Rudze Shoshano Kahan, 1895-1968）を挙げることもできるが、彼女の回想録は、リトアニア避難中の記述が手薄で、とくに「命のヴィザ」が発給された一九四〇年夏の個所には見るべきものがない（彼女と夫のライゼル・カハンのいずれも、杉原ヴィザを取得しないまま、翌四一年二月、シベリア経由で日本に到達している）。

（5）Alfonsas Eidintas, *Jews, Lithuanians and the Holocaust*, Versus aureus Press, 2003, p.119.

（6）「ヴラディミル・レーニン全連合パイオニア組織」の略称。九～十四歳の青少年のための大衆青年組織。ソヴィエト連邦の「ボーイ・スカウト」的存在。一九二二年に発足し、一九九一年に廃止された。

（7）Dovydas (David) Icikovičius (?-ca.1943). カウナスのユダヤ教徒女学校「ヤヴネ」校長。この時、ソ連当局に逮捕・拘禁されたまま、翌四一年六月、独ソ戦を迎え、今度はドイツ当局により身柄を拘束されて、テレージエンシュタットないしダッハウ強制収容所で死亡した、とされる。

（8）ルヴィマス・ルビンシュテイナス（Ruvimas Rubinšteinas, 1891-1967）。イディッシュ語新聞『ユダヤの声』主筆。

（9）Dov Levin, *The Lesser of Two Evils. Eastern European Jewry Under Soviet Rule, 1939-1941*, Philadelphia/Jerusalem, The Jewish Publication Society, 1995, p.277.

（10）「箴言」一七の一七より。

（11）「[人間を]形作った方（神）」を意味するヘブライ語「アシェル・ヤツァル」が、いつしかトイレに行った後の祝福の語として用いられ、イディッシュ語では「アシェル・ヨツェル」と発音された。そこから、トイレット・ペーパーのことを「アシェル・ヨツェル・パピル」と呼ぶようになったが、他方、ヘブライ語で「アシェル・ヨツェー（外へ出て行った者）」との音の類似から、出国ヴィザのことも「アシェル・ヨツェル・パピル」と呼ぶようになった、とされる。

（12）リトアニア正統派ユダヤ教の精神的支柱であったラビ、ハイム・オゼル・グロジンスキ（Chaim Ozer Grodzinski, 1863-1940）は、七月二十三日頃から体調不良が伝えられ、八月九日、ヴィルニュスで逝去した。

この訃報により、翌十日以降、リトアニア全土のイェシヴァーが暗い喪の空気に包まれた。

(13) Moshe Zupnik, 1918-2010. 「カウナス・リスト」通し番号一二二五番で杉原ヴィザを取得。ミール・イェシヴァー構成員たちのための大量の日本通過ヴィザ発給を、グッチェの協力のもとで成し遂げた経緯について、彼は「合衆国ホロコースト記念館」のオーラル・ヒストリー証言ビデオのなかで詳細に語っている。
https://collections.ushmm.org/search/catalog/irn508238

## 第三章

(1) ラビ、カルマノヴィッツ (Avraham Kalmanowitz, 1887-1964) の人物像と、彼がアメリカの地からリトアニア・ユダヤ教世界の救済のために東奔西走した様については、『虚構』三〇七頁以下を参照。

(2) 山田純大『命のビザを繋いだ男　小辻節三とユダヤ難民』、NHK出版、二〇一三年、一八五、一九七頁。

(3) Item ID 6458171: Interview of Rabbi Zorach Warhaftig by Dov Levin regarding the Jewish refugees in Lithuania during World War II.

(4) 「カウナス・リスト」の数量的分析について、下記を参照。菅野賢治「いわゆる『杉原サヴァイヴァー』の実数をめぐって——実証研究の試み」、平成三十年度～令和四年度科学研究費助成事業、国際共同研究加速基金（国際共同研究強化（B））「戦時期の日本ならびに上海に滞在したユダヤ難民のその後に関する越境的かつ多角的研究」課題番号一八KK〇〇二一　研究成果報告書　中間報告（一）『ユダヤ難民たちのリストと実数の特定』、二〇一九年九月十日、五～三二頁。

(5) 一九四一年二月五日、杉原総領事代理（プラーグ）から松岡外務大臣宛電報、アジア歴史資料センター所蔵『民族問題関係雑件　猶太人問題』第十一巻（昭和十六年一月～昭和十八年五月）、所収。発給の全件数として挙げている「二一三二」という数字が一桁まで特定するものとなっていることから、杉原は、この回電を打ちながら手元の「カウナス・リスト」を参照していた可能性が高いが、実際のリストの最終番号二一三九番とのずれの原因は不明である。リスト上では、最後の二一三四番から二一三九番をあとから書き加えたような形跡が見られるが、それを考慮しても、なぜ杉原が「二一三三」通ではなく「二一三二」

通と報告したのか、判然としない。

（6）この検索作業につき、朝日新聞大阪本社、社会部編集委員・永井靖二氏の助力を仰いだ。氏への謝辞を申し添える。

（7）Rotem Kowner, 'Sugihara Chiune in Israel: A Delayed Reception', *Deeds and Days*, 67, Vytautas Magnus University, Kaunas, 2017, p.256. この論文には、個々の情報源を示す註の類が一切ほどこされていない。私が著者コヴネル氏に直接メールで問い合わせたところ（二〇二一年一月現在）、この論文は、すでに長年にわたる調査研究の成果として、典拠などをすべて網羅した著書として計画されているものの準備段階にすぎない、ということだった。その著書の早期の完成、刊行に期待したい。

（8）古江孝治『杉原千畝の実像——数千人のユダヤ人を救った決断と覚悟』、ミルトス、二〇二〇年、一二二〜一二三頁。

（9）同、一二四〜一二五頁。

（10）Mordecai Paldiel, *The Righteous Among the Nations*, Jerusalem, Yad Vashem/New York, Collins, 2007, p.XI.「義人」に相当する単語としてヘブライ語原語で用いられているのは、「正義の人、義人」——その意味では「ツァディク」の語がある——よりも「敬虔者、聖徒」を意味する「ハシード」であるが、日本語として「諸国民のなかの義人」という表現が一般化しているため、「義人」の訳語を用いる。

（11）Kowner, *ibid.*, p.257.

（12）*Idem.* 傍点は引用者による。

（13）以下、トケイヤーの伝記情報は、英語ならびに日本語のウィキペディアと、彼の著書・訳書の扉などに記された紹介文にもとづく。

（14）犬塚きよ子『ユダヤ問題と日本の工作——海軍・犬塚機関の記録』、日本工業新聞社、一九八二年、二八頁。

（15）Marvin Tokayer, Ellen Rodman, *Pepper, Silk & Ivory. Amazing Stories about Jews and the Far East*, Jerusalem/New York, Gefen publishing house, 2014, p.188.

（16）*Ibid.*, p.189.

（17）原文ママ、正しくは「正次郎」。

(18) 菅野賢治「『大陸新報』に見る戦時期上海のユダヤ社会」(一)〜(五)、『東京理科大学異紀要(教養篇)』、第五一号(二〇一九年三月)〜第五五号(二〇二三年三月)に連載。

(19)「戦時中に早稲田大学で勉強したことのあるマイケル・コーガンが、ある日、私に一つの風呂敷を渡して、その中身を読んでみよと言った。開いてみると、機密、秘、部外秘などさまざまなスタンプのついた満鉄と外務省の分厚い資料だった。/コーガンは、その秘密文書を神田神保町の古書店で買ったという。」(マービン・トケイヤー、メアリ・シュオーツ『河豚計画』、加藤明彦訳、日本ブリタニカ、一九七九年、「日本語版への序」)。

(20) 山田、前掲書、七二頁。

(21) 同、一八六頁。

(22) 同。

(23) 同、七二頁。

(24) 同、一九五頁。

(25) 菅野賢治「日本軍政下の上海にユダヤ絶滅計画は存在したか——柴田貢とヨーゼフ・マイジンガーの周辺」、京都ユダヤ思想学会『京都ユダヤ思想』第九号、二〇一八年、七五頁。

(26) 小林正之『ユダヤ人、その歴史像を求めて』、成甲書房、一九七七年、二六九頁。

(27) 同、二七二頁。

(28) Abraham S. Kotsuji, *From Tokyo to Jerusalem*, published by Bernard Geis Associates, distributed by Random House, New York 1964, pp.142-143.

(29) 山田、前掲書、四二頁。

(30) 久保田勤の人物像、ならびに、その理論的「反ユダヤ主義」と実践的「親ユダヤ主義」の二律背反について、以下を参照。菅野賢治「日本軍政下の上海にユダヤ絶滅計画は存在したか(続)——實吉敏郎・海軍大佐の未公開文書より」、京都ユダヤ思想学会『京都ユダヤ思想』第十号、二〇一九年。

(31) トケイヤー、シュオーツ前掲書、二一九頁。

(32) 同、三七頁。

(33) 古江前掲書、一六三～一七八頁に収録。
(34) ゲルハルト・ダンプマン『孤立する大国ニッポン』、塚本哲也訳、TBS・ブリタニカ、一九八一年、二一九～二二〇頁。
(35) 同、二二〇～二二一頁。
(36) Kowner, *ibid.*, p.257.
(37) *Idem.*
(38) *Ibid.*, p.258. 傍線は引用者による。
(39) 詳細については、萱野前掲論文「日本軍政下の上海にユダヤ絶滅計画は存在したか(続)——實吉敏郎・海軍大佐の未公開文書より」を参照。
(40) Paldiel, *The Righteous Among the Nations*, op.cit., pp.263-268.
(41) Kowner, *ibid.*, pp.258-259.
(42) *Ibid.*, p.259.
(43) *Idem.*
(44) 「箴言」(三の二七)の「汝の手、善をなす力あらば、これをなすべき者になさざることなかれ」に由来すると見られるタルムードの表現。たとえ戒律を守っている状態でも、さらに善く振る舞える場合には、そうすることを怠ってはならない、という意。
(45) Kowner, *ibid.*, p.260.
(46) *Idem.*
(47) 杉原幸子『六千人の命のビザ』(再版)の巻末に掲げられた「杉原千畝年譜」、二二〇～二二二頁を参照。

## 終章

(1) 杉原幸子『六千人の命のビザ』(初版)、朝日ソノラマ、一九九〇年、七三頁。同書(再版)、大正出版、一九九三年、七七頁。

# 「命のヴィザ」の考古学
# 関連年表

| | 国外 | 国内 |
|---|---|---|
| 1944 | ヒルシュプルングのイディッシュ語回想録『ナチスの涙の谷より』刊（**「トーラーの友」として小辻節三を賞賛**） | |
| 1947 | | 杉原千畝、家族とともにルーマニアから帰国、外務省の職を解かれる |
| 1948 | セガロヴィチのイディッシュ語回想録『燃える足跡』刊<br>五・一四　イスラエル国建国 | |

ロトンベルグのイディッシュ語回想録『ワルシャワから上海へ』刊

1953

イスラエル国、「ショアーならびに英雄主義記念法」を制定し、「ヤド・ヴァシェム＝ショアーならびに英雄主義記念庁」を設置

1956

ヘブライ語の共著『ヨーロッパのトーラー研究所——その建設と破壊』にエプシュテインの「ミール・イェシヴァー」収録**（「救いの天使」としてカウナスの日本領事を賞賛）**

1957

エルサレムでヤド・ヴァシェム（ホロコースト記念館）開館

鎌倉の小辻節三のもとへ、イスラエル国「改宗異邦人とユダヤ教の世界普及のための協会」より招待状届く

1959

八月　小辻節三、イスラエル国へ
九月　小辻、ユダヤ教に改宗
一二月　小辻、アメリカ、メキシコ遊説始める

## 1960

五・二二　アイヒマン、イスラエル国へ護送

七月　小辻節三、帰国（『朝日新聞』『週刊読売』で採り上げられる。**戦中のユダヤ難民に関する国内初の報道か？**）
杉原千畝、川上貿易に就職

## 1961

ヴァルハフティグ、イスラエル国宗教大臣に就任（一九七四年まで）
四・一一　エルサレムでアイヒマン裁判始まる

杉原千畝、川上貿易モスクワ事務所に出向
四月　杉原幸子『歌集　白夜』初版刊
五月　『世界と日本』に犬塚惟重「日本の〝アウシュビッツ〟は楽園だった」掲載

## 1960年代前半

エデルシュテイン、ヘブライ語回想録『嵐の日々に』を執筆（一九六五年、抜粋掲載、一九七六年、歴史資料集に収録）

**1962**

ヤド・ヴァシェムの内部に「義人認定委員会」設置

**1963**

トケイヤー、アメリカ空軍従軍ラビとして初来日（一九六四年まで）

**1964**

七・五　ベンジャミン・グレイから杉原弘樹への手紙

**1965**

小辻節三の自叙伝『東京からエルサレムへ』（英語）刊**（「スギハラ」の名に言及した戦後初の文献か？）**

**1967**

小辻節三、ヴァルハフティグの娘の結婚式に出席

二・一九　犬塚惟重死去

一一・三〇　ドヴ・レヴィン、ヴァルハフティグに二回目のインタヴュー（杉原ヴィザについて問答）

三月　コラブ＝ジェブリク、ワルシャワの日本大使館に杉原千畝について照会
千畝、コラブ＝ジェブリクのためにロシア語覚書作成

**1968**

翌年にかけて、ヤド・ヴァシェムが杉原千畝の「諸国民のなかの義人」認定をめぐる一回目の審査を行なう

トケイヤー、ふたたび来日（一九七六年まで）
初夏　ニシュリ、一時帰国中の杉原千畝との連絡に成功し、駐日イスラエル国大使館で面会が実現
八・二　『朝日新聞』に「ユダヤ難民四〇〇〇人の恩人」掲載**（杉原の実名を伝える初の報道か？）**
八月末　杉原伸生、イスラエル国へ留学

**1969**

一二・一八　杉原千畝、ヤド・ヴァシェムを訪れ、認定証を授与される

**1971**

『中央公論』五月号に加瀬英明「日本のなかのユダヤ人」掲載

1973

五月　ニューヨークの小辻節三、トケイヤー宛の手紙のなかで「杉原に会いたい」と述べる

夏　小辻、重篤となり、付き添われて帰国

一〇・六〜二五　第四次中東戦争（ヨム・キプール戦争、十月戦争）

トケイヤーからヤド・ヴァシェム、ローゼンへの手紙（カウナスの領事館前に集まった難民たちの写真の所在について照会）

一月　『自由』に犬塚きよ子「ユダヤ人を保護した帝国海軍」掲載

四月　トケイヤー、犬塚きよ子を訪問（犬塚大佐のシガレット・ケースに興味を示す）

一〇・三一　小辻節三死去

トケイヤー、小辻の遺言どおり、亡骸をエルサレムに埋葬するために奔走

1975

夏　トケイヤー、ふたたび犬塚きよ子のもとを訪れ、シガレット・ケースのイスラエル国寄贈を打診

1976

九・一四　ツヴァルテンダイク死去

トケイヤー、柴田貢にインタヴュー

六月　犬塚きよ子、シガレット・ケースを離日間際のトケイヤーに預ける

1977

FNNモスクワ支局長、萱場道之輔、杉原千畝にインタヴュー（公開はされず）

小林正之『ユダヤ人、その歴史像を求めて』刊

一二・二一　柴田貢死去

**1979**

一月　トケイヤー、スウォーツ『河豚計画』英語原著刊

九月　『河豚計画』日本語訳刊

**1981**

一〇月　ダンプマン『孤立する大国ニッポン』日本語訳刊

**1982**

一・二七　ヤド・ヴァシェムで犬塚惟重のシガレット・ケース贈呈式

六・六　イスラエル国によるレバノン侵攻（第一次レバノン戦争の始まり）

九・一六～一八　サブラ・シャティーラ虐殺事件

九月　犬塚きよ子『ユダヤ問題と日本の工作』刊

**1983**

九・二九（深夜）　フジテレビ系例のチャンネルで

1984

『運命をわけた一枚のビザ――四五〇〇のユダヤ人を救った日本人』放映（駐日イスラエル国大使館、本省に宛てた手紙のなかで、番組放映を機に杉原千畝の「義人」認定を考えてはどうか、と打診）

1985

一月　イスラエル国外務省のアミパズ、杉原の事案がふたたびヤド・ヴァシェムの「義人」認定審査にかけられるべきことを結論
二月　ヤド・ヴァシェム「義人」認定委員会、杉原の再審査に着手
三月　ヴァルハフティグのヘブライ語自叙伝『ショアー期の難民と生存者』刊
年末　ヤド・ヴァシェム認定委員会、杉原を「諸国民のなかの義人」に認定

一・一八　駐日イスラエル国大使公邸で杉原千畝の義人認定の式典開催（**前日の『東京新聞』の記事の見出しに「命のビザ」という表現が（初めて？）用いられる**）

一一・二七　エルサレム近郊の丘で杉原に謝意を表する植樹祭

1986

七・三一　杉原千畝死去

1990

六月　杉原幸子『六千人の命のビザ』初版刊

1992

一二・一八　フジテレビ系列のチャンネルで『命のビザ　六千人のユダヤ人を救った日本領事の決断』（加藤剛、秋吉久美子主演）放映

1993

一〇月　杉原幸子『六千人の命のビザ』再版刊

1995

八月　杉原幸子『歌集　白夜』再版刊
ティム・トヤマの戯曲『ビザと美徳』上演
杉原幸子『六千人の命のビザ』の英語訳、フランス語訳刊行

1997

五・一　アメリカ映画『ビザと美徳』（クリス・タシマ、スーザン・フクダ主演）封切

2005

一〇・一一　日本テレビ系列のチャンネルで、終戦六〇年ドラマスペシャル『日本のシンドラー杉原千畝物語』（反町隆史、飯島直子主演）放映

2015

エステル・ファルブシュテイン編『テルシェイからテルシェイへ――ラビ、ハイム・シュテインの日記　五七〇〇～五七〇四（一九三九～一九四四）年』刊

一二・五　『杉原千畝　SUGIHARA CHIUNE』（唐沢寿明、小雪主演）封切り

2016

ヒルシュプルングの回想録『ナチスの涙の谷より』英語訳刊

# 「命のヴィザ」の考古学

国外

国内

# 菅野賢治

KANNO Kenji

一九六二年、岩手県に生まれる。東京理科大学教養教育研究院教授。
パリ第一〇(ナンテール)大学博士課程修了。
専門は、フランス語、ユダヤ研究。

主な著書に、
『「命のヴィザ」言説の虚構』(共和国、二〇二一)、
『フランス・ユダヤの歴史』(上下、慶應義塾大学出版会、二〇一六)、
『ドレフュス事件のなかの科学』(青土社、二〇〇二)がある。

主な訳書に、
アーノルド・ゼイブル『カフェ・シェヘラザード』(共和国、二〇二〇)、
ヤコヴ・ラブキン『トーラーの名において』(平凡社、二〇一〇)、
レオン・ポリアコフ『反ユダヤ主義の歴史』
(共訳、全五巻、筑摩書房、二〇〇五〜〇七)がある。

「命のヴィザ」の考古学

2023年9月20日初版第一刷印刷
2023年9月30日初版第一刷発行

著者
**菅《かん》野《の》賢《けん》治《じ》**

発行者
**下平尾 直**

発行所
**株式会社 共和国**
東京都東久留米市本町3-9-1-503　郵便番号203-0053
電話・ファクシミリ 042-420-9997
郵便振替 00120-8-360196
http://www.ed-republica.com

印刷 …… **モリモト印刷**
ブックデザイン …… **宗利淳一**
DTP …… **岡本十三**

本書の内容およびデザイン等へのご意見やご感想は、
以下のメールアドレスまでお願いいたします。
naovalis@gmail.com



ISBN978-4-907986-29-2　C0022　